快速与增量式数据降维算法研究

申富饶　竺　涛　赵　健　著

科学出版社
北　京

内 容 简 介

本书围绕数据降维技术，分别针对线性降维和非线性降维两种降维手段进行广泛而深入的讨论。对于线性降维技术，本书介绍了常用的降维算法，并对线性降维与矩阵分解的等价性进行了分析，在此基础上提出了 semi-NMF、OCA、IOCA、EOCA 等改进算法并进行详细的理论分析和实验验证。对于非线性降维算法，本书介绍了常用算法，包括流形学习算法、基于核方法和基于神经网络的数据降维，并提出了改进的基准点选取 SL-Isomap 算法及基于拓扑学习的流形学习算法 TLE。

本书可供从事数据分析、模式识别和机器学习相关工作的技术人员以及高等院校计算机相关专业师生参考使用。

图书在版编目(CIP)数据

快速与增量式数据降维算法研究/申富饶，竺涛，赵健著. —北京：科学出版社，2018.11

ISBN 978-7-03-059237-8

Ⅰ. ①快… Ⅱ. ①申… ②竺… ③赵… Ⅲ. ①机器学习–算法–研究 Ⅳ. ①TP181

中国版本图书馆 CIP 数据核字 (2018) 第 251011 号

责任编辑：惠 雪 曾佳佳／责任校对：赵桂芬
责任印制：赵 博／封面设计：许 瑞

科学出版社 出版
北京东黄城根北街 16 号
邮政编码：100717
http://www.sciencep.com
北京厚诚则铭印刷科技有限公司印刷
科学出版社发行 各地新华书店经销
*
2018 年 11 月第 一 版 开本：720×1000 1/16
2024 年 7 月第四次印刷 印张：13 1/2
字数：234 000

定价：99.00 元
(如有印装质量问题，我社负责调换)

前　言

随着科技的发展，在互联网、金融、交通运输、生物信息、天文等几乎每个领域中，都在不断生成海量数据。在许多应用中，不但收集到的数据的数量在增加，这些数据的维数也在不断提高。高维数据不仅带来了机遇，更带来了巨大的挑战：一方面，对高维数据直接进行处理计算代价巨大；另一方面，“维数灾难” 会伴随着高维数据而发生，在数据的分析和应用中引起严重的问题。因此，如何从高维数据中高效地提取有用信息是一个值得研究的开放性问题。作为解决上述问题的重要工具，数据降维技术在过去数十年来吸引了研究者们大量的关注。

数据降维算法将数据从高维空间映射到低维空间并保留所感兴趣的信息。针对传统数据降维算法在快速学习与增量学习方面的不足，本书进行了一系列研究：从线性降维到流形学习，从快速降维到增量式降维，提出了数个新的算法。本书的主要贡献包括：①对线性降维进行研究，将线性降维问题转换为基底提取问题。提出了一种简单而高效的阈值机制以自动估计目标维数的方法来实现高速降维。②提出了一种基于数据选择的半非负矩阵分解 (semi-nonnegative matrix factorization，semi-NMF) 算法，它允许分解后系数矩阵中元素出现负值，利用自适应阈值机制，改善了矩阵分解的效率，实现了特征空间维数的自动估计并保证了所获取基底的质量。③ 提出了正交成分分析 (orthogonal component analysis，OCA) 这一快速线性降维算法，能够在不进行矩阵特征值求解运算和矩阵求逆运算情况下实现高效的正交成分 (基底) 提取，自动估计特征空间维数，并保证了数值上的稳定性。④提出了增量式正交成分分析 (incremental orthogonal component analysis，IOCA) 算法，其能够于在线环境中自动且快速地提取所需的正交基底，通过增加特征子空间的维数实现增量学习。⑤提出了进化式正交成分分析 (evolutionary orthogonal component analysis，EOCA) 算法，通过对正交基底的更新，方便地合并两个子空间为一个新的子空间，进而在低计算复杂度的情况下成功实现在线子空间学习。⑥提出了拓扑学习嵌入 (topology learning embedding，TLE) 算法以实现快速和增量式的非线性降维。TLE 通过在线输入数据流生成少量代表节点，构造了拓扑保持网络以实现对数据内在结构的近似，简化了所提取的结构，显著减少了非线性降维的计算量与存储消耗，实现了增量式的流形结构学习与外样本数据嵌入。本书提出了一系列算法用于实现快速和增量式数据降维，并通过实验结果证明了这些算法的高效性。

本书是作者以及南京大学机器人智能与神经计算研究组 (RINC Group) 多年来在降维问题方面研究成果的总结，赵金熙教授为本书多个算法的形成提供了宝贵思想和理论指导，课题组成员徐烨、干强、梁雨等为本书做出了重要贡献，张天玥、徐百乐多次校对全书，科学出版社的惠雪编辑及其他同仁们也对本书的出版付出了大量心血，在此一并表示感谢。

本书适合人工智能相关领域的科技工作者阅读使用，也可以作为高等院校计算机科学各相关专业研究生的参考书。降维问题的研究仍然是当前的热点，各种方法都在不断发展中，且作者的学术水平有限，书中不足和疏漏之处在所难免，欢迎读者和同行专家批评指正。

作　者

2018 年 6 月于南京

目　　录

第1章

绪　论

随着科学技术特别是信息技术的发展，人类社会进入了大数据时代。在许多应用中，不但收集到的数据的数量在增加，这些数据的维数也在不断提高。如何处理大规模高维数据成为研究者与技术专家面临的一大挑战。一方面，对这些数据的分析和处理往往意味着要付出巨大的存储和计算代价；另一方面，高维数据常常会引发严重的“维数灾难”(curse of dimensionality，维数诅咒)。

“维数灾难”最早由 Bellman [1] 在研究动态优化问题时提出，即当问题中每个参数都可以通过搜索某个离散的搜索空间来确定时，随着参数的增加，通过枚举方式寻找最优解会越来越难。Bellman 指出如果分别对 10 维和 20 维空间中单位立方体在相邻采样点距离规定为 0.1 单位的条件下进行采样，后者所需的采样点数目是前者的 10^{10} 倍。这一现象说明：在缺乏简化假设的条件下，对某个含有多个参数的函数进行优化时，随着参数数量的增长，想要达到恒定的表现水准，需要的数据样本数量必须相应地呈指数级增长 [1]。在现在的大数据时代，“维数灾难”则用于描述在对高维空间中数据进行分析与组织时遇到的在低维空间中不会发生的各种问题 [2]。这些问题的发生是因为随着维数的增加，空间体积急速扩大而令可用数据变得稀疏 —— 这种现象被称为空空间现象 (empty space phenomenon) [3]。“维数灾难”的存在使得对高维数据的处理困难重重。

事实上，我们在描述某一事物时，往往只会选择性地对它的少量关键特征进行描述，而非事无巨细地将它的所有属性一一罗列，因为后者既不划算也不现实，更会把我们真正想要了解的关键信息淹没在大量的无用信息中。这反映了我们对这个世界的一种朴素认识：当利用事物完成某一任务时，并不需要了解该事物的所有属性，少量经过提取和选择的特征才是我们所关心的。

我们会尝试将含有大量属性的集合精练成仅含少量关键特征的较小集合，通过掌握这个较小特征集合以实现对事物的了解和掌握。在上述过程中，所精练出的特征越少越好，而这些特征对事物本质的反映越精确越好。这就提醒我们，当面对高维数据时，我们同样可以从中选择或提取少量的特征，它们能够反映事物的本质却不含冗余或仅含少量的冗余。这一想法便是对数据进行降维。数据降维技术能够显著减轻系统处理数据的花费，是分析高维数据的核心工具之一。

数据降维的基本问题是发现高维数据的紧凑表示形式 [4]。而“内在维数”假设是进行数据降维操作的基本假设。所谓内在维数，简单地说，可以理解为隐藏变量的个数，它的值经常小于被观察到的变量的数目。降维操作便是要从高维数据中提取出这些隐藏变量。基于内在维数假设，在对高维数据进行降维时，我们相信这些数据中感兴趣的部分并没有填满整个原始高维空间，而我们的工作就是找出它们在所处的低维隐藏空间中的表示。具体地说，就是通过寻找一个映射函数 $\varphi: \mathbb{R}^d \mapsto \mathbb{R}^k (k < d)$，将高维原始数据 $\boldsymbol{x}$ 映射到它的低维表示 $\boldsymbol{y} = \varphi(\boldsymbol{x})$。在这个过程中，$\varphi$ 可能是显式的，但也可能是未知的，即给定某个 $\boldsymbol{x}$，我们可能仅能得到对应的 $\boldsymbol{y}$，却无法知道具体的映射方式。

需要注意的是，数据降维只是手段，对数据的处理才是最终目的。如图 1 所示，数据降维可以看作整个数据处理流程中的预处理步骤：某个给定的数据处理系统无法有效地处理维数过高的数据，因此这些数据需要经过降维操作后才能输入系统。数据降维技术的目标是在减少冗余信息的同时保留或增强有意义的信息，以满足设备的处理要求或人的感知需求。作为一种重要的表示学习 [5] 技术，数据降维的作用主要包括：

(1) 减少数据的存储和运算代价；

(2) 去除数据中的无关信息，提升所提取特征的质量；

(3) 当降维后的维数小于等于 3 时，可实现数据的可视化。

数据降维技术广泛应用于科研、工程、商业等领域，在机器学习、数据挖掘、计算机视觉、信号处理等方面扮演着重要角色。

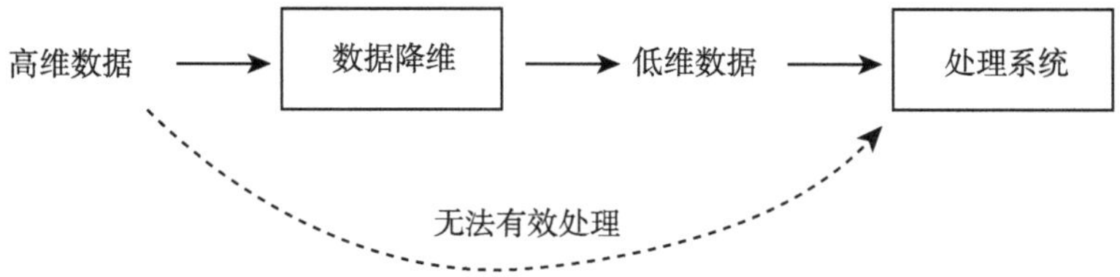

图 1　处理系统无法处理过高维数的数据时，需要进行数据降维

作为高维数据分析的重要手段，数据降维技术扎根于实践，同时在理论研究方面也具有重大意义。在 2000 年举办的“21 世纪的数学挑战”论坛上，著名统计学家 Donoho 在名为《高维数据分析：维数的诅咒与祝福》的演讲报告中指出 21 世纪必将是数据的世纪，同时预言在 21 世纪高维数据分析将成为非常活跃的研究领域，必将会出现全新的技术 [6]。而在 2008 年，图灵奖得主 Hopcroft 更是指出：高维数据降维理论是支撑未来计算机科学领域发展的主要理论之一 [7]。

1.1 数据降维算法分类

作为高维数据分析和处理的重要工具，数据降维技术向来受到研究者们的广泛关注。在过去的百余年来，各种降维算法层出不穷，构成了一个庞大的家族。

想要对已有的降维算法进行分类总结，能够采用的分类方式有多种多样 [8]。本书采用最常见的一种分类方式，即根据降维时所依据的模型，将数据降维算法分为线性降维算法和非线性降维算法两大类。

线性降维算法通过建立线性模型对数据进行降维，对于数据集 $\mathcal{X}$ 中的任意数据 $\boldsymbol{x}_i \in \mathbb{R}^d$，线性降维算法通过如下两种基础方式获取其低维表示 [9]：

(1) 寻找投影矩阵$\boldsymbol{V} = [\boldsymbol{v}_1, \cdots, \boldsymbol{v}_k] \in \mathbb{R}^{d\times k}$，通过对 $\boldsymbol{x}_i$ 进行线性变换，获取其对应的低维表示 $\boldsymbol{y}_i \in \mathbb{R}^k$：

$$\boldsymbol{y}_i = \boldsymbol{V}^{\mathrm{T}}\boldsymbol{x}_i \tag{1}$$

(2) 寻找一组基 $\boldsymbol{v}_1, \cdots, \boldsymbol{v}_k$，利用这组基对 $\boldsymbol{x}_i$ 进行线性重构：

$$\boldsymbol{x}_i \approx \sum_{j=1}^{k} y_{i,j}\boldsymbol{v}_j \tag{2}$$

所获得的系数向量 $\boldsymbol{y}_i = [y_{i,1}, \cdots, y_{i,k}] \in \mathbb{R}^k$ 即可作为 $\boldsymbol{x}_i$ 的低维表示。

线性降维模型的优势在于简单直观，早期的数据降维算法大多采用线性模型，而后来的许多非线性数据降维算法也都借鉴了线性算法的思想。需要注意的是，式 (1) 与式 (2) 只是线性降维模型的基本框架。对于具体的线性降维算法，可以根据具体需要，在执行时对数据进行平移操作，或在该基本框架基础上添加正则化项。

如图 2 所示，线性降维算法实现的是对呈全局线性分布的数据的维数约简。但是，如果要实现对如图 3 中左侧类型的数据的降维 (这些数据呈非线性结构)，就需要用到非线性的降维算法。

所有未采用前述线性模型的降维算法都可被归于非线性降维算法。显然，与线性降维模型相比，非线性降维模型更加复杂多样，并且深受各种新技术发展的影响。非线性降维算法往往能够对结构更为复杂的数据进行处理，但另一方面，进行非线性降维运算的代价往往也更高。

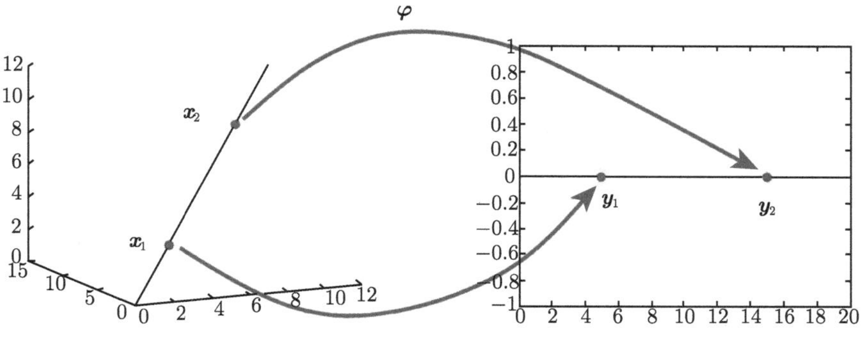

图 2　线性降维示意图

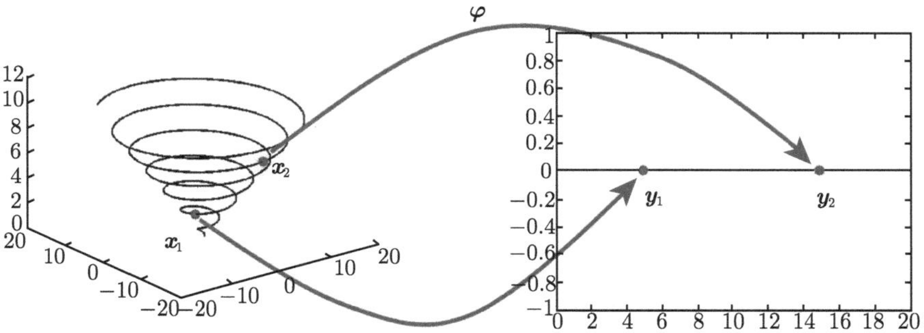

图 3　非线性降维示意图

数据降维中最核心的问题在于发现高维观测值中所隐含的有意义的潜在结构 [10]。无论线性或非线性降维，其本质都是为了解决上述问题 —— 线性降维算法直接通过提取一组基底对数据所处的特征空间进行表示；非线性降维算法则相对复杂，会以各种方式学习数据间的关系，进而确定它们的分布结构。数据降维领域存在很多具有挑战性的课题，而如何快速与增量式地对数据的结构进行学习便是一项重要的研究内容。

在评价一个算法时，低复杂度向来是一个重要的加分项。算法复杂度的高低往往关系到其能否成功地在大规模数据集上进行应用。然而，许多降维算法的空间与时间复杂度并不尽如人意。许多线性降维算法在计算过程中需要进行矩阵特征值运算或反复的迭代更新操作，如果以简单的运算代替或减少上述复杂运算，就能让算法更加简便快捷。另外，快速地对数据的内在维数 (基底维数) 进行估计是绝大多数线性降维算法所不具备却在实际应用中又十分重要的一项功能，实现此项功能具有重要意义。对于许多非线性降维算法，当数据集规模很大时，巨大的存储和计算消耗成为限制它们应用的瓶颈，因此实现对复杂数据的快速结构学习在非线性降维研究中是一项非常值得进行的工作。

增量学习是指一个学习系统能不断地从新样本中学习新的知识，并能保存大部分以前已经学习到的知识。显然，以人类智能为代表的真正智能对信息的提取和知识的学习是增量式的，而近年来对增量学习的研究在人工智能领域成为一股重要的趋势。多数经典的数据降维算法都要求在进行降维运算前，所有的数据都已获得。然而在实际应用中，数据常常是不断生成的，因此实现对数据的增量式甚至在线式降维更能满足实际要求。

综上所述，在目前这个信息膨胀的“大数据”时代，快速与增量式降维算法在实际应用中具有明显的优势，本书针对这一课题进行了一系列研究。

1.2 本书主要内容与组织结构

本书主要展开关于快速与增量式数据降维算法的研究，按如下基本顺序进行：从快速数据降维算法研究到增量式数据降维算法研究，从线性降维算法研究到非线性降维 (流形学习) 算法研究。

在线性降维中，数据中感兴趣部分被假设为分布在一个低维的线性特征空间中，数据降维的任务可以通过求取特征空间基底而完成。本书关于线性降维研究的具体思路为设计一个自适应阈值机制对数据进行自动选择，随后根据所选择的数据确定特征空间维数并快速地提取特征空间基底。具体来说，在线性降维方面，本书的主要工作包含如下几点：

(1) 将线性降维任务转化为矩阵分解任务，即把原始数据矩阵近似表示为低秩的基底矩阵与系数矩阵相乘的形式，由此对基底的线性独立性等问题进行分析研究，提出一种自适应阈值机制用于进行基底的选择，并同时解决基底数目 (目标维数) 的自动确定问题。

(2) 受非负矩阵分解方法中“部分组成全部”的思想的启发，针对已有非负矩阵分解和半非负矩阵分解算法无法自动确定目标基底的问题以及计算消耗大的问题，提出一种基于数据选择的半非负矩阵分解算法，在取消系数的非负性限制的条件下，实现快速的半非负矩阵分解。

(3) 由于正交基底的性质更加优良，提出一种提取正交成分的线性降维算法 —— 正交成分分析 (orthogonal component analysis，OCA)。通过将施密特正交化与自适应阈值机制进行组合，OCA 具有低计算复杂度以及目标维数自动确定两大优势。

(4) 在 OCA 的基础上，提出了一种快速在线降维算法 —— 增量式正交成分分析 (incremental orthogonal component analysis，IOCA)。IOCA 通过对在线输入数据进行增量式的正交基底提取，实现了对特征子空间的动态更新。由于 IOCA 计算复杂度极低，且具有自动确定目标维数以及保证所提取基底的质量的能力，其成为一种有竞争力的在线降维算法。

(5) 提出一种新的子空间基底在线调整算法，实现对以正交基底表示的线性子空间进行合并的功能。在此基础上，提出名为进化式正交成分分析 (evolutionary orthogonal component analysis，EOCA) 的在线算法。

在非线性降维方面，针对目前已有非线性降维算法计算复杂度高、存储空间需求大的问题，主要进行了如下工作：

(1) 针对现有的基准点 Isomap 算法 (L-Isomap) 难以同时确定基准点数量与位置的问题，本书提出了 SoinnLandmark-Isomap (SL-Isomap) 算法，利用自组织神经网络 SOINN 学习高维数据的拓扑结构，自动确定基准点的数目与位置，同时实现了数据压缩与非线性降维。

(2) 针对 Isomap 的三大主要缺陷 (计算效率低、邻域难确定、无法在线降维)，本书提出了新的流形学习算法：拓扑学习与在线映射算法 (topology learning and out-of-sample embedding, TLOE)。TLOE 利用自组织神经网络学习高维数据的拓扑结构，自适应地确定基准点及其邻域关系，通过估算新样本点与基准点的相似度实现了在线降维映射。解决了流形学习的三大普遍问题：计算效率问题、监督学习问题以及外样本处理问题，并且实现了增量式流形学习。

(3) 在 TLOE 工作的基础上，提出了拓扑学习嵌入 (topology learning embedding，TLE) 算法，从拓扑学习与数据嵌入两方面分别进行了改进。

本书章节的设置如下：

第 1 章为绪论，介绍数据降维研究的意义，简要分析经典降维算法，随后对本书的主要内容及组织结构进行简要叙述。

第 2 章介绍部分现有的经典线性降维算法。

第 3 章中，通过对线性降维中基本问题的研究和分析，基于线性独立性理论，提出一种简单有效的自适应阈值机制，以用于随后的研究。

第 4 章中，从可解释性角度出发，对限定基底矩阵必须非负，系数矩阵可出现负值的半非负矩阵分解算法进行了研究，提出了一种较为快速的基于数据选择的半非负矩阵分解算法。

第 5 章中，提出了一种快速算法 OCA，在不进行矩阵求逆或特征值求解运算的情况下，以简单的运算实现正交成分 (基底) 的提取。

第 6 章中，针对在线学习问题，提出了 OCA 的增量式版本 IOCA，实现了数据的在线降维。

第 7 章中，提出了一种子空间标准正交基底在线调整算法，以此为基础，提出了在线算法 EOCA。

从第 8 章开始展开了关于流形学习的研究，本章对部分现有的经典非线性降维算法进行了介绍。

第 9 章中，提出了基于自组织神经网络的 SL-Isomap 算法，通过改进流形学习中基准点的选取，实现较为高效的非线性降维。

第 10 章中，提出了基于自组织神经网络的 TLOE 算法，以达到快速流形学习与外样本数据嵌入的目的。

第 11 章，继续以实现快速与增量式非线性流形学习为目标，提出了一种能够应用于大规模数据的非线性降维算法 TLE。

第 12 章为总结与展望，对本书所介绍的内容进行了概括性的描述，针对当前研究提出改进的方向，为进一步研究做出展望。

第2章

经典线性降维算法介绍

线性降维算法采用线性模型实现数据从高维映射到低维映射，线性降维尽管已经发展了相当长时间，如今依然受到广泛关注。本章将介绍一些经典的线性降维算法，主要包括：

- 根据数据在原始高维空间中各方向分布的统计信息以计算主成分方向，实现数据降维的主成分分析算法。
- 使降维后相同类别数据尽可能靠近，不同类别数据尽可能分离的有监督的线性判别分析算法。
- 利用统计学原理寻找高维数据中隐藏独立变量的独立成分分析算法。
- 以随机方式确定投影方向的快速算法 —— 随机投影算法。
- 强调矩阵分解非负性，具有物理可解释性的非负矩阵分解。
- 试图保持降维前后数据间邻近关系的局部保持投影算法。
- 能够处理在线输入数据的增量式线性判别分析算法及无偏协方差无关增量主成分分析算法。
- 分析两个变量相关性的多元统计算法 —— 典型相关分析。

2.1 主成分分析

主成分分析(principal component analysis，PCA) 也许可以称得上是历史最为悠久，同时也是最知名的降维方法之一。PCA 的思想可追溯到统计学家皮尔逊 (Pearson) 于 1901 年所发表的研究结果 [11]。而 PCA 这个名称则是由统计学界、经济学界、数学界公认大师哈罗德 • 霍特林 (Harold Hotelling) 在 20 世纪 30 年代经由独立的研究所提出的 [12]。在随机过程领域，Karhunen 也独立地发现了 PCA [13]，随后 Loève 更将其进行了泛化 [14]，因此在该领域 PCA 也被称为 Karhunen-Loève 变换。

PCA 算法的目标是将数据集 $\mathcal{X}=\{\boldsymbol{x}_1,\cdots,\boldsymbol{x}_N\}$ 从维数为 d 的高维空间映射到维数为 k 的低维空间后，令得到的 $\mathcal{Y}=\{\boldsymbol{y}_1,\cdots,\boldsymbol{y}_N\}$ 中各数据间 “ 区分度” 最大。上述降维转换通过正交变换实现，降维得到的线性子空间由 k 个相互正交的向量表示，而数据低维表示的各个线性不相关的分量则被称为 “主成分”。

给定 $\boldsymbol{x}_1,\cdots,\boldsymbol{x}_N$，PCA 具体执行的求解过程可以理解为每次寻找 $\boldsymbol{b}$，使得整个数据投影到 $\boldsymbol{b}$ 方向后，$\boldsymbol{b}^{\mathrm{T}}\boldsymbol{x}_i$ 变化程度尽可能大。而上述过程有两种等价的表示：

(1) 令数据的方差尽可能大，即

$$\max \frac{1}{N}\sum_{i=1}^{N}\left(\boldsymbol{b}^{\mathrm{T}}\boldsymbol{x}_i - \boldsymbol{b}^{\mathrm{T}}\boldsymbol{\mu}\right)^2 = \max \boldsymbol{b}^{\mathrm{T}}\boldsymbol{S}\boldsymbol{b} \tag{3}$$

(2) 令每一对 $\boldsymbol{b}^{\mathrm{T}}\boldsymbol{x}_i$ 和 $\boldsymbol{b}^{\mathrm{T}}\boldsymbol{x}_j$ 间差异的累加结果尽可能大，即

$$\max \sum_{i=1}^{N}\left(\boldsymbol{b}^{\mathrm{T}}\boldsymbol{x}_i - \boldsymbol{b}^{\mathrm{T}}\boldsymbol{x}_j\right)^2 = \max 2N\boldsymbol{b}^{\mathrm{T}}\boldsymbol{S}\boldsymbol{b} \tag{4}$$

其中，$\boldsymbol{\mu} = \frac{1}{N}\sum_{i=1}^{N}\boldsymbol{x}_i$ 为所有 N 个已知数据的均值；$\boldsymbol{S} = \frac{1}{N}\sum_{i=1}^{N}(\boldsymbol{x}_i-\boldsymbol{\mu})^{\mathrm{T}}(\boldsymbol{x}_i-\boldsymbol{\mu})$ 为协方差矩阵。显然，式 (3) 和式 (4) 与

$$\max \boldsymbol{b}^{\mathrm{T}}\boldsymbol{S}\boldsymbol{b} \tag{5}$$

等价。

然而，随着向量 $\boldsymbol{b}$ 本身长度的增大，$\boldsymbol{b}^{\mathrm{T}}\boldsymbol{S}\boldsymbol{b}$ 的值会无限增大，因此需要限制 $\boldsymbol{b}$ 向量的长度为 1，即 $\boldsymbol{b}$ 为单位向量。从而，PCA 的优化目标变为

$$\begin{aligned}&\max\ \boldsymbol{b}^{\mathrm{T}}\boldsymbol{S}\boldsymbol{b}\\&\text{s.t.}\ \boldsymbol{b}^{\mathrm{T}}\boldsymbol{b}=1\end{aligned} \tag{6}$$

引入拉格朗日算子λ，将限制条件嵌入优化目标函数，得到

$$L(\boldsymbol{b},\lambda) = \boldsymbol{b}^{\mathrm{T}}\boldsymbol{S}\boldsymbol{b} - \lambda(\boldsymbol{b}^{\mathrm{T}}\boldsymbol{b}-1) \tag{7}$$

为求出 $L(\boldsymbol{b},\lambda)$ 关于 $\boldsymbol{b}$ 的最大值，可令其对 $\boldsymbol{b}$ 偏导为 0，得到

$$\boldsymbol{S}\boldsymbol{b} = \lambda\boldsymbol{b} \tag{8}$$

从而，计算第一个主成分方向的问题便被转换为计算矩阵 $\boldsymbol{S}$ 最大特征值 λ_1 及其对应特征向量 $\boldsymbol{b}_1$ 的问题，而 $\boldsymbol{b}_1$ 即为第一个主成分方向。由于 $\boldsymbol{S}\in\mathbb{R}^{d\times d}$ 对称半正定，所以一定能找到一组标准正交的特征向量 $\boldsymbol{b}_1,\cdots,\boldsymbol{b}_d$。一旦 $\boldsymbol{b}_1$ 确定，同样通过式 (7)，可以确定第二个主成分方向 $\boldsymbol{b}_2$。以此类推，PCA 所求的 k 个主成分方向便可通过计算 $\boldsymbol{S}$ 最大的 k 个特征值所对应的特征向量 $\boldsymbol{b}_1,\cdots,\boldsymbol{b}_k$ 获取。

PCA 中主成分方向 $\boldsymbol{b}_1,\cdots,\boldsymbol{b}_k$ 的计算也可以通过另一种思路进行。

显然数据集 $\mathcal{X}$ 中任意 d 维数据 $\boldsymbol{x}_i$ 可通过一组 $\boldsymbol{b}_1,\cdots,\boldsymbol{b}_d$ 进行完美表示，即

$$\boldsymbol{x}_i = \sum_{j=1}^{d} a_{i,j}\boldsymbol{b}_j \tag{9}$$

此时，对于任意 $\boldsymbol{x}_i$，每一个基底 $\boldsymbol{b}_j$ 都有一个与之对应的特定系数 $a_{i,j}$。

假设以如下方式得到 $\boldsymbol{x}_i$ 的近似表示 $\tilde{\boldsymbol{x}}_i$

$$\tilde{\boldsymbol{x}}_i = \sum_{j=1}^{k} a_{i,j}\boldsymbol{b}_j + \sum_{j=k+1}^{d} z_j\boldsymbol{b}_j \tag{10}$$

其中，若 $\boldsymbol{b}_j$ 是前 k 个基底向量之一，则它对于各 $\boldsymbol{x}_i$ 分别都有一个特定的系数 $a_{i,j}$；否则，对于所有 $\boldsymbol{x}_i$，均共享同一系数 z_j。

显然，给定基底 $\boldsymbol{b}_1,\cdots,\boldsymbol{b}_d$，针对任意 $\tilde{\boldsymbol{x}}_i$，对其进行表示时只需记录前 k 个基底向量 $\boldsymbol{b}_1,\cdots,\boldsymbol{b}_k$ 所对应的系数 $a_{i,1},\cdots,a_{i,k}$，及固定向量 $\boldsymbol{v}=\sum_{j=k+1}^{d} z_j\boldsymbol{b}_j$。当用于表示 $\tilde{\boldsymbol{x}}_i$ 的系数个数 k 小于 d 时，如果利用 $\tilde{\boldsymbol{x}}_i$ 对 $\boldsymbol{x}_i$ 进行近似，一方面实现了数据降维，另一方面也会产生一定程度的误差，可以通过均方误差 J 来描述误差

$$J = \frac{1}{N}\sum_{j=1}^{N} \|\boldsymbol{x}_i - \tilde{\boldsymbol{x}}_i\|_2^2 \tag{11}$$

PCA 的目标是令 J 最小化，通过对其求偏导可得

$$\frac{\partial J}{\partial a_{i,j}} = 0 \Rightarrow a_{i,j} = \boldsymbol{x}_i^{\mathrm{T}}\boldsymbol{b}_j, \quad \frac{\partial J}{\partial z_j} = 0 \Rightarrow a_{i,j} = \boldsymbol{\mu}^{\mathrm{T}}\boldsymbol{b}_j \tag{12}$$

其中，$\boldsymbol{\mu} = \frac{1}{N}\sum_{i=1}^{N} \boldsymbol{x}_i$。将式 (12) 代入式 (11) 得到

$$J = \frac{1}{N}\sum_{i=1}^{N}\sum_{j=k+1}^{d} (\boldsymbol{x}_i^{\mathrm{T}}\boldsymbol{b}_j - \bar{\boldsymbol{x}}^{\mathrm{T}}\boldsymbol{b}_j)^2 = \sum_{j=k+1}^{d} \boldsymbol{b}_j^{\mathrm{T}}\boldsymbol{S}\boldsymbol{b}_j \tag{13}$$

其中，$\boldsymbol{S}$ 为协方差矩阵，规定对于 $j=1,\cdots,d$，有 $\boldsymbol{b}_j^{\mathrm{T}}\boldsymbol{b}_j=1$。

下面的求解过程与前文类似，利用拉格朗日乘子法可得 $\boldsymbol{b}_{k+1},\cdots,\boldsymbol{b}_d$ 即为 $\boldsymbol{S}$ 最小的 k 个特征值所对应的特征向量，此时 J 取得最小值

$$J = \sum_{j=k+1}^{d} \lambda_j \tag{14}$$

结合式 (12)，式 (10) 可被改写为

$$\tilde{\boldsymbol{x}}_i = \sum_{j=1}^{k} (\boldsymbol{b}_j^{\mathrm{T}}\boldsymbol{x}_i - \boldsymbol{b}_j^{\mathrm{T}}\boldsymbol{\mu})\boldsymbol{b}_j + \sum_{j=1}^{d} \boldsymbol{b}_j\boldsymbol{b}_j^{\mathrm{T}}\boldsymbol{\mu} = \sum_{j=1}^{k} y_{i,j}\boldsymbol{b}_j + \boldsymbol{\mu} \tag{15}$$

其中，$y_{i,j} = \boldsymbol{b}_j^{\mathrm{T}}(\boldsymbol{x}_i - \boldsymbol{\mu})$，而 $\boldsymbol{y}_i = (y_{i,1}, y_{i,2}, \cdots, y_{i,k})^{\mathrm{T}}$ 即为 $\boldsymbol{x}_i$ 通过 PCA 降维后的低维表示。由于 $\sum_{j=1}^{d} \boldsymbol{b}_j\boldsymbol{b}_j^{\mathrm{T}}\boldsymbol{\mu} = \boldsymbol{\mu}$，式 (10) 又可写为

$$\tilde{\boldsymbol{x}}_i - \boldsymbol{\mu} = \sum_{j=1}^{k} \boldsymbol{b}_j\boldsymbol{b}_j^{\mathrm{T}}(\boldsymbol{x}_i - \boldsymbol{\mu}) \tag{16}$$

可以理解为，先对数据进行去均值，再通过各系数 $\boldsymbol{b}_j^{\mathrm{T}}(\boldsymbol{x}_i - \boldsymbol{\mu})$ 与基底 $\boldsymbol{b}_j$ 进行重构得到同样去均值的 $\tilde{\boldsymbol{x}}_i - \boldsymbol{\mu}$。

上述两种推导思路证明作为 PCA 算法的降维目标最大化主成分变化程度，与最小化重构误差在数学上是等价的。

最后，令 $\boldsymbol{B} = [\boldsymbol{b}_1, \cdots, \boldsymbol{b}_k]$，在前文的推导过程中 (方差、协方差矩阵或重构系数的计算) 对 $\boldsymbol{x}_i$ 进行了去均值操作，为了保证 PCA 的可解释性，PCA 一般通过式 (17) 来计算数据集 $\mathcal{X}$ 中第 i 个数据 $\boldsymbol{x}_i$ 所对应的低维表示 $\boldsymbol{y}_i \in \mathbb{R}^k$

$$\boldsymbol{y}_i = \boldsymbol{B}^{\mathrm{T}}(\boldsymbol{x}_i - \boldsymbol{\mu}) \tag{17}$$

图 4 为 PCA 降维的示意图，$\boldsymbol{\mu}$ 为数据均值，箭头方向即为主成分方向。需要注意的是，如果 PCA 数据降维时先进行平移 (去均值) 操作再进行线性变换的话，高维空间中的零点映射到低维空间后并不能保证仍为零点。

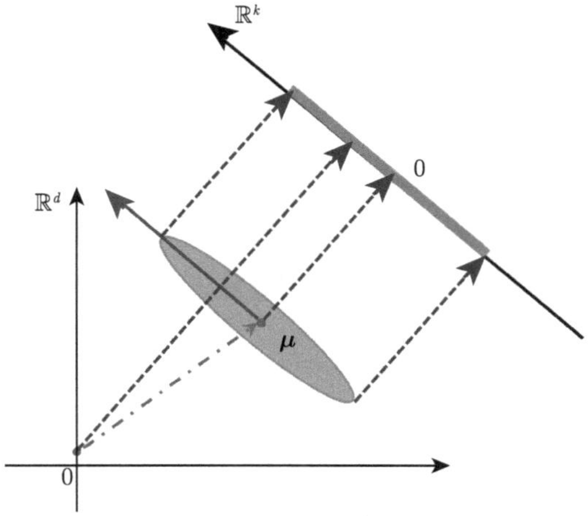

图 4 PCA 降维示意图

作为非监督线性降维算法，PCA 可以使用在任意数据集上。需要注意的是，PCA 假设数据中的重要信息是分布在变化程度最大的 k 个方向上的。并且，在主成分

计算过程中对数据协方差矩阵的处理方式意味着 PCA 默认所有数据服从同一高维高斯分布。

2.2 线性判别分析

与 PCA 非监督式的降维方式不同，线性判别分析(linear discriminant analysis，LDA) 算法进行的是有监督的降维。如图 5 所示，LDA 的基本思想是利用类标信息寻找子空间 $\mathcal{S}$，将数据映射到 $\mathcal{S}$ 中后，不同类别 (灰度) 的数据尽量远离，而相同类别 (灰度) 的数据尽量接近。

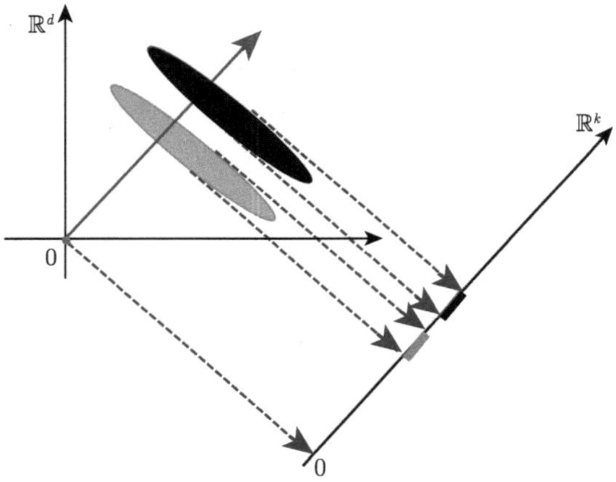

图 5 LDA 降维示意图

LDA 也经常被称为 Fisher 线性判别(Fisher linear discriminant)。与 PCA 类似，LDA 利用方差作为指标来衡量数据在投影方向上的差异程度。

假设数据集 $\mathcal{X}$ 中含有两个类 $\mathcal{C}_1$和 $\mathcal{C}_2$，分别包含 N_1 和 N_2 个 d 维数据，可以计算出两类数据的中心分别为 $\boldsymbol{\mu}_1 = \frac{1}{N_1}\sum_{\boldsymbol{x}\in\mathcal{C}_1}\boldsymbol{x}$ 与 $\boldsymbol{\mu}_2 = \frac{1}{N_2}\sum_{\boldsymbol{x}\in\mathcal{C}_2}\boldsymbol{x}$。设 $\boldsymbol{w}$ 为投影方向，任取 d 维数据 $\boldsymbol{x}$，$\boldsymbol{w}^{\mathrm{T}}\boldsymbol{x}$ 即为其在 $\boldsymbol{w}$ 方向上的投影值。于是，$\sum_{\boldsymbol{x}\in\mathcal{C}_1}(\boldsymbol{w}^{\mathrm{T}}(\boldsymbol{x}-\boldsymbol{\mu}_1))^2$ 与 $\sum_{\boldsymbol{x}\in\mathcal{C}_2}(\boldsymbol{w}^{\mathrm{T}}(\boldsymbol{x}-\boldsymbol{\mu}_1))^2$ 分别描述了两类数据投影到 $\boldsymbol{w}$ 方向上后类内的差异情况。进而可用 $\sum_{i=1}^{2}\sum_{\boldsymbol{x}\in\mathcal{C}_i}(\boldsymbol{w}^{\mathrm{T}}(\boldsymbol{x}-\boldsymbol{\mu}_1))^2$ 表示投影后这两个类总的类内差异情况。另一方面，将 $(\boldsymbol{w}^{\mathrm{T}}(\boldsymbol{\mu}_1-\boldsymbol{\mu}_2))^2$ 作为这两个类类间差异的度量。于是，在使得类内差异越小越好、类间差异越大越好的目标下，LDA 通过最大化下列目标函数，求出最优的 $\boldsymbol{w}$

$$J(\boldsymbol{w})=\frac{(\boldsymbol{w}^{\mathrm{T}}(\boldsymbol{\mu}_1-\boldsymbol{\mu}_2))^2}{\sum_{\boldsymbol{x}\in\mathcal{C}_1}(\boldsymbol{w}^{\mathrm{T}}(\boldsymbol{x}-\boldsymbol{\mu}_1))^2+\sum_{\boldsymbol{x}\in\mathcal{C}_2}(\boldsymbol{w}^{\mathrm{T}}(\boldsymbol{x}-\boldsymbol{\mu}_2))^2} \tag{18}$$

上述用于二分类问题的准则可以轻易地被推广到多分类问题上。假设数据集 $\mathcal{X}$ 中的 N 个 d 维数据共分为 m 个类，$\mathcal{C}_i$ 为所有属于第 i 个类的 N_i 个数据构成的集合，可以计算出 $\boldsymbol{\mu}_i=\frac{1}{N_i}\sum_{\boldsymbol{x}\in\mathcal{C}_i}\boldsymbol{x}$ 作为第 i 个类的中心，而把 $\boldsymbol{\mu}=\frac{1}{N}\sum_{\boldsymbol{x}\in\mathcal{X}}\boldsymbol{x}$ 作为整个数据集的中心。可以计算出第 i 类数据的协方差矩阵

$$\boldsymbol{S}_i=\sum_{\boldsymbol{x}\in\mathcal{C}_i}\frac{1}{N_i}(\boldsymbol{x}-\boldsymbol{\mu}_i)(\boldsymbol{x}-\boldsymbol{\mu}_i)^{\mathrm{T}} \tag{19}$$

进而将各个类所对应的协方差矩阵累加得到

$$\boldsymbol{S}_w=\sum_{i=1}^{m}\boldsymbol{S}_i \tag{20}$$

另一方面，根据各个类中心之间的差异可以计算出

$$\boldsymbol{S}_b=\frac{1}{N}\sum_{i=1}^{m}N_i(\boldsymbol{\mu}_i-\boldsymbol{\mu})(\boldsymbol{\mu}_i-\boldsymbol{\mu})^{\mathrm{T}} \tag{21}$$

可以发现得到的 $\boldsymbol{S}_w$ 和 $\boldsymbol{S}_b$ 满足

$$\boldsymbol{S}_w+\boldsymbol{S}_b=\frac{1}{N}\sum_{i=1}^{N}(\boldsymbol{x}_i-\boldsymbol{\mu})(\boldsymbol{x}_i-\boldsymbol{\mu})^{\mathrm{T}} \tag{22}$$

其中，$\boldsymbol{S}_b=\frac{1}{N}\sum_{i=1}^{N}(\boldsymbol{x}_i-\boldsymbol{\mu})(\boldsymbol{x}_i-\boldsymbol{\mu})^{\mathrm{T}}$ 即为整个数据集的协方差矩阵。

与处理二分类问题时类似，LDA 通过使类间差异与类内差异之比最大化以确定投影方向 $\boldsymbol{w}$，即最大化如下目标函数：

$$J(\boldsymbol{w})=\frac{\boldsymbol{w}^{\mathrm{T}}\boldsymbol{S}_b\boldsymbol{w}}{\boldsymbol{w}^{\mathrm{T}}\boldsymbol{S}_w\boldsymbol{w}} \tag{23}$$

在 $\boldsymbol{w}^{\mathrm{T}}\boldsymbol{S}_w\boldsymbol{w}=1$ 的限制下，利用拉格朗日乘子法可以将上述目标函数最大化问题转换为广义特征值求解问题

$$\boldsymbol{S}_b\boldsymbol{w}=\lambda\boldsymbol{S}_w\boldsymbol{w} \tag{24}$$

k 个最大特征值所对应的特征向量便是 LDA 用于降维映射的 k 个向量。由于类别数目为 m，矩阵 $\boldsymbol{S}_b$ 的秩最多只能为 $m-1$，因此这里 k 的最大取值也只能是 $m-1$。

如果 $\boldsymbol{S}_w$ 非奇异的话，式 (24) 可等价地转化为

$$\boldsymbol{S}_w^{-1}\boldsymbol{S}_b\boldsymbol{w} = \lambda\boldsymbol{w} \tag{25}$$

其中，$\boldsymbol{w}$ 即为 $\boldsymbol{S}_w^{-1}\boldsymbol{S}_b$ 的特征向量。

需要注意的是，$\boldsymbol{S}_w$ 很可能是奇异矩阵，因此从式 (24) 到式 (25) 的转换并不总是能够直接进行。有多种方法可以解决上述问题。其中之一是用 $\boldsymbol{S}_w$ 的广义逆替换 $\boldsymbol{S}_w^{-1}$。另外，可以对半正定矩阵 $\boldsymbol{S}_w$ 进行如下修正以使其非奇异：

$$\boldsymbol{S}_w = \boldsymbol{S}_w + \alpha\boldsymbol{I}_d \tag{26}$$

其中，$\boldsymbol{I}_d$ 为 $d \times d$ 大小的单位矩阵，而系数 α 一般取一个较小的值。

一旦 $\boldsymbol{W} = [\boldsymbol{w}_1, \cdots, \boldsymbol{w}_k]^{d\times k}$ 确定，便可计算数据集中任意 $\boldsymbol{x}_i$ 对应的低维表示 $\boldsymbol{y}_i = \boldsymbol{W}^{\mathrm{T}}\boldsymbol{x}_i$。

由于利用了数据的类标信息，在以数据分类为目标时，有监督的 LDA 算法降维结果的表现往往会优于非监督的 PCA 算法。另一方面，由于需要计算类内与类间差异，LDA 在执行时，需要各个类别的数据量比较充足。

2.3 独立成分分析

独立成分分析(independent component analysis，ICA) 是一类利用统计学原理进行计算的方法，它主要被用于揭示观察到的信号或多变量数据中隐藏着的基础性变量 [15]。这些隐藏变量被假设为非高斯的，而且彼此间相互独立，因而被认为能携带更多的信息。在 (线性)ICA 中，观察到的数据变量被假设为一些隐藏变量线性组合后的结果，而这些隐藏变量如何组合是未知的。

ICA 的一个典型应用是解决 “鸡尾酒宴会问题”(cocktail party problem)，即如何利用举办鸡尾酒会的房间内的多个麦克风直接收集到的说话人声音 (一般是多人混合后的声音) 分离出同时说话的每个与会者的独立声音。

设观察到的数据或者信号用矩阵 $\boldsymbol{X} \in \mathbb{R}^{d\times N}$ 表示，列数 N 为被观察到的样本数，而每一列的 d 维向量 $\boldsymbol{x}_i$ 则记录了第 i 个样本的观测值 (在鸡尾酒宴会问题中即为在 i 时刻 d 个麦克风收集到的信息)，(线性)ICA 认为

$$\boldsymbol{x}_i = \boldsymbol{A}\boldsymbol{s}_i, \quad \boldsymbol{s}_i = \boldsymbol{W}^{\mathrm{T}}\boldsymbol{x}_i \tag{27}$$

其中，$\boldsymbol{s}_i \in \mathbb{R}^k$ 为未知隐藏变量，其分量相互独立；$\boldsymbol{A} \in \mathbb{R}^{d\times k}$ 为未知混合矩阵；$\boldsymbol{W} \in \mathbb{R}^{d\times k}$ 为未知解混矩阵。(线性)ICA 的任务便是找出解混矩阵 $\boldsymbol{W}$ 以及被隐藏的 $\boldsymbol{s}_i$。ICA 一般被用于盲源信号分离(blind source separation, BSS)，很多时候会假设 $d = k$。但当隐藏变量的个数 k 小于观察值的个数 d 时，式 (27) 符合线性降维的一般模型，因此它可以被看作一种线性降维算法。

ICA 为了消除解的不确定性，经常在执行前即利用 PCA 的结果对原始数据矩阵 $\boldsymbol{X}$ 进行变换，即对数据进行"白化"操作的预处理：首先，对 $\boldsymbol{X}$ 各列去均值。接着，根据 $\boldsymbol{X}$ 计算协方差矩阵 $\boldsymbol{\Lambda}$，并对其进行特征值分解，得到 $\boldsymbol{\Sigma} = \boldsymbol{U}\boldsymbol{\Lambda}\boldsymbol{U}^{\mathrm{T}}$，其中 $\boldsymbol{\Lambda}$ 为对角阵，各对角元为 $\boldsymbol{\Sigma}$ 的各特征值，$\boldsymbol{U}$ 各列为这些特征值对应的特征向量。随后令 $\boldsymbol{X} \leftarrow \boldsymbol{U}\boldsymbol{\Lambda}^{-\frac{1}{2}}\boldsymbol{U}^{\mathrm{T}}\boldsymbol{X}$，从而让 $\boldsymbol{X}\boldsymbol{X}^{\mathrm{T}} = \boldsymbol{I}_d$，$\boldsymbol{I}_d$ 为 $d \times d$ 单位矩阵。同时数据的维数也可能进行了约简。

需要注意的是，ICA 类算法关于如何定义"独立性"可以有着不同的选择，这些选择决定了 ICA 的具体执行方式。一般来说，关于独立性的定义方式有两大类：

(1) 令互信息最小化，此类 ICA 算法可采用 K-L 散度 (Kullback-Leibler divergence)、最大熵 (maximum entropy) 等方式衡量独立性；

(2) 令非高斯性最大化，此类 ICA 算法一般受中心极限定理 (central limit theorem) 启发，比如采用峰度 (kurtosis)。

FastICA [16, 17] 是最常用的 ICA 类算法之一，它在执行时采用了投影追踪(projection pursuit) 的策略，即逐次提取 $\boldsymbol{W}$ 中各列，直至 k 列全部提取完成。对于每一个要提取的 $\boldsymbol{w}_j$，FastICA 进行如下操作：

(1) 随机初始化 $\boldsymbol{w}_j \in \mathbb{R}^d$。

(2) $\boldsymbol{w}_j \leftarrow \dfrac{1}{N}\boldsymbol{X}g(\boldsymbol{w}_j^{\mathrm{T}}\boldsymbol{X})^{\mathrm{T}} - \dfrac{1}{N}g'(\boldsymbol{w}_j^{\mathrm{T}}\boldsymbol{X})\boldsymbol{1}\boldsymbol{w}_j$。

(3) $\boldsymbol{w}_j = \boldsymbol{w}_j - \sum_{l=1}^{j-1}\boldsymbol{w}_l\boldsymbol{w}_l^{\mathrm{T}}\boldsymbol{w}_j$，$\boldsymbol{w}_j = \dfrac{\boldsymbol{w}_j}{\|\boldsymbol{w}_j\|_2}$。

(4) 如果经历步骤 (2) 和 (3) 后 $\boldsymbol{w}_j$ 发生了改变，则回到步骤 (2) 继续执行；否则 $\boldsymbol{w}_j$ 提取完成。

其中，$\boldsymbol{1}$ 为各分量皆为 1 的 N 维列向量。

上述过程中，$g(\omega)$ 为非二次非线性方程 $f(\omega)$ 的一阶导数，$g'(\omega)$ 为 $f(\omega)$ 的二

阶导数，而在文献 [16] 中作者给出了如下几种 $f(\omega)$ 的设置：

$$G_1(\omega)=\frac{1}{a_1}\log\cosh(a_1\omega),\quad g_1(\omega)=\tanh(a_1\omega) \tag{28}$$

$$G_2(\omega)=-\frac{1}{a_1}\exp\left(-\frac{a_2\omega^2}{2}\right),\quad g_2(\omega)=\omega\exp\left(-\frac{a_2\omega^2}{2}\right) \tag{29}$$

$$G_3(\omega)=\frac{1}{4}\omega^4,\quad g_3(\omega)=\omega^3 \tag{30}$$

其中，$1\leqslant a_1\leqslant 2$ 与 $a_2\approx 1$ 为常数参数。

最终得到解混矩阵 $\boldsymbol{W}=[\boldsymbol{w}_1,\cdots,\boldsymbol{w}_k]$ 与信号矩阵 $\boldsymbol{S}=\boldsymbol{W}^{\mathrm{T}}\boldsymbol{X}$，其中 $\boldsymbol{S}$ 被认为是各行独立的。如果 $\boldsymbol{W}$ 为非奇异方阵，混合矩阵 $\boldsymbol{A}$ 可以直接通过对 $\boldsymbol{W}$ 求逆获得，即 $\boldsymbol{A}=\boldsymbol{W}^{-1}$；否则，$\boldsymbol{A}$ 可以通过对 $\boldsymbol{W}$ 求广义逆获得。需要注意的是，如果先前进行了“白化”操作，有时还需要利用“白化”操作的结果对上述结果进行相应的变换。

2.4 随机投影

随机投影(random projection，RP) 是一种简单且高效的数据降维方法，它通过一个随机生成的 $d\times k$ 的矩阵 $\boldsymbol{W}$ 将原始的 d 维数据映射到 k 维子空间。随机投影算法的理论核心是 Johnson-Lindenstrauss 引理 [18]：

$$\alpha\|\boldsymbol{x}_i-\boldsymbol{x}_j\|_2\leqslant\|\boldsymbol{W}^{\mathrm{T}}\boldsymbol{x}_i-\boldsymbol{W}^{\mathrm{T}}\boldsymbol{x}_j\|_2\leqslant\beta\|\boldsymbol{x}_i-\boldsymbol{x}_j\|_2 \tag{31}$$

它保证了如果数据分布在维数足够高的线性空间中，那么它们能够在被映射到一个合适的低维空间中的同时近似地保持彼此之间的距离。由于线性降维算法运算的主要任务就是确定投影矩阵 $\boldsymbol{W}$，而随机投影直接将 $\boldsymbol{W}$ 随机生成，因此相对其他方法，随机投影的计算量方面优势明显。但另一方面，在随机投影中 $\boldsymbol{W}$ 是与数据无关的，这就导致其对降维结果常常不如其他算法。Johnson-Lindenstrauss 引理虽然能在一定程度上保证随机投影的有效性，但是它仍要求映射到的低维子空间的维数 k 不能过低。随机投影的策略可以看作是以一定误差为代价换取简单降维模型及快速数据处理过程。

关于随机矩阵 $\boldsymbol{W}$ 的生成方法，很多时候 $\boldsymbol{W}$ 中元素是通过高斯分布 (正态分布) 生成，然后利用正交化操作令 $\boldsymbol{W}$ 的各列相互正交，且每一个列向量的 ℓ_2 范数为 1。另外，Achlioptas 指出上述的高斯分布可以通过其他更简单的分布代替[19]。比如，$\boldsymbol{W}$ 中每个元素 $[\boldsymbol{W}]_{i,j}$ 可以通过下列两种方式之一随机生成：

$$[\boldsymbol{W}]_{i,j}=\begin{cases}+1, & 以概率\dfrac{1}{2}\\ -1, & 以概率\dfrac{1}{2}\end{cases} \quad 或 \quad [\boldsymbol{W}]_{i,j}=\sqrt{3}\begin{cases}+1, & 以概率\dfrac{1}{6}\\ 0, & 以概率\dfrac{2}{3}\\ -1, & 以概率\dfrac{1}{6}\end{cases} \tag{32}$$

Achlioptas 并没有强制令 $\boldsymbol{W}$ 中各列变成一组标准正交基。

为了以示区别，在本书中，通过高斯分布生成列正交的投影矩阵的随机投影被称为随机正交投影 (random orthogonal projection，ROP)。

2.5　非负矩阵分解

实际世界中许多数据具有非负性的特点，如图像、物质成分含量、文本中单词出现的次数等。对这些数据以矩阵分解的方式进行处理时，如果采用一般的矩阵分解算法，所得到的结果中很可能会出现负值。这些结果往往无法像原始的非负数据那样具有物理上的可解释性。自然，如果强制要求分解结果中所有元素均非负便不会遇到上面的问题。

非负矩阵分解(nonnegative matrix factorization，NMF) 便是这样的一种技术。给定一个 $d\times N$ 大小的非负矩阵 (矩阵中各个元素都非负)$\boldsymbol{X}_+$，NMF 便是要寻找两个同样是非负矩阵的 $\boldsymbol{V}_+$ 和 $\boldsymbol{Y}_+$，令

$$\boldsymbol{X}_+\approx\boldsymbol{V}_+\boldsymbol{Y}_+ \tag{33}$$

其中，$\boldsymbol{V}_+$ 为 $d\times k$ 大小的基底矩阵；$\boldsymbol{Y}_+$ 为 $k\times N$ 大小的系数矩阵。一般来说，NMF 要求 k 被设置为一个小于 d 和 N 的值。如此，通过上述分解便实现了对原始数据矩阵的压缩。根据式 (33)，$\boldsymbol{X}_+$ 中任意第 i 列 $\boldsymbol{x}_i$ 可以通过下式进行近似：

$$\boldsymbol{x}_i\approx\boldsymbol{V}_+\boldsymbol{y}_i \tag{34}$$

于是，可以用维数较少的 $\boldsymbol{y}_i$ 对相应的高维数据 $\boldsymbol{x}_i$ 进行表示，实现数据降维。

与其他矩阵分解方法相比，NMF 最大的特色便是引入了非负性的限制，令其分解的结果符合人们 “物理上可解释的整体由各个同样在物理上可解释的元素通

过叠加的方式组合而成” 的直觉。NMF“部分组成整体” 的思想并不复杂，在 20 世纪 90 年代，便有研究者进行了相关的研究 (当时其被称为正矩阵分解)。但是，也正是引入了非负性限制，如何高效地实现对原始矩阵的低秩近似成为研究者们的一大难题：在一般情况下，NMF 是 NP 难问题。直到 2000 年左右，Lee 和 Seung 提出的两种著名的 NMF 算法 [20]，不仅以相对较为简单的方式实现了非负限制下的矩阵分解，而且保证了算法的收敛性，造成了巨大的影响。由此，NMF 吸引了大量研究者的关注，相关研究大量涌现 [21, 22]。

Lee 和 Seung 所提出的算法可以说是 NMF 领域最有影响力的研究，它们的思想都是通过对 $\boldsymbol{V}_+$ 和 $\boldsymbol{Y}_+$ 进行理论上有保证的乘式交替更新，以获取最终的分解结果。由于随后的许多有关 NMF 的研究都借鉴了 Lee 和 Seung 的工作，下面本书将对这两种算法进行介绍。

NMF 的目标是令原始数据矩阵 $\boldsymbol{X}_+$ 与分解后得到的 $\boldsymbol{V}_+\boldsymbol{Y}_+$ 尽可能接近。因此，为了定量地衡量两个非负矩阵 $\boldsymbol{A}_+$ 和 $\boldsymbol{B}_+$ 的相似程度，Lee 和 Seung 采用了两种衡量方式。其一，是计算 $\boldsymbol{A}_+$ 和 $\boldsymbol{B}_+$ 之间的 “欧氏距离”(矩阵 $\boldsymbol{A}_+ - \boldsymbol{B}_+$ 的 Frobenius 范数)：

$$\|\boldsymbol{A}_+ - \boldsymbol{B}_+\|_{\mathrm{F}}^2 = \sum_{i,j}\left([\boldsymbol{A}_+]_{ij} - [\boldsymbol{B}_+]_{ij}\right)^2 \tag{35}$$

另一种则是计算

$$D(\boldsymbol{A}_+\|\boldsymbol{B}_+) = \sum_{i,j}\left([\boldsymbol{A}_+]_{ij}\log\frac{[\boldsymbol{A}_+]_{ij}}{[\boldsymbol{B}_+]_{ij}} - [\boldsymbol{A}_+]_{ij} + [\boldsymbol{B}_+]_{ij}\right) \tag{36}$$

可以证明，当且仅当 $\boldsymbol{A}_+ = \boldsymbol{B}_+$ 时，式 (35) 中的 $\|\boldsymbol{A}_+ - \boldsymbol{B}_+\|_{\mathrm{F}}^2$ 和式 (36) 中的 $D(\boldsymbol{A}_+\|\boldsymbol{B}_+)$ 达到其最小值 0。需要注意的是，$D(\boldsymbol{A}_+\|\boldsymbol{B}_+)$ 不是 “距离”，因为它和 $D(\boldsymbol{B}_+\|\boldsymbol{A}_+)$ 往往并不相等。当 $\sum_{i,j}[\boldsymbol{A}_+]_{ij} = \sum_{i,j}[\boldsymbol{B}_+]_{ij} = 1$ 时，式 (36) 就是 K-L 散度，或称相对熵，因此，可以认为 $D(\boldsymbol{A}_+\|\boldsymbol{B}_+)$ 是从矩阵 $\boldsymbol{A}_+$ 到矩阵 $\boldsymbol{B}_+$ 的 “散度”。

根据上述两种指标，NMF 的问题便可分别转换为下述优化问题：

(1) 在 $\boldsymbol{V}_+, \boldsymbol{Y}_+ \geqslant 0$ 的限制下，令 $\|\boldsymbol{X}_+ - \boldsymbol{V}_+\boldsymbol{Y}_+\|_{\mathrm{F}}^2$ 最小化。

(2) 在 $\boldsymbol{V}_+, \boldsymbol{Y}_+ \geqslant 0$ 的限制下，令 $D(\boldsymbol{X}_+\|\boldsymbol{V}_+\boldsymbol{Y}_+)$ 最小化。

虽然，在仅有 $\boldsymbol{V}_+$ 或仅有 $\boldsymbol{Y}_+$ 作为可变参数的情况下，$\|\boldsymbol{X}_+ - \boldsymbol{V}_+\boldsymbol{Y}_+\|_{\mathrm{F}}^2$ 和 $D(\boldsymbol{X}_+\|\boldsymbol{V}_+\boldsymbol{Y}_+)$ 是凸函数，但在 $\boldsymbol{V}_+$ 和 $\boldsymbol{Y}_+$ 均为可变参数时，上述两个目标函数却是非凸的。

于是，文献 [20] 中提出了两种相应的更新规则。针对第一个优化问题，所采用的更新规则为

$$[\boldsymbol{Y}_+]_{ab} \leftarrow [\boldsymbol{Y}_+]_{ab}\frac{[\boldsymbol{V}_+^{\mathrm{T}}\boldsymbol{X}_+]_{ab}}{[\boldsymbol{V}_+^{\mathrm{T}}\boldsymbol{V}_+\boldsymbol{Y}_+]_{ab}} \tag{37}$$

$$[\boldsymbol{V}_+]_{ab} \leftarrow [\boldsymbol{V}_+]_{ab}\frac{[\boldsymbol{X}_+\boldsymbol{Y}_+^{\mathrm{T}}]_{ab}}{[\boldsymbol{V}_+\boldsymbol{Y}_+\boldsymbol{Y}_+^{\mathrm{T}}]_{ab}} \tag{38}$$

针对第二个优化问题，所采用的更新规则为

$$[\boldsymbol{Y}_+]_{ab} \leftarrow \frac{[\boldsymbol{Y}_+]_{ab}}{\sum\limits_j [\boldsymbol{V}_+]_{ja}}\sum_i \frac{[\boldsymbol{V}_+]_{ia}[\boldsymbol{X}_+]_{ib}}{[\boldsymbol{V}_+\boldsymbol{Y}_+]_{ib}} \tag{39}$$

$$[\boldsymbol{V}_+]_{ab} \leftarrow \frac{[\boldsymbol{V}_+]_{ab}}{\sum\limits_j [\boldsymbol{Y}_+]_{ja}}\sum_i \frac{[\boldsymbol{Y}_+]_{ia}[\boldsymbol{X}_+]_{ib}}{[\boldsymbol{V}_+\boldsymbol{Y}_+]_{ib}} \tag{40}$$

这两种更新规则最重要的贡献是，可以证明，如果采用上述两种更新规则，目标式 (35) 和式 (36) 单调递减，并且，当且仅当 $\boldsymbol{V}_+$ 和 $\boldsymbol{Y}_+$ 达到驻点时，它们的值在更新中保持不变。

上述更新规则被写为“乘法”的形式，它们也可以写作类似梯度下降的“加法”形式。以对系数矩阵 $\boldsymbol{Y}_+$ 的更新为例，如果采用第一种矩阵相似程度衡量标准 (即“距离”指标)，其“加法”更新形式可写作

$$[\boldsymbol{Y}_+]_{ab} \leftarrow [\boldsymbol{Y}_+]_{ab} + \eta_{ab}\Big([\boldsymbol{V}_+^{\mathrm{T}}\boldsymbol{X}_+]_{ab} - [\boldsymbol{V}_+^{\mathrm{T}}\boldsymbol{V}_+\boldsymbol{Y}_+]_{ab}\Big) \tag{41}$$

其中，学习率参数设置为

$$\eta_{ab} = \frac{[\boldsymbol{Y}_+]_{ab}}{[\boldsymbol{V}_+^{\mathrm{T}}\boldsymbol{V}_+\boldsymbol{Y}_+]_{ab}} \tag{42}$$

如果采用第二种矩阵相似程度衡量标准 (即“散度”指标)，其“加法”更新形式可写作

$$[\boldsymbol{Y}_+]_{ab} \leftarrow [\boldsymbol{Y}_+]_{ab} + \eta_{ab}\left(\sum_i [\boldsymbol{V}_+]_{ia}\frac{[\boldsymbol{X}_+]_{ib}}{[\boldsymbol{V}_+\boldsymbol{Y}_+]_{ib}} - \sum_i [\boldsymbol{V}_+]_{ia}\right) \tag{43}$$

其中，学习率参数设置为

$$\eta_{ab} = \frac{[\boldsymbol{Y}_+]_{ab}}{\sum\limits_i [\boldsymbol{V}_+]_{ia}} \tag{44}$$

这两种“加法”更新规则分别同式 (37) 和式 (39) 中两种“乘法”更新规则等价。尽管许多基于梯度下降的策略无法保证目标函数单调递减，但上述更新规则却能从理论保证这一点，其中的关键便是引入了辅助函数。

在 Lee 和 Seung 工作中，如果函数 $G(\boldsymbol{y},\boldsymbol{y}')$ 要作为函数 $F(\boldsymbol{y})$ 的辅助函数，它需要满足如下条件：

$$G(\boldsymbol{y},\boldsymbol{y}') \geqslant F(\boldsymbol{y}), \quad G(\boldsymbol{y},\boldsymbol{y}) = F(\boldsymbol{y}) \tag{45}$$

那么，如果设 $\boldsymbol{y}^t$ 的上标 t 表示其更新次数，那么如果在每次更新中令

$$\boldsymbol{y}^{t+1} = \arg\min_{\boldsymbol{y}} G(\boldsymbol{y},\boldsymbol{y}^t) \tag{46}$$

就可以令函数 $F(\boldsymbol{y})$ 的值随着更新单调递减。这是因为在每次更新中，

$$F(\boldsymbol{y}^{t+1}) = G(\boldsymbol{y}^{t+1},\boldsymbol{y}^t) \leqslant G(\boldsymbol{y}^t,\boldsymbol{y}^t) = F(\boldsymbol{y}^t) \tag{47}$$

于是，如果进行多次更新，设 $\boldsymbol{y}^0$ 为初始值，而 $\boldsymbol{y}_{\min}$ 为最终得到的局部最小值，就有

$$F(\boldsymbol{y}_{\min}) \leqslant \cdots \leqslant F(\boldsymbol{y}^{t+1}) \leqslant F(\boldsymbol{y}^t) \leqslant \cdots \leqslant F(\boldsymbol{y}^2) \leqslant F(\boldsymbol{y}^1) \leqslant F(\boldsymbol{y}^0) \tag{48}$$

上述过程如图 6 所示，依照该过程的基本思路设置特定的辅助函数，便保证前面所介绍的更新规则的收敛性。

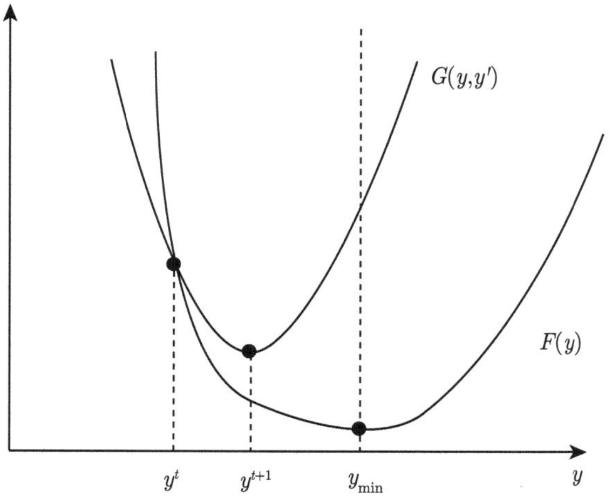

图 6 最小化辅助函数 $G(y,y') \geqslant F(y)$ 保证 $F(y^{t+1}) \leqslant F(h^t)$

定义对角矩阵 $\boldsymbol{K}(\boldsymbol{y}^t)$ 为

$$[\boldsymbol{K}(\boldsymbol{y}^t)]_{ab} = \delta_{ab}\frac{\boldsymbol{V}_+^{\mathrm{T}}\boldsymbol{V}_+\boldsymbol{y}^t}{\boldsymbol{y}_a^t} \tag{49}$$

其中，

$$\delta_{ab} = \begin{cases} 1, & a = b \\ 0, & a \neq b \end{cases} \tag{50}$$

在此基础上，对于基于“距离”指标的更新规则，定义

$$G(\boldsymbol{y},\boldsymbol{y}^t) = F(\boldsymbol{y}) + (\boldsymbol{y}-\boldsymbol{y}^t)^{\mathrm{T}}\nabla F(\boldsymbol{y}^t) + \frac{1}{2}(\boldsymbol{y}-\boldsymbol{y}^t)^{\mathrm{T}}\boldsymbol{K}(\boldsymbol{y}^t)(\boldsymbol{y}-\boldsymbol{y}^t) \tag{51}$$

为

$$F(\boldsymbol{y}) = \frac{1}{2}\sum_i\Big(\boldsymbol{x}_i - \sum_a \boldsymbol{V}_{ia}\boldsymbol{y}_a\Big)^2 \tag{52}$$

的辅助函数。将式 (51) 代入式 (46)，令 $G(\boldsymbol{y},\boldsymbol{y}^t)$ 关于 $\boldsymbol{y}$ 的偏导为零，可得到如下更新规则：

$$\boldsymbol{y}^{t+1} = \boldsymbol{y}^t - \boldsymbol{K}(\boldsymbol{y}^t)^{-1}\nabla F(\boldsymbol{y}^t) \tag{53}$$

对式 (53) 进行规约，便得到

$$\boldsymbol{y}_a^{t+1} = \boldsymbol{y}_a^t\frac{[\boldsymbol{V}_+^{\mathrm{T}}\boldsymbol{x}]_a}{[\boldsymbol{V}_+^{\mathrm{T}}\boldsymbol{V}_+\boldsymbol{y}]_a} \tag{54}$$

令目标函数单调递减，而式 (54) 正与式 (37) 一致。通过将式 (45)~式 (54) 中 $\boldsymbol{V}_+$ 和 $\boldsymbol{Y}_+$ 角色互换，便能以类似的方式证明关于 $\boldsymbol{V}_+$ 的更新规则式 (38) 可令目标函数单调递减。

对于基于“散度”指标的更新规则，定义

$$\begin{aligned} G(\boldsymbol{y},\boldsymbol{y}^t) = & \sum_i(\boldsymbol{x}_i\log\boldsymbol{x}_i - \boldsymbol{x}_i) + \sum_{ia}[\boldsymbol{V}_+]_{ia}\boldsymbol{y}_a \\ & - \sum_{ia}\boldsymbol{x}_i\frac{[\boldsymbol{V}_+]_{ia}\boldsymbol{y}_a^t}{\sum_b[\boldsymbol{V}_+]_{ib}\boldsymbol{y}_b^t}\left(\log[\boldsymbol{V}_+]_{ia}\boldsymbol{y}_a - \log\frac{[\boldsymbol{V}_+]_{ia}\boldsymbol{y}_a^t}{\sum_b[\boldsymbol{V}_+]_{ib}\boldsymbol{y}_b^t}\right) \end{aligned} \tag{55}$$

为

$$F(\boldsymbol{y}) = \sum_i \boldsymbol{x}_i\log\frac{\boldsymbol{x}_i}{\sum_a[\boldsymbol{V}_+]_{ia}\boldsymbol{y}_a} - \boldsymbol{x}_i + \sum_a[\boldsymbol{V}_+]_{ia}\boldsymbol{y}_a \tag{56}$$

的辅助函数。令 $\dfrac{\mathrm{d}G(\boldsymbol{y},\boldsymbol{y}^t)}{\mathrm{d}\boldsymbol{y}_a}=0$，便可得到与式 (39) 形式一致的更新公式

$$\boldsymbol{y}_a^{t+1}=\frac{\boldsymbol{y}_a^t}{\sum_j[\boldsymbol{V}_+]_{ja}}\sum_i\frac{[\boldsymbol{V}_+]_{ia}\boldsymbol{x}_i}{[\boldsymbol{V}_+\boldsymbol{y}^t]_i} \tag{57}$$

类似地，将 $\boldsymbol{V}_+$ 和 $\boldsymbol{Y}_+$ 角色互换，也能证明更新规则式 (40) 可令目标函数单调递减。

作为一种低秩逼近算法，NMF 的结果具有明确的物理含义，更合乎人类感知的直观体验，然而就目前来说，NMF 依旧是一个困难的问题。NMF 研究虽取得了一些成果，但远未成熟，其在理论和实践方面存在大量未解决的问题，需要进一步深入研究和探讨，比如寻找新的更快速的计算方法、低维特征数大小的确定、如何进行 NMF 的初始化等。

2.6 局部保持投影

局部保持投影(locality preserving projection，LPP) 是一种致力于保持数据降维前后相邻信息的线性降维算法：如果大小为 N 的数据集中任意两个数据 $\boldsymbol{x}_i$ 和 $\boldsymbol{x}_j$ 在原始 d 维空间中相邻，那么 LPP 希望它们降维后的表示 $\boldsymbol{y}_i$ 和 $\boldsymbol{y}_j$ 也越接近越好。

具体来说，LPP 要做的就是寻找向量 $\boldsymbol{w}$ 以优化如下目标函数：

$$\min\sum_{i=1}^N\sum_{j=1}^N(\boldsymbol{w}^{\mathrm{T}}\boldsymbol{x}_i-\boldsymbol{w}^{\mathrm{T}}\boldsymbol{x}_j)^2[\boldsymbol{M}]_{i,j} \tag{58}$$

其中，$\boldsymbol{M}$ 是事先计算的 $N\times N$ 的权重矩阵，其元素 $[\boldsymbol{M}]_{i,j}$ 的值反映 $\boldsymbol{x}_i$ 和 $\boldsymbol{x}_j$ 的邻近关系：如果 $\boldsymbol{x}_i$ 和 $\boldsymbol{x}_j$ 相邻，则 $[\boldsymbol{M}]_{i,j}$ 被设置为一个正值 (一般令 $[\boldsymbol{M}]_{i,j}=1$，或引入参数 σ：令 $[\boldsymbol{M}]_{i,j}=\mathrm{e}^{-\frac{\|\boldsymbol{x}_i-\boldsymbol{x}_j\|_2^2}{\sigma^2}}$)；否则 $[\boldsymbol{M}]_{i,j}=0$。这样，只有当 $\boldsymbol{x}_i$ 和 $\boldsymbol{x}_j$ 足够接近时，$\boldsymbol{w}^{\mathrm{T}}(\boldsymbol{x}_i-\boldsymbol{x}_j)^2$ 才会被认为有意义且影响到降维结果。可以发现当规定矩阵 $\boldsymbol{M}$ 中所有元素均为 1 时 (即此时假设数据集中，每个数据与其他所有数据均相邻)，LPP 进行优化计算时所面对的目标函数 $\sum_{i=1}^N\sum_{j=1}^N(\boldsymbol{w}^{\mathrm{T}}\boldsymbol{x}_i-\boldsymbol{w}^{\mathrm{T}}\boldsymbol{x}_j)^2$ 与 PCA 的目标函数式 (4) 是相同的，但是它们优化的目标却截然相反：前者要求其最大化，而后者则要求其最小化。

设 $\boldsymbol{X}=[\boldsymbol{x}_1,\boldsymbol{x}_2,\cdots,\boldsymbol{x}_N]$，$\boldsymbol{D}\in\mathbb{R}^{N\times N}$ 为对角矩阵，其对角元 $[\boldsymbol{D}]_{i,i}=\sum_{j=1}^{N}[\boldsymbol{M}]_{i,j}$，$\boldsymbol{L}=\boldsymbol{D}-\boldsymbol{M}$ 即为拉普拉斯矩阵 (Laplacian matrix)，式 (58) 变换为如下形式：

$$
\begin{aligned}
&\frac{1}{2}\sum_{i=1}^{N}\sum_{j=1}^{N}(\boldsymbol{w}^{\mathrm{T}}\boldsymbol{x}_i-\boldsymbol{w}^{\mathrm{T}}\boldsymbol{x}_j)^2[\boldsymbol{M}]_{i,j}\\
&=\sum_{i=1}^{N}\boldsymbol{w}^{\mathrm{T}}\boldsymbol{x}_i[\boldsymbol{D}]_{i,i}\boldsymbol{x}_i^{\mathrm{T}}\boldsymbol{w}-\sum_{i=1}^{N}\sum_{j=1}^{N}\boldsymbol{w}^{\mathrm{T}}\boldsymbol{x}_i[\boldsymbol{M}]_{i,j}\boldsymbol{x}_j^{\mathrm{T}}\boldsymbol{w}\\
&=\boldsymbol{w}^{\mathrm{T}}\boldsymbol{X}(\boldsymbol{D}-\boldsymbol{M})\boldsymbol{X}^{\mathrm{T}}\boldsymbol{w}\\
&=\boldsymbol{w}^{\mathrm{T}}\boldsymbol{X}\boldsymbol{L}\boldsymbol{X}^{\mathrm{T}}\boldsymbol{w}
\end{aligned}
\tag{59}
$$

在加入限制 $\boldsymbol{w}^{\mathrm{T}}\boldsymbol{X}\boldsymbol{D}\boldsymbol{X}^{\mathrm{T}}\boldsymbol{w}=1$ 后，最优化问题式 (58) 便可转化为求解广义特征问题

$$\boldsymbol{X}\boldsymbol{L}\boldsymbol{X}^{\mathrm{T}}\boldsymbol{w}=\lambda\boldsymbol{X}\boldsymbol{D}\boldsymbol{X}^{\mathrm{T}}\boldsymbol{w} \tag{60}$$

根据广义特征值问题的性质，式 (60) 各特征值均为非负实数。当降维的目标维数设置为 k 时，式 (60) 最小的 k 个特征值所对应的特征向量作为列向量，即组成矩阵 $\boldsymbol{W}$，$\boldsymbol{y}_i=\boldsymbol{W}^{\mathrm{T}}\boldsymbol{x}_i$ 即为 $\boldsymbol{x}_i$ 的低维表示。

需要注意的是，在实际计算中，如果特征值太小，计算出的结果可能不可靠，为了避免这个问题，式 (60) 可以转换成如下形式：

$$\boldsymbol{X}\boldsymbol{M}\boldsymbol{X}^{\mathrm{T}}\boldsymbol{w}=(1-\lambda)\boldsymbol{X}\boldsymbol{D}\boldsymbol{X}^{\mathrm{T}}\boldsymbol{w} \tag{61}$$

显然式 (60) 中的任意特征值 λ_i 在式 (61) 中一定有个相应的特征值 $1-\lambda_i$，它们对应于同样的特征向量 $\boldsymbol{w}_i$。于是，求最小 k 个特征值及其对应特征向量的问题便被转化成了求最大 k 个特征值及其对应特征向量的问题。

虽然 LPP 也假设所要获得的数据低维表示分布在原始空间的一个线性子空间中并通过线性变换进行数据的降维映射，但是 LPP 与前面介绍的几种方法不同，在计算投影方向的过程中，LPP 是以数据间局部的邻接关系而非数据的全局分布信息为基础的，因此 LPP 是一种典型的基于局部的流形学习算法。

2.7　增量式线性判别分析

根据 2.1 节中的介绍，PCA 通过求解数据协方差矩阵的特征值与特征向量确定特征子空间的表示，进而实现线性降维映射。给定数据集 $\boldsymbol{x}_1,\cdots,\boldsymbol{x}_N$，协方差矩

阵 $\boldsymbol{S}$ 通过 $\boldsymbol{S}=\frac{1}{N}\sum_{i=1}^{N}(\boldsymbol{x}_i-\boldsymbol{\mu})^{\mathrm{T}}(\boldsymbol{x}_i-\boldsymbol{\mu})$ 进行计算，其中，$\boldsymbol{\mu}=\frac{1}{N}\sum_{i=1}^{N}\boldsymbol{x}_i$ 为所有 N 个已知数据的均值。在线环境中，随着新数据的不断输入，已知数据集所对应的 $\boldsymbol{S}$ 显然也在持续发生变化。然而在面对在线输入的大量高维数据时，如果每输入一个新数据便对 $\boldsymbol{S}$ 进行精确的更新并在此基础上求解特征值问题，所需要的计算消耗就会变得很大。

增量式 PCA(incremental PCA，IPCA) 的目标即为解决这一问题。与 PCA 一样，IPCA 通过对协方差矩阵求解特征值问题确定主成分方向，但是在 IPCA 的学习模型中并不保留完整的协方差矩阵，而仅仅通过保留重要的主成分方向及其对应的系数来实现对协方差矩阵的近似。IPCA 利用每一个在线输入数据对已有的模型进行更新，随即便丢弃该数据，以这样的方式，IPCA 以较小的计算代价实现了在线学习。

具体来说，假设 N 个 d 维数据 $\boldsymbol{x}_1,\cdots,\boldsymbol{x}_N$，$\boldsymbol{\mu}=\frac{1}{N}\sum_{i=1}^{N}\boldsymbol{x}_i$ 为它们的均值，并且根据这些数据已经获得 k 个最大特征值 $\lambda_1,\cdots,\lambda_k$，及其对应特征向量 $\boldsymbol{b}_1,\cdots,\boldsymbol{b}_k$，而 $\boldsymbol{x}_{N+1}$ 为当前新输入的数据，IPCA 的关键便是在这 N 个原始数据均已丢弃的情况下，根据上述 k 个最大特征值与其对应特征向量获得 $\tilde{\boldsymbol{S}}=\frac{1}{N}\sum_{i=1}^{k}\lambda_i\boldsymbol{b}_i\boldsymbol{b}_i^{\mathrm{T}}$以近似完整的协方差矩阵 $\boldsymbol{S}$，随后利用 $\tilde{\boldsymbol{S}}$ 与新输入数据 $\boldsymbol{x}_{N+1}$ 获取更新后数据集 $\boldsymbol{x}_1,\cdots,\boldsymbol{x}_N,\boldsymbol{x}_{N+1}$ 在各个方向上的变化情况。

首先，数据的均值可以通过以下方式直接计算：

$$\boldsymbol{\mu}_{\mathrm{new}}=\frac{1}{N+1}(\boldsymbol{x}_{N+1}+N\boldsymbol{\mu}) \tag{62}$$

接着，通过添加新数据 $\boldsymbol{x}_{N+1}$ 以及旋转操作对特征向量进行更新。

设 $\boldsymbol{B}=[\boldsymbol{b}_1,\cdots,\boldsymbol{b}_k]$，令 $\boldsymbol{a}_{N+1}=\boldsymbol{B}^{\mathrm{T}}(\boldsymbol{x}_{N+1}-\boldsymbol{\mu})$，计算通过当前 k 维特征空间基底表示 $\boldsymbol{x}_{N+1}$ 所存在的残余向量 $\boldsymbol{h}_{N+1}$：

$$\boldsymbol{h}_{N+1}=(\boldsymbol{B}\boldsymbol{a}_{N+1}+\boldsymbol{\mu})-\boldsymbol{x}_{N+1} \tag{63}$$

随后，对 $\boldsymbol{h}_{N+1}$ 进行标准化，得到

$$\hat{\boldsymbol{h}}_{N+1}=\begin{cases}\dfrac{\boldsymbol{h}_{N+1}}{\|\boldsymbol{h}_{N+1}\|_2}, & \|\boldsymbol{h}_{N+1}\|_2>0\\ \boldsymbol{0}, & \|\boldsymbol{h}_{N+1}\|_2=0\end{cases} \tag{64}$$

设 $\boldsymbol{\Lambda} = \mathrm{diag}(\lambda_1, \cdots, \lambda_k) \in \mathbb{R}^{k\times k}$，由于先前只保留了 k 个最大特征值及其特征向量，因此通过它们仅能恢复协方差矩阵 $\tilde{\boldsymbol{S}} = \boldsymbol{B}\boldsymbol{\Lambda}\boldsymbol{B}^{\mathrm{T}}$，反映了原来 N 个数据在 k 个方向上的变化情况。加入 $\boldsymbol{x}_{N+1}$ 后，现有 $N+1$ 个数据最多在 $k+1$ 个方向上存在变化，便有新的协方差矩阵

$$\tilde{\boldsymbol{S}}_{\mathrm{new}} = \boldsymbol{B}_{\mathrm{new}}\boldsymbol{\Lambda}_{\mathrm{new}}\boldsymbol{B}_{\mathrm{new}}^{\mathrm{T}} \tag{65}$$

此时，对角矩阵 $\boldsymbol{\Lambda}_{\mathrm{new}} \in \mathbb{R}^{(k+1)\times(k+1)}$ 各对角元即为 $\tilde{\boldsymbol{S}}_{\mathrm{new}}$ 的 $k+1$ 个特征值，而 $\boldsymbol{B}_{\mathrm{new}}$ 的列向量则分别为这些特征值所对应的特征向量。

根据式 (63) 和式 (64) 可知，$\boldsymbol{b}_1, \cdots, \boldsymbol{b}_k, \hat{\boldsymbol{h}}_{N+1}$ 标准正交，因此，新的特征向量矩阵可通过

$$\boldsymbol{V} = [\boldsymbol{B}, \hat{\boldsymbol{h}}_{N+1}]\boldsymbol{R} \tag{66}$$

进行计算。其中，$\boldsymbol{R} \in \mathbb{R}^{(k+1)\times(k+1)}$ 便是旋转矩阵。

令 $\gamma_{N+1} = \hat{\boldsymbol{h}}_{N+1}(\boldsymbol{x}_{N+1} - \boldsymbol{\mu})^{\mathrm{T}}$ 可以证明，

$$\tilde{\boldsymbol{S}}_{\mathrm{new}} = [\boldsymbol{B}, \hat{\boldsymbol{h}}_{N+1}]\boldsymbol{D}[\boldsymbol{B}, \hat{\boldsymbol{h}}_{N+1}]^{\mathrm{T}} \tag{67}$$

其中，

$$\boldsymbol{D} = \frac{N}{N+1}\begin{bmatrix} \boldsymbol{\Lambda} & \boldsymbol{0} \\ \boldsymbol{0}^{\mathrm{T}} & 0 \end{bmatrix} + \frac{N}{(N+1)^2}\begin{bmatrix} \boldsymbol{a}_{N+1}\boldsymbol{a}_{N+1}^{\mathrm{T}} & \gamma_{N+1}\boldsymbol{a}_{N+1} \\ \gamma_{N+1}\boldsymbol{a}_{N+1}^{\mathrm{T}} & \gamma_{N+1}^2 \end{bmatrix} \tag{68}$$

将式 (66) 代入式 (65)，再结合式 (67)，可以得到

$$\boldsymbol{D}\boldsymbol{R} = \boldsymbol{R}\boldsymbol{\Lambda}_{\mathrm{new}} \tag{69}$$

此时，$\boldsymbol{\Lambda}^{(\mathrm{new})}$ 各对角元即为 $\boldsymbol{D}$ 的 $k+1$ 个特征值；$\boldsymbol{R}$ 的列向量则为它们所对应的特征向量。

取 $\boldsymbol{D}$ 最大的 k' 个特征值所对应的特征向量组成 $\boldsymbol{R}'$，设数据 $\boldsymbol{x}_i$ 在基底更新前的低维表示为 $\boldsymbol{y}_{i(N)}$，其更新后的低维表示 $\boldsymbol{y}_{i(N+1)}$ 更新为

$$\boldsymbol{y}_{i(N+1)} = (\boldsymbol{R}')^{\mathrm{T}}\left(\begin{bmatrix} \boldsymbol{y}_{i(N)} \\ 0 \end{bmatrix} + \begin{bmatrix} \boldsymbol{B}^{\mathrm{T}} \\ \hat{\boldsymbol{h}}_{N+1}^{\mathrm{T}} \end{bmatrix}(\boldsymbol{\mu} - \boldsymbol{\mu}_{\mathrm{new}})\right) \tag{70}$$

k' 为不大于 $k+1$ 的某个值，很多时候为保持更新前后目标维数不变，直接设置 $k'=k$。另外，更新后的特征向量矩阵 $\boldsymbol{B}^{(\mathrm{new})} = [\boldsymbol{B}, \hat{\boldsymbol{h}}_{N+1}]\boldsymbol{R}'$。

IPCA 仅通过保留 k 个主成分方向的特征向量及其对应特征值实现对已有数据协方差矩阵的近似，将每次新输入单个数据时更新主成分需要的求解特征值问题的矩阵规模由 $d \times d$ 大小缩减为 $(k+1) \times (k+1)$ 大小，因此以较少的计算代价实现了增量学习。

上面介绍的 IPCA 算法主要考虑的是利用单个数据 $\boldsymbol{x}_{N+1}$ 对已有特征空间模型 $\Omega = (\boldsymbol{\mu}, \boldsymbol{B}, \boldsymbol{\Lambda}, N)$ 的更新。对其思想进行扩展便是批处理式的特征空间模型更新，即根据新输入的一批数据生成特征空间模型 Ω_2，再利用 Ω_2 对已有特征空间模型 Ω_1 进行更新，获得新的能够同时表示新旧数据的模型 $\Omega^{(\text{new})}$。上述过程可以看作将两个特征子空间 $\mathcal{S}_1$ 和 $\mathcal{S}_2$ 进行“合并”，得到新的子空间 $\mathcal{S}^{(\text{new})}$。

给定数据集 $\mathcal{S}_1$ 和 $\mathcal{S}_2$，根据它们分别生成特征空间模型 $\Omega_1 = (\boldsymbol{\mu}_1, \boldsymbol{B}_1, \boldsymbol{\Lambda}_1, N_1)$ 和 $\Omega_2 = (\boldsymbol{\mu}_2, \boldsymbol{B}_2, \boldsymbol{\Lambda}_2, N_2)$，而需要计算的便是 $\Omega^{(\text{new})} = (\boldsymbol{\mu}^{(\text{new})}, \boldsymbol{B}^{(\text{new})}, \boldsymbol{\Lambda}^{(\text{new})}, N^{(\text{new})})$，其中，矩阵 $\boldsymbol{B}_1 \in \mathbb{R}^{d\times k_1}$、$\boldsymbol{B}_2 \in \mathbb{R}^{d\times k_2}$ 与 $\boldsymbol{B}^{(\text{new})} \in \mathbb{R}^{d\times k}$ 分别存储了各数据集主成分方向信息，对角阵 $\boldsymbol{\Lambda}_1$、$\boldsymbol{\Lambda}_2$ 与 $\boldsymbol{\Lambda}^{(\text{new})}$ 则分别存储了各数据集在主成分方向上的变化程度。

显然，数据集合并后数据数目 $N^{(\text{new})}$ 和它们的均值 $\boldsymbol{\mu}^{(\text{new})}$ 分别为

$$N^{(\text{new})} = N_1 + N_2 \tag{71}$$

$$\boldsymbol{\mu}^{(\text{new})} = \frac{N_1\boldsymbol{\mu}_1 + N_2\boldsymbol{\mu}_2}{N_1 + N_2} \tag{72}$$

合并后数据集对应的协方差矩阵可以通过下述方式计算:

$$\begin{aligned}
\boldsymbol{S}^{(\text{new})} &= \frac{1}{N_1^{(\text{new})}}\left(\sum_{i_1=1}^{N_1}\boldsymbol{x}_{i_1}\boldsymbol{x}_{i_1}^{\mathrm{T}} + \sum_{i_2=1}^{N_2}\boldsymbol{x}_{i_2}\boldsymbol{x}_{i_2}^{\mathrm{T}}\right) - \boldsymbol{\mu}_1^{(\text{new})}\left(\boldsymbol{\mu}_1^{(\text{new})}\right)^{\mathrm{T}} \\
&= \frac{1}{N_1+N_2}\left(N_1\boldsymbol{S}_1 + N_1\boldsymbol{\mu}_1\boldsymbol{\mu}_1^{\mathrm{T}} + N_2\boldsymbol{S}_2 + N_2\boldsymbol{\mu}_2\boldsymbol{\mu}_2^{\mathrm{T}}\right) \\
&\quad - \frac{N_1\boldsymbol{\mu}_1 + N_2\boldsymbol{\mu}_2}{N_1+N_2}\left(\frac{N_1\boldsymbol{\mu}_1 + N_2\boldsymbol{\mu}_2}{N_1+N_2}\right)^{\mathrm{T}} \\
&= \frac{N_1}{N_1+N_2}\boldsymbol{S}_1 + \frac{N_2}{N_1+N_2}\boldsymbol{S}_2 + \frac{N_1N_2}{(N_1+N_2)^2}(\boldsymbol{\mu}_1 - \boldsymbol{\mu}_2)(\boldsymbol{\mu}_1 - \boldsymbol{\mu}_2)^{\mathrm{T}}
\end{aligned} \tag{73}$$

其中，$\boldsymbol{S}_1 = \frac{1}{N_1}\sum_{i_1=1}^{N_1}(\boldsymbol{x}_{i_1} - \boldsymbol{\mu}_1)(\boldsymbol{x}_{i_1} - \boldsymbol{\mu}_1)^{\mathrm{T}}$ 和 $\boldsymbol{S}_2 = \frac{1}{N_2}\sum_{i_2=1}^{N_2}(\boldsymbol{x}_{i_2} - \boldsymbol{\mu}_2)(\boldsymbol{x}_{i_2} - \boldsymbol{\mu}_2)^{\mathrm{T}}$ 分别为集合 $\mathcal{S}_1$ 和 $\mathcal{S}_2$ 中数据的协方差矩阵。然而，特征空间模型 Ω_1 和 Ω_2 中分别

只保留了数据集 $\mathcal{S}_1$ 和 $\mathcal{S}_2$ 各自在 k_1 和 k_2 个主成分方向上的信息，因此往往不能完美地重构出 $\boldsymbol{S}_1$ 和 $\boldsymbol{S}_2$，只能得到它们的近似 $\tilde{\boldsymbol{S}}_1 = \boldsymbol{B}_1\boldsymbol{\Lambda}_1\boldsymbol{B}_1^{\mathrm{T}}$ 和 $\tilde{\boldsymbol{S}}_2 = \boldsymbol{B}_2\boldsymbol{\Lambda}_2\boldsymbol{B}_2^{\mathrm{T}}$，进而得到 $\boldsymbol{S}^{(\mathrm{new})}$ 的近似 $\tilde{\boldsymbol{S}}^{(\mathrm{new})}$：

$$\tilde{\boldsymbol{S}}^{(\mathrm{new})} = \frac{N_1}{N_1+N_2}\tilde{\boldsymbol{S}}_1 + \frac{N_2}{N_1+N_2}\tilde{\boldsymbol{S}}_2 + \frac{N_1N_2}{(N_1+N_2)^2}(\boldsymbol{\mu}_1-\boldsymbol{\mu}_2)(\boldsymbol{\mu}_1-\boldsymbol{\mu}_2)^{\mathrm{T}} \tag{74}$$

$\tilde{\boldsymbol{S}}^{(\mathrm{new})}$ 只保留了数据集在 k_1+k_2+1 个方向上的信息 ($\mathcal{S}_1$ 对应的 k_1 个主成分方向，$\mathcal{S}_2$ 对应的 k_2 个主成分方向，再加上向量 $\boldsymbol{\mu}_1-\boldsymbol{\mu}_2$ 的方向)。随后，在这些方向中选出 k 个变化最大的方向作为新的主成分方向，得到 $\boldsymbol{B}^{(\mathrm{new})}$ 和 $\boldsymbol{\Lambda}^{(\mathrm{new})}$。

具体来说，与每次利用单个数据更新的方式类似，批处理式的特征空间模型更新也需要寻找一个旋转矩阵 $\boldsymbol{R}$，令以 $\tilde{\boldsymbol{S}}^{(\mathrm{new})}$ 的各特征向量为列向量的矩阵 $\boldsymbol{V}$ 通过下列旋转操作获得

$$\boldsymbol{V} = \boldsymbol{B}'\boldsymbol{R} \tag{75}$$

其中，矩阵 $\boldsymbol{B}'$ 各列为对 $[\boldsymbol{B}_1, \boldsymbol{B}_2, \boldsymbol{\mu}_1-\boldsymbol{\mu}_2]$ 各列标准正交化后的结果，其写作

$$\boldsymbol{B}' = [\boldsymbol{B}_1, \hat{\boldsymbol{H}}] \tag{76}$$

的形式。其中，$d\times(k_1+k_2+1)$ 的矩阵 $\boldsymbol{B}'$ 的前 k_1 列即为 $\boldsymbol{B}_1$ 的各列，而随后的 k_2+1 列所张成的子空间正交于 $\boldsymbol{B}_1$ 的各列所张成的子空间。矩阵 $\hat{\boldsymbol{H}}$ 通过先计算

$$\boldsymbol{H} = (\boldsymbol{I}-\boldsymbol{B}_1\boldsymbol{B}_1^{\mathrm{T}})[\boldsymbol{B}_2, \boldsymbol{\mu}_1-\boldsymbol{\mu}_2] \tag{77}$$

后对 $\boldsymbol{H}$ 各列进行格拉姆–施密特正交化获得。

于是，$\tilde{\boldsymbol{S}}^{(\mathrm{new})}$ 可分解为

$$\tilde{\boldsymbol{S}}^{(\mathrm{new})} = [\boldsymbol{B}_1, \hat{\boldsymbol{H}}]\boldsymbol{R}\boldsymbol{D}\boldsymbol{R}^{\mathrm{T}}[\boldsymbol{B}_1, \hat{\boldsymbol{H}}]^{\mathrm{T}} \tag{78}$$

的形式。其中，对角阵 $\boldsymbol{D}$ 的各对角元即为 $\tilde{\boldsymbol{S}}^{(\mathrm{new})}$ 的各特征值。结合式 (74)，可以得到

$$\begin{aligned}&[\boldsymbol{B}_1, \hat{\boldsymbol{H}}]^{\mathrm{T}}\left(\frac{N_1}{N_1+N_2}\tilde{\boldsymbol{S}}_1+\frac{N_2}{N_1+N_2}\tilde{\boldsymbol{S}}_2+\frac{N_1N_2}{(N_1+N_2)^2}(\boldsymbol{\mu}_1-\boldsymbol{\mu}_2)(\boldsymbol{\mu}_1-\boldsymbol{\mu}_2)^{\mathrm{T}}\right)[\boldsymbol{B}_1, \hat{\boldsymbol{H}}]\\&=\boldsymbol{R}\boldsymbol{D}\boldsymbol{R}^{\mathrm{T}}\end{aligned} \tag{79}$$

将式 (79) 左边展开成三项。第一项为

$$\frac{N_1}{N_1+N_2}[\boldsymbol{B}_1, \hat{\boldsymbol{H}}]^{\mathrm{T}}\boldsymbol{B}_1\boldsymbol{\Lambda}_1\boldsymbol{B}_1^{\mathrm{T}}[\boldsymbol{B}_1, \hat{\boldsymbol{H}}] = \frac{N_1}{N_1+N_2}\begin{bmatrix}\boldsymbol{\Lambda}_1 & \boldsymbol{0}\\ \boldsymbol{0} & \boldsymbol{0}\end{bmatrix} \tag{80}$$

第二项为

$$
\begin{aligned}
&\frac{N_2}{N_1+N_2}[\boldsymbol{B}_1,\ \hat{\boldsymbol{H}}]^{\mathrm{T}}\boldsymbol{B}_2\boldsymbol{\Lambda}_2\boldsymbol{B}_2^{\mathrm{T}}[\boldsymbol{B}_1,\ \hat{\boldsymbol{H}}] \\
&=\frac{N_2}{N_1+N_2}\begin{bmatrix}\boldsymbol{B}_1^{\mathrm{T}}\boldsymbol{B}_2\boldsymbol{\Lambda}_2\boldsymbol{B}_2^{\mathrm{T}}\boldsymbol{B}_1 & \boldsymbol{B}_1^{\mathrm{T}}\boldsymbol{B}_2\boldsymbol{\Lambda}_2\boldsymbol{B}_2^{\mathrm{T}}\hat{\boldsymbol{H}} \\ \hat{\boldsymbol{H}}^{\mathrm{T}}\boldsymbol{B}_2\boldsymbol{\Lambda}_2\boldsymbol{B}_2^{\mathrm{T}}\boldsymbol{B}_1 & \hat{\boldsymbol{H}}^{\mathrm{T}}\boldsymbol{B}_2\boldsymbol{\Lambda}_2\boldsymbol{B}_2^{\mathrm{T}}\hat{\boldsymbol{H}}\end{bmatrix}
\end{aligned}
\tag{81}
$$

第三项为

$$
\frac{N_1N_2}{(N_1+N_2)^2}\begin{bmatrix}\boldsymbol{B}_1^{\mathrm{T}}(\boldsymbol{\mu}_1-\boldsymbol{\mu}_2)(\boldsymbol{\mu}_1-\boldsymbol{\mu}_2)^{\mathrm{T}}\boldsymbol{B}_1 & \boldsymbol{B}_1^{\mathrm{T}}(\boldsymbol{\mu}_1-\boldsymbol{\mu}_2)(\boldsymbol{\mu}_1-\boldsymbol{\mu}_2)^{\mathrm{T}}\hat{\boldsymbol{H}} \\ \hat{\boldsymbol{H}}^{\mathrm{T}}(\boldsymbol{\mu}_1-\boldsymbol{\mu}_2)(\boldsymbol{\mu}_1-\boldsymbol{\mu}_2)^{\mathrm{T}}\boldsymbol{B}_1 & \hat{\boldsymbol{H}}^{\mathrm{T}}(\boldsymbol{\mu}_1-\boldsymbol{\mu}_2)(\boldsymbol{\mu}_1-\boldsymbol{\mu}_2)^{\mathrm{T}}\hat{\boldsymbol{H}}\end{bmatrix}
\tag{82}
$$

将式 (80)、式 (81) 和式 (82) 累加，对得到的 $(k_1+k_2+1)\times(k_1+k_2+1)$ 大小方阵 $\tilde{\boldsymbol{S}}^{(\mathrm{new})}$ 进行特征值分解，便能获取特征值矩阵 $\boldsymbol{D}$ 与特征向量矩阵 $\boldsymbol{R}$。取对角阵 $\boldsymbol{D}$ 中最大的 k 个特征值，将它们作为对角元素，便可获得新的特征值矩阵 $\boldsymbol{\Lambda}^{(\mathrm{new})}$；取这些特征值在 $\boldsymbol{R}$ 中相应的列，得到 $\boldsymbol{R}'$，便可计算出 $\boldsymbol{B}^{(\mathrm{new})}=[\boldsymbol{B}_1,\ \hat{\boldsymbol{H}}]\boldsymbol{R}'$。由此，新的特征空间模型 $\Omega^{(\mathrm{new})}=(\boldsymbol{\mu}^{(\mathrm{new})},\boldsymbol{B}^{(\mathrm{new})},\boldsymbol{\Lambda}^{(\mathrm{new})},N^{(\mathrm{new})})$ 中各项便全部获得。

在有新的数据获取时，IPCA 通过减少需要求解的特征值问题的规模以较少计算代价实现增量式特征子空间学习与数据降维。然而，特征值问题往往只能通过数值方法求解，许多情况下计算仍比较复杂，而 IPCA 并不能避免特征值问题的求解。

2.8 无偏协方差无关增量主成分分析

无偏协方差无关增量主成分分析(candid covariance-free incremental principal component analysis，CCIPCA) 算法是 Weng 等 [23] 提出的一种增量式 PCA 算法，它最大的特点是在利用输入数据对特征方向进行在线更新时，无需计算数据协方差矩阵，并根据其求解特征值问题。

假设给数据 $\boldsymbol{x}_1,\cdots,\boldsymbol{x}_N$，已对它们进行去均值操作，令 $\sum_{i=1}^{N}\boldsymbol{x}_i=\boldsymbol{0}$，那么它们的协方差矩阵可写作 $\boldsymbol{S}=\dfrac{1}{N}\sum_{i=1}^{N}\boldsymbol{x}_i\boldsymbol{x}_i^{\mathrm{T}}$。设 λ_1 与 $\boldsymbol{b}_1$分别为 $\boldsymbol{S}$ 的最大特征值及其对应特征向量，那么它们满足

$$
\lambda_1\boldsymbol{b}_1=\frac{1}{N}\sum_{i=1}^{N}\boldsymbol{x}_i\boldsymbol{x}_i^{\mathrm{T}}\boldsymbol{b}_1
\tag{83}
$$

如果输入的数据是一个序列 $\boldsymbol{x}_1, \boldsymbol{x}_2, \cdots$，$\boldsymbol{x}_t$ 表示 t 时刻输入的数据，令 $\boldsymbol{v}_1 = \lambda_1 \boldsymbol{b}_1$，CCIPCA 假设可以通过下式对 $\boldsymbol{v}_1$ 进行估计：

$$\boldsymbol{v}_1^{(t)} = \frac{1}{t} \sum_{i=1}^{t} \boldsymbol{x}_i \boldsymbol{x}_i^{\mathrm{T}} \boldsymbol{b}_1^{(t)} \tag{84}$$

其中，$\boldsymbol{v}_1^{(t)}$ 和 $\boldsymbol{b}_1^{(t)}$ 分别代表在 t 时刻对 $\boldsymbol{v}_1$ 和 $\boldsymbol{b}_1$ 进行估计的结果。

一旦估计出 $\boldsymbol{v}_1$，由于 $\|\boldsymbol{b}_1\|_2 = 1$，于是可以通过 $\lambda_1 = \|\boldsymbol{v}_1\|_2$ 和 $\boldsymbol{b}_1 = \dfrac{\boldsymbol{v}_1}{\|\boldsymbol{v}_1\|_2}$ 分别得出对 λ_1 与 $\boldsymbol{b}_1$ 的估计。规定

$$\boldsymbol{b}_1^{(t)} = \frac{\boldsymbol{v}_1^{(t-1)}}{\|\boldsymbol{v}_1^{(t-1)}\|_2} \tag{85}$$

式 (84) 可写作如下形式：

$$\boldsymbol{v}_1^{(t)} = \frac{1}{t} \sum_{i=1}^{t} \boldsymbol{x}_i \boldsymbol{x}_i^{\mathrm{T}} \frac{\boldsymbol{v}_1^{(t-1)}}{\|\boldsymbol{v}_1^{(t-1)}\|_2} \tag{86}$$

如果令 $\boldsymbol{v}_1^{(0)} = \boldsymbol{x}_1$，为了实现增量式估计，式 (86) 又被改写为如下递归形式：

$$\boldsymbol{v}_1^{(t)} = \frac{t-1}{t} \boldsymbol{v}_1^{(t-1)} + \frac{1}{t} \boldsymbol{x}_t \boldsymbol{x}_t^{\mathrm{T}} \frac{\boldsymbol{v}_1^{(t-1)}}{\|\boldsymbol{v}_1^{(t-1)}\|_2} \tag{87}$$

其中，$\dfrac{t-1}{t}$ 和 $\dfrac{1}{t}$ 分为对应于上一时刻的估计值与当前输入数据的权重。在实际运算中，为了加速估计值的收敛，CCIPCA 还可以选择引入取值为正数的参数 l 以减少早期输入数据的影响，将 $\dfrac{t-1}{t}$ 和 $\dfrac{1}{t}$ 分别替换为 $\dfrac{t-1-l}{t}$ 和 $\dfrac{1+l}{t}$。

上面介绍的是对第一个特征向量 $\boldsymbol{b}_1$ 进行的估计，接着要考虑对于其他特征向量的估计。对于对称半正定的协方差矩阵 $\boldsymbol{S} \in \mathbb{R}^{d \times d}$，总能取到一组 $\boldsymbol{b}_1, \cdots, \boldsymbol{b}_d$ 作为其特征向量，这组特征向量彼此间相互正交。基于上述情况，在利用某个样本数据对第二、第三以及位次更靠后的特征向量进行估计的时候，CCIPCA 会对该样本进行调整，令其位于由排在这个特征向量之前的各特征向量所张成的子空间的补空间(complementary space) 之中。在对第二个特征值 $\boldsymbol{b}_2$ 进行估计前，CCIPCA 会从 $\boldsymbol{x}_t$ 中减去其能够投影到 $\boldsymbol{b}_1$ 上的部分：

$$\boldsymbol{x}_t(2) = \boldsymbol{x}_t(1) - \frac{\boldsymbol{v}_1^{(t)}}{\|\boldsymbol{v}_1^{(t)}\|_2} \left(\frac{\boldsymbol{v}_1^{(t)}}{\|\boldsymbol{v}_1^{(t)}\|_2} \right)^{\mathrm{T}} \boldsymbol{x}_t(1) \tag{88}$$

其中，$\boldsymbol{x}_t(1)=\boldsymbol{x}_t$。以此类推，在对第 $i+1$ 个特征值进行估计前，$\boldsymbol{x}_t(i+1)$ 通过如下方式更新：

$$\boldsymbol{x}_t(i+1)=\boldsymbol{x}_t(i)-\frac{\boldsymbol{v}_i^{(t)}}{\|\boldsymbol{v}_i^{(t)}\|_2}\left(\frac{\boldsymbol{v}_i^{(t)}}{\|\boldsymbol{v}_i^{(t)}\|_2}\right)^{\mathrm{T}}\boldsymbol{x}_t(i) \tag{89}$$

尽管在早期的学习阶段，CCIPCA 所估计的特征向量相互间很可能不是正交的，但是 CCIPCA 希望通过这样的方式，尝试令其估计的特征向量在达到收敛状态后彼此正交。

综上所述，设 $\boldsymbol{x}_1,\cdots,\boldsymbol{x}_N$ 为输入数据流，目标为获取 k 个向量 $\boldsymbol{v}_1,\cdots,\boldsymbol{v}_k$，当第 t 个数据 $\boldsymbol{x}_t$ 输入后，先令 $\boldsymbol{x}_t(1)=\boldsymbol{x}_t$。接着，CCIPCA 便会开始初始化或更新对这 k 个向量的估计。对于第 i 个向量 $\boldsymbol{v}_i$(此处 $i=1,\cdots,\min\{t,k\}$)，如果 $i=t$，那么初始化 $\boldsymbol{v}_i^{(t)}=\boldsymbol{x}_t(i)$；否则，根据

$$\boldsymbol{v}_i^{(t)}=\frac{t-1-l}{t}\boldsymbol{v}_i^{(t-1)}+\frac{1+l}{t}\boldsymbol{x}_t(i)\boldsymbol{x}_t(i)^{\mathrm{T}}\frac{\boldsymbol{v}_i^{(t-1)}}{\|\boldsymbol{v}_i^{(t-1)}\|_2} \tag{90}$$

对 $\boldsymbol{v}_i$ 进行更新，并利用式 (89) 获取 $\boldsymbol{x}_t(i+1)$。上述过程处理完毕，对最终估计的 $\boldsymbol{v}_i$ 标准化，便可得到相应的 $\boldsymbol{b}_i$。

CCIPCA 能够增量式地从在线数据流中对主成分向量进行学习，并且在学习过程中无需计算数据的协方差矩阵且避免了求解特征值问题。该算法具有很低的计算复杂度。虽然它获得的结果可能并非真正的主成分向量，而只是对其的估计，但是从理论上证明了 CCIPCA 的收敛性。

2.9 典型相关分析

典型相关分析(canonical correlation analysis，CCA) 由 Hotelling 于 1936 年首次提出，它是研究两组变量之间相关性的一种多元统计分析方法。假设有两个随机向量 $\boldsymbol{x}\in\mathbb{R}^{p\times1}$ 与 $\boldsymbol{y}\in\mathbb{R}^{q\times1}$，CCA 为它们分别寻找一个投影方向 $\boldsymbol{u}_1\in\mathbb{R}^{p\times1}$ 与 $\boldsymbol{v}_1\in\mathbb{R}^{q\times1}$，令 $\boldsymbol{u}_1^{\mathrm{T}}\boldsymbol{x}$ 与 $\boldsymbol{v}_1^{\mathrm{T}}\boldsymbol{y}$ 之间的相关性最大并将它们作为第一对典型相关变量。接着找出 $\boldsymbol{u}_2\in\mathbb{R}^{p\times1}$ 与 $\boldsymbol{v}_2\in\mathbb{R}^{q\times1}$，令 $\boldsymbol{u}_2^{\mathrm{T}}\boldsymbol{x}$ 与 $\boldsymbol{v}_2^{\mathrm{T}}\boldsymbol{y}$ 在与第一对典型相关变量不相关的限制下，相关性最大，作为第二对典型相关变量。如此进行下去，直到找出 k 对典型相关变量。这样，通过分析 k 对典型变量的关系便能分析变量 $\boldsymbol{x}$ 与 $\boldsymbol{y}$ 之间的相关性。由于 k 的取值一般小于 $\min\{p,q\}$(其最大取值便为 $\min\{p,q\}$)，这样便令变量的数目变少，因此 CCA 也可以被认为是一种降维算法。

CCA 一般采用 Pearson 相关系数衡量两个变量之间的相互关系 (线性相关性的强弱)。这样，$\boldsymbol{u}_1^{\mathrm{T}}\boldsymbol{x}$ 与 $\boldsymbol{v}_1^{\mathrm{T}}\boldsymbol{y}$ 之间的相关性 ρ_1 可写作

$$\rho_1 = \frac{E[\boldsymbol{u}_1^{\mathrm{T}}\boldsymbol{x}\boldsymbol{y}^{\mathrm{T}}\boldsymbol{v}_1]}{\sqrt{E[\boldsymbol{u}_1^{\mathrm{T}}\boldsymbol{x}\boldsymbol{x}^{\mathrm{T}}\boldsymbol{u}_1]E[\boldsymbol{v}_1^{\mathrm{T}}\boldsymbol{y}\boldsymbol{y}^{\mathrm{T}}\boldsymbol{v}_1]}} = \frac{\boldsymbol{u}_1^{\mathrm{T}}\boldsymbol{S}_{xy}\boldsymbol{v}_1}{\sqrt{\boldsymbol{u}_1^{\mathrm{T}}\boldsymbol{S}_{xx}\boldsymbol{u}_1\boldsymbol{v}_1^{\mathrm{T}}\boldsymbol{S}_{yy}\boldsymbol{v}_1}} \tag{91}$$

其中，$\boldsymbol{S}_{xx}$ 和 $\boldsymbol{S}_{yy}$ 分别表示 $\boldsymbol{x}$ 和 $\boldsymbol{y}$ 的协方差矩阵；$\boldsymbol{S}_{xy}$ 表示它们之间的互协方差矩阵。

给定成对的样本集 $\{(\boldsymbol{x}_1,\boldsymbol{y}_1),\cdots,(\boldsymbol{x}_n,\boldsymbol{y}_n)\}$，令 $\boldsymbol{X}=[\boldsymbol{x}_1,\cdots,\boldsymbol{x}_n]\in\mathbb{R}^{p\times n}$，$\boldsymbol{Y}=[\boldsymbol{y}_1,\cdots,\boldsymbol{y}_n]\in\mathbb{R}^{q\times n}$。如果把观测样本的统计值作为数学期望的合理近似，且假设两组向量 $\boldsymbol{x}_1,\cdots,\boldsymbol{x}_n$ 和 $\boldsymbol{y}_1,\cdots,\boldsymbol{y}_n$ 均已去均值，即 $\bar{\boldsymbol{x}}=\frac{1}{n}\sum_{i=1}^{n}\boldsymbol{x}_i=\boldsymbol{0}$ 且 $\bar{\boldsymbol{y}}=\frac{1}{n}\sum_{i=1}^{n}\boldsymbol{y}_i=\boldsymbol{0}$，则有 $\boldsymbol{S}_{xx}=\frac{1}{n}\sum_{i=1}^{n}\boldsymbol{x}_i\boldsymbol{x}_i^{\mathrm{T}}=\frac{1}{n}\boldsymbol{X}\boldsymbol{X}^{\mathrm{T}}$，$\boldsymbol{S}_{yy}=\frac{1}{n}\sum_{i=1}^{n}\boldsymbol{y}_i\boldsymbol{y}_i^{\mathrm{T}}=\frac{1}{n}\boldsymbol{Y}\boldsymbol{Y}^{\mathrm{T}}$ 与 $\boldsymbol{S}_{xy}=\frac{1}{n}\sum_{i=1}^{n}\boldsymbol{x}_i\boldsymbol{y}_i^{\mathrm{T}}=\frac{1}{n}\boldsymbol{X}\boldsymbol{Y}^{\mathrm{T}}$。于是，根据式 (91)，寻找 $\boldsymbol{u}_1$ 与 $\boldsymbol{v}_1$ 以令 ρ_1 最大化，可写作

$$\max_{\boldsymbol{u}_1,\boldsymbol{v}_1}\frac{\boldsymbol{u}_1^{\mathrm{T}}\boldsymbol{X}\boldsymbol{Y}^{\mathrm{T}}\boldsymbol{v}_1}{\sqrt{\boldsymbol{u}_1^{\mathrm{T}}\boldsymbol{X}\boldsymbol{X}^{\mathrm{T}}\boldsymbol{u}_1\boldsymbol{v}_1^{\mathrm{T}}\boldsymbol{Y}\boldsymbol{Y}^{\mathrm{T}}\boldsymbol{v}_1}} = \max_{\boldsymbol{u}_1,\boldsymbol{v}_1}\frac{\boldsymbol{u}_1^{\mathrm{T}}\boldsymbol{S}_{xy}\boldsymbol{v}_1}{\sqrt{\boldsymbol{u}_1^{\mathrm{T}}\boldsymbol{S}_{xx}\boldsymbol{u}_1\boldsymbol{v}_1^{\mathrm{T}}\boldsymbol{S}_{yy}\boldsymbol{v}_1}} \tag{92}$$

在 $\boldsymbol{u}_1^{\mathrm{T}}\boldsymbol{S}_{xx}\boldsymbol{u}_1=1$ 和 $\boldsymbol{v}_1^{\mathrm{T}}\boldsymbol{S}_{yy}\boldsymbol{v}_1=1$ 的限制下，CCA 的求解可转化成下列优化问题：

$$\max_{\boldsymbol{u}_1,\boldsymbol{v}_1}\boldsymbol{u}_1^{\mathrm{T}}\boldsymbol{S}_{xy}\boldsymbol{v}_1 \tag{93}$$

利用拉格朗日乘子法，要最大化的目标函数可写为

$$J=\boldsymbol{u}_1^{\mathrm{T}}\boldsymbol{S}_{yy}\boldsymbol{v}_1-\frac{\lambda_{\boldsymbol{u}_1}}{2}(\boldsymbol{u}_1^{\mathrm{T}}\boldsymbol{S}_{xx}\boldsymbol{u}_1-1)-\frac{\lambda_{\boldsymbol{v}_1}}{2}(\boldsymbol{v}_1^{\mathrm{T}}\boldsymbol{S}_{yy}\boldsymbol{v}_1-1) \tag{94}$$

对 J 分别关于 $\boldsymbol{u}_1$ 和 $\boldsymbol{v}_1$ 求偏导，有

$$\frac{\partial J}{\partial \boldsymbol{u}_1}=\boldsymbol{S}_{xy}\boldsymbol{v}_1-\lambda_{\boldsymbol{u}_1}\boldsymbol{S}_{xx}\boldsymbol{u}_1 \tag{95}$$

$$\frac{\partial J}{\partial \boldsymbol{v}_1}=\boldsymbol{S}_{xy}^{\mathrm{T}}\boldsymbol{u}_1-\lambda_{\boldsymbol{v}_1}\boldsymbol{S}_{yy}\boldsymbol{v}_1 \tag{96}$$

令式 (95) 和式 (96) 为零，有 $\boldsymbol{u}_1^{\mathrm{T}}\boldsymbol{S}_{xy}\boldsymbol{v}_1=\lambda_{\boldsymbol{u}_1}\boldsymbol{u}_1^{\mathrm{T}}\boldsymbol{S}_{xx}\boldsymbol{u}_1=\lambda_{\boldsymbol{v}_1}\boldsymbol{v}_1^{\mathrm{T}}\boldsymbol{S}_{yy}\boldsymbol{v}_1$。由于 $\boldsymbol{u}_1^{\mathrm{T}}\boldsymbol{S}_{xx}\boldsymbol{u}_1=\boldsymbol{v}_1^{\mathrm{T}}\boldsymbol{S}_{yy}\boldsymbol{v}_1=1$，可知 $\lambda_{\boldsymbol{u}_1}=\lambda_{\boldsymbol{v}_1}$，将它们用 λ_1 替换，可得

$$\boldsymbol{S}_{xy}\boldsymbol{v}_1=\lambda_1\boldsymbol{S}_{xx}\boldsymbol{u}_1 \tag{97}$$

$$\boldsymbol{S}_{xy}^{\mathrm{T}}\boldsymbol{u}_1 = \lambda_1 \boldsymbol{S}_{yy}\boldsymbol{v}_1 \tag{98}$$

无论是在式 (97) 等号两边均乘以 $\boldsymbol{u}_1^{\mathrm{T}}$，还是在式 (98) 等号两边均乘以 $\boldsymbol{v}_1^{\mathrm{T}}$，都可以得到

$$\boldsymbol{u}_1^{\mathrm{T}}\boldsymbol{S}_{xy}\boldsymbol{v}_1 = \lambda_1 \tag{99}$$

如果矩阵 $\boldsymbol{S}_{xx}$ 与 $\boldsymbol{S}_{yy}$ 可逆，令 $\hat{\boldsymbol{u}}_1 = \boldsymbol{S}_{xx}^{\frac{1}{2}}\boldsymbol{u}_1$，$\hat{\boldsymbol{v}}_1 = \boldsymbol{S}_{yy}^{\frac{1}{2}}\boldsymbol{u}_1$，$\boldsymbol{S} = \boldsymbol{S}_{xx}^{-\frac{1}{2}}\boldsymbol{S}_{xy}\boldsymbol{S}_{yy}^{-\frac{1}{2}}$，那么式 (99) 可转换为

$$\hat{\boldsymbol{u}}_1^{\mathrm{T}}\boldsymbol{S}\hat{\boldsymbol{v}}_1 = \lambda_1 \tag{100}$$

此时，$\hat{\boldsymbol{u}}_1^{\mathrm{T}}\hat{\boldsymbol{u}}_1 = 1$ 且 $\hat{\boldsymbol{v}}_1^{\mathrm{T}}\hat{\boldsymbol{v}}_1 = 1$。CCA 的目标便成为求解 SVD 分解问题，找出 $\hat{\boldsymbol{u}}_1$ 和 $\hat{\boldsymbol{v}}_1$ 以令 λ_1 最大 (即令 λ_1 为 $\boldsymbol{S}$ 的最大奇异值)。

以此类推，找出 $\boldsymbol{S}$ 最大的 k 个奇异值，其中第 i 大的奇异值所对应的 $\boldsymbol{u}_i$ 和 $\boldsymbol{v}_i$ 便是 CCA 所要求的第 i 对向量。

CCA 与其他降维算法最大的区别就在于它针对的是两组变量间，而非单组变量内的关系研究。

2.10 本章小结

本章介绍了包括主成分分析、线性判别分析算法、独立成分分析、随机投影算法、非负矩阵分解、局部保持投影、增量式线性判别分析算法及无偏协方差无关增量主成分分析算法及典型相关分析在内的多种传统线性降维算法，并介绍了它们的基本思想和计算方法。相比于非线性降维，线性降维所采用的线性模型通常计算简单，易于理解。因此，尽管线性模型对数据的分布方式有着较为严格的限制，线性模型仍在现在的科研领域和实际应用中占有一席之地。

第3章

线性降维中基本问题的讨论

本章对线性降维的一些基本问题进行讨论。线性降维问题可以被转换为特征空间的基底提取问题，而各种矩阵分解技术也被应用于线性降维算法中。通过对基底线性独立性的研究，本章提出了一种自适应的阈值系统，以数据选择的方式对特征空间进行学习。在这个过程中不仅实现基底提取，更重要的是完成对目标维数的自动估计，并且在一定程度上保证降维的效果。

3.1 线性降维与矩阵分解

在降维工作中，我们通常希望可以通过降维后的结果重构出原始数据中的主要信息。根据式 (2)，不考虑对数据的平移等操作，线性降维问题可转化为矩阵分解问题：

$$\boldsymbol{X} \approx \boldsymbol{V}\boldsymbol{Y} \tag{101}$$

其中，数据矩阵 $\boldsymbol{X} = [\boldsymbol{x}_1, \cdots, \boldsymbol{x}_N] \in \mathbb{R}^{d\times N}$ 被近似表示为 $d \times k$ 大小的基底矩阵 $\boldsymbol{V}$ 与 $k \times N$ 大小的系数矩阵 $\boldsymbol{Y}$ 相乘的形式 $(k < d)$。$\boldsymbol{V}$ 的各列作为所提取特征子空间$\mathcal{S}$ 的基底，决定了 $\mathcal{S}$ 的表示。$\boldsymbol{Y}$ 的第 i 个列向量 $\boldsymbol{y}_i$ 为第 i 个数据 $\boldsymbol{x}_i$ 在该基底下进行重构时的线性组合系数，可以被认为是 $\boldsymbol{x}_i$ 所对应的低维表示。如式 (101) 的数据降维任务可以通过先确定基底矩阵 $\boldsymbol{V}$，后确定系数矩阵 $\boldsymbol{Y}$ 的方式来完成。在此过程中，一方面要令 $\boldsymbol{X}$ 与 $\boldsymbol{V}\boldsymbol{Y}$ 尽量接近，另一方面要令 $\boldsymbol{V}\boldsymbol{Y}$ 的秩 k 尽量小。而在对线性子空间 $\mathcal{S}$ 的表示 (基底矩阵 $\boldsymbol{V}$) 进行学习时，既要确定 $\mathcal{S}$ 的维数 (基底数目 k)，又要确定 $\mathcal{S}$ 各基底的具体表示。

从理论上说，只需要从 $\boldsymbol{x}_1, \cdots, \boldsymbol{x}_N$ 中找到一个极大线性无关组，据此确定一组基作为矩阵 $\boldsymbol{V}$ 的列向量，便必定能找到对应的 $\boldsymbol{Y}$，使得 $\boldsymbol{X} = \boldsymbol{V}\boldsymbol{Y}$。但是，当 $\boldsymbol{X}$ 的列空间的维数很大甚至接近于 d 时，数据压缩或降维的目的便无法通过上述对 $\boldsymbol{X}$ 所进行的完全分解达到。另外，很多时候在计算机上得到 $\boldsymbol{X}$ 的数值秩与理论秩可能相差甚远。

以 $n \times n$大小的希尔伯特矩阵 (Hilbert matrix)$\boldsymbol{H}(n)$ 为例 [24]，$\boldsymbol{H}(n)$ 的第 i 行第 j 列元素为 $[\boldsymbol{H}(n)]_{i,j} = \dfrac{1}{i+j-1}$。可以证明，$\boldsymbol{H}(n)$ 是一个秩为 n 的对称正定矩阵，即从理论上讲，$\boldsymbol{H}(n)$ 的列空间的维数必定为 n。但是在 MATLAB 上的模拟实验发现，由于舍入误差的影响，在实际运算中，从 $\boldsymbol{H}(100)$ 的列空间中仅能找

出 18 个基底向量。$\boldsymbol{H}(100)$ 的理论秩为 100，这意味着从理论上讲，任取一个 18 维的基底组，$\boldsymbol{H}(100)$ 的 100 个列向量中至少有 82 个是与该基底向量组线性无关的。但另一方面，在实际数值运算的结果又表明，存在一个 18 维的基底组，可以近似地认为 $\boldsymbol{H}(100)$ 的每一个列向量都是与该基底向量组线性相关的，即如果 $\boldsymbol{H}(100)$ 的每一列都是一个数据的话，可以近似地认为这些数据分布在一个 18 维的线性子空间中。

出现上述情况的原因是，这些数据在某些方向上的变化程度如此之小，甚至是可以被忽略。这就引出了如下的问题：经典的向量系相关性或独立性的概念采用了一刀切的方法，即向量系不是线性相关就是线性独立，它不能反映出向量系的相关程度，也就不能满足某些在数值计算中的需求。如果把经典的向量系相关性概念直接与数值计算的结果相结合，可能会出现问题。两个同样个数的线性独立的向量系，对它们进行实际计算得到的结果可能完全不同。比如 100×100 的单位矩阵 $\boldsymbol{I}_{100}$，在 MATLAB 中计算它的秩，可以轻易地得到与理论值一致的结果 100，而前面的 100×100 的希尔伯特矩阵就是另外一个结果。因此，需要对向量系的相关性或独立性程度给出定量的表示。

根据线性独立性理论 [25]，本书定义向量 $\boldsymbol{x}$ 对于向量系 $\boldsymbol{v}_1, \cdots, \boldsymbol{v}_k$ 的线性独立性指标为

$$\|\boldsymbol{r}^{(k)}\|_2 = \min_{\alpha_1, \cdots, \alpha_k} \left\| \boldsymbol{x} - \sum_{i=1}^{k} \alpha_i \boldsymbol{v}_i \right\|_2 \tag{102}$$

其中，$\sum_{i=1}^{k} \alpha_i \boldsymbol{v}_i$ 为 $\boldsymbol{x}$ 在 $\boldsymbol{v}_1, \cdots, \boldsymbol{v}_k$ 所张成的线性子空间 $\mathcal{S}$ 中的最佳逼近；而 $\boldsymbol{r}^{(k)}$ 为残余分量；$\|\boldsymbol{r}^{(k)}\|_2$ 可以看作 $\boldsymbol{x}$ 到子空间 $\mathcal{S}$ 的距离。$\|\boldsymbol{r}^{(k)}\|_2$ 越大，$\boldsymbol{x}$ 与子空间 $\mathcal{S}$ 的线性独立性越强。

显然，根据式 (102)，当 $\boldsymbol{x}$ 可由 $\boldsymbol{v}_1, \cdots, \boldsymbol{v}_k$ 通过线性组合表示时，有 $\|\boldsymbol{r}^{(k)}\|_2 = 0$，线性独立性为 0，即为经典的线性相关；否则，$\|\boldsymbol{r}^{(k)}\|_2 > 0$，即为经典的线性不相关。另外，如果 $\|\boldsymbol{x}\|_2$ 值固定，当 $\boldsymbol{x}$ 与 $\boldsymbol{v}_1, \cdots, \boldsymbol{v}_k$ 均正交时，$\|\boldsymbol{r}^{(k)}\|_2$ 达到最大值 $\|\boldsymbol{x}\|_2$，即与子空间 $\mathcal{S}$ 正交的向量具有最大的线性独立性。

关于数据内在维数估计的研究有许多 [26]。根据 Fukunaga 的定义 [27]，如果数据集 $\mathcal{X} \subseteq \Omega^d$ 的每一个数据都分布于一个 d_0 维的空间中 (此处 $d_0 < d$)，则可以认为 $\mathcal{X}$ 的内在维数是 d_0。我们可以对其略作发展，如果数据集 $\mathcal{X} \subseteq \Omega^d$ 中每一个元素均或位于 k 维的空间 $\mathcal{S}$ 内，或与 $\mathcal{S}$ 的距离小于一定值 (即接近于 $\mathcal{S}$)，便认为可

以将 k 作为对 $\mathcal{X}$ 所估计的内在维数。

于是，给定任意数据集，如果可以设法从中自适应地挑选出 k 个线性不相关数据，以它们作为基底得到子空间 $\mathcal{S}$，同时保证这个数据集中的每一个数据与 $\mathcal{S}$ 间的线性独立性 (距离) 均小于一定值，那么就可以将这个维数为 k 的线性子空间 $\mathcal{S}$ 作为所要寻找的特征子空间。如此便能利用 $\mathcal{S}$ 的一组基 (可以是对上述被挑选出的 k 个数据进行线性变换后的结果) 组成基底矩阵 $\boldsymbol{V}$。以上想法的关键便是如何对数据进行挑选。

3.2 数据选择与自适应阈值系统

在进行数据选择时可以采用选主元的思想。所谓主元，是指算法在进行某些运算时所首先选择的特定元素，选择主元的过程便是选主元操作。作为一种矩阵计算中的有用技术，选主元操作广泛应用于高斯消去、Householder 反射、Cholesky 分解、格拉姆–施密特正交化等算法中，其能够有效地降低计算过程中的舍入误差影响，并改善算法的稳定性 [28]。式 (102) 给出了向量与线性子空间之间的线性独立性程度的衡量方式。在数据挑选中，可以以此为指标，每次选择给定数据集中与当前已获取的子空间 $\mathcal{S}$ 线性独立性最强的数据作为主元。

在第 $k+1$ 次主元挑选中，可以根据下式从数据集 $\{\boldsymbol{x}_1,\cdots,\boldsymbol{x}_N\}$ 中获取主元 $\boldsymbol{x}_{i_{k+1}^*}$

$$i_{k+1}^* = \underset{i=1,\cdots,N}{\arg\max} \left\| \boldsymbol{r}_i^{(k)} \right\|_2 \tag{103}$$

此时定义

$$r_{k+1,k+1} = \left\| \boldsymbol{r}_{i_{k+1}^*}^{(k)} \right\|_2 \tag{104}$$

随后便依据上述结果判断是否为特征子空间 $\mathcal{S}$ 添加一个新的基底。

进行判断的首要原则可以归结为 “如无必要，勿增实体”。当 $\boldsymbol{x}_{i_{k+1}^*}$ 与当前的特征子空间 $\mathcal{S}$ 线性相关性较强时，便认为没有必要增加 $\mathcal{S}$ 的维数。如图 7 所示，令 $\boldsymbol{x} = \boldsymbol{x}_{i_{k+1}^*}$，$\boldsymbol{r} = \boldsymbol{r}_{i_{k+1}^*}^{(k)}$，阈值 T 用粗实线表示，在进行决策时，如果 $\|\boldsymbol{r}\|_2$ 大于 T，便认为此时 $\mathcal{S}$ 的维数太小不足以很好地表示出包含 $\boldsymbol{x}$ 在内的整个数据集，因此，需要提取一个新的基底向量，扩大 $\mathcal{S}$；否则，便认为当前没有必要对 $\mathcal{S}$ 进行扩大，于是 $\mathcal{S}$ 便保持原样。当数据集中不存在与 $\mathcal{S}$ 线性独立性较强的数据时，便认

为 $\mathcal{S}$ 能够很好地对整个数据集进行表示，并且此时的基底数目便为所估计的数据集的内在维数。

对于特征子空间 $\mathcal{S}$，一方面，我们希望 $\mathcal{S}$ 包含的信息越多越好，因此 $\mathcal{S}$ 趋向于扩张自身；另一方面，在数据降维中，很自然地，数据的压缩率 (特征子空间维数与原始数据维数之比 $\dfrac{k}{d}$) 越小越好。因此，当特征子空间 $\mathcal{S}$ 维数较小时，它趋向于从输入数据中习得更多知识。而当 $\mathcal{S}$ 维数已经较大时，阻止其盲目地扩张比学习新知识更加重要。扩张还是维持，必须通过阈值 T 来自动获取平衡。 一旦平衡达到，目标维数便被确定。因此，可以设法实现下述功能：当 $\dfrac{k}{d}$ 较小时，算法倾向于接受新的成分；而 $\dfrac{k}{d}$ 较大时，算法则倾向于维持已有特征子空间不变。

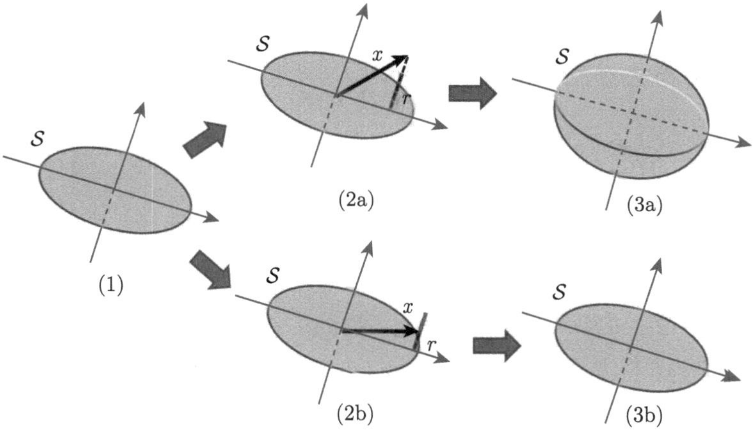

图 7　在特征空间学习过程中，根据当前数据 $\boldsymbol{x}$ 对应的 $\|\boldsymbol{r}\|_2$ 是否大于自适应阈值来决定是否对子空间进行扩张 (令其维数增加)

于是，在特征子空间的学习过程中，我们提出了下述阈值机制：当满足

$$r_{k+1,k+1} \geqslant f\left(\frac{k}{d}\right)C \tag{105}$$

时，进行新基底的提取；否则，已有基底维持不变。在式 (105) 中，$f(\omega)$ 为阈值函数。为了方便起见，对其添加如下限制：$f(\omega)$ 为严格单调递增函数，且当 $0 \leqslant \omega \leqslant 1$ 时，$0 \leqslant f(\omega) \leqslant 1$。$f(\omega) = \omega$ 是满足上述要求的最简单的函数。在不同应用中，用户可以根据需求设置合适的 $f(\omega)$。在实际应用中，用户可以把阈值函数设置为 $f(\omega) = \omega^{c_1}$ 的形式，其中 c_1 为一个正参数。如果希望获得的特征子空间的维数较

高，可以把 c_1 设置为大于 1 的值；如果希望获得的维数较低，可以把 c_1 设置为小于 1 的值。

C 为根据给定数据集直接确定的一个参数，在给出关于 C 的设定前，先给出如下结论。

给定 $\boldsymbol{v}_1,\cdots,\boldsymbol{v}_k$，任取 $\boldsymbol{x}_i$，令 $1\leqslant k_1\leqslant k_2\leqslant k+1$，根据式 (102) 可计算

$$\left\|\boldsymbol{r}_i^{(k_1-1)}\right\|_2=\min_{\alpha_1,\cdots,\alpha_{k_1-1}}\left\|\boldsymbol{x}_i-\sum_{j=1}^{k_1-1}\alpha_j\boldsymbol{v}_j\right\|_2$$

$$\left\|\boldsymbol{r}_i^{(k_2-1)}\right\|_2=\min_{\alpha_1,\cdots,\alpha_{k_2-1}}\left\|\boldsymbol{x}_i-\sum_{j=1}^{k_2-1}\alpha_j\boldsymbol{v}_j\right\|_2$$

那么有 $\left\|\boldsymbol{r}_i^{(k_2-1)}\right\|_2\leqslant\left\|\boldsymbol{r}_i^{(k_1-1)}\right\|_2$。按照前面介绍的主元选择过程，设第 k_1 和 k_2 次选择的主元分别为 $\boldsymbol{x}_{i^*_{k_1}}$ 和 $\boldsymbol{x}_{i^*_{k_2}}$，有

$$r_{k_2,k_2}=\left\|\boldsymbol{r}_{i^*_{k_2}}^{(k_2-1)}\right\|_2\leqslant\left\|\boldsymbol{r}_{i^*_{k_2}}^{(k_1-1)}\right\|_2\leqslant\max_{i=1,\cdots,N}\left\|\boldsymbol{r}_i^{(k_1-1)}\right\|_2=\left\|\boldsymbol{r}_{i^*_{k_1}}^{(k_1-1)}\right\|_2=r_{k_1,k_1}\quad(106)$$

因此对于给定的数据集，如果当前正进行第 $k+1$ 次主元选择，那么在这 $k+1$ 次主元选择中计算出的 $r_{1,1},\cdots,r_{k+1,k+1}$ 单调递减。

根据上述结论，可知 $r_{k+1,k+1}\leqslant r_{1,1}$，而 $r_{1,1}=\max_{i=1,\cdots,N}\|\boldsymbol{x}_i\|_2$。因此，可以令 $C=r_{1,1}$ 并对式 (105) 进行改写：

$$\frac{r_{k+1,k+1}}{r_{1,1}}\geqslant f\left(\frac{k}{d}\right)\quad(107)$$

可以发现，给定一个数据集，在数据选择过程中，随着 k 的增长，$f\left(\dfrac{k}{d}\right)$ 的值严格单调递增，而 $\dfrac{r_{k+1,k+1}}{r_{1,1}}$ 则单调递减。显然，在这个过程中，一旦式 (107) 无法被满足，以后便再也无法被满足。于是在式 (107) 初次不成立时，算法便可以停止执行，而此时的 $\mathcal{S}=\mathrm{span}\{\boldsymbol{x}_{i^*_1},\cdots,\boldsymbol{x}_{i^*_k}\}$ 即为所求的特征子空间。

显然，可以得到如下结论：

定理 3.1 当上述依据阈值条件而进行的特征子空间基底学习终止后，对于数据集中任意的 d 维数据 $\boldsymbol{x}_i$，利用已提取的 k 个基底进行重构后的误差存在上限 $r_{1,1}f\left(\dfrac{k}{d}\right)$。

有关数据降维中的数据选择技术的研究有许多[29−32]，而在本章介绍的数据选择机制中，理论上每个主元对应的剩余分量 $\boldsymbol{r}_{i_1^*}^{(0)},\cdots,\boldsymbol{r}_{i_k^*}^{(k-1)}$ 是彼此正交的，而 $r_{1,1},r_{2,2},\cdots,r_{k+1,k+1}$ 单调递减，因此，上述过程可以看作是选主元的 QR 分解。基于选主元的 QR 分解策略进行数据选择的工作有不少[33−35]。但是，这些工作需要事先人为指定选取数据的数目，本书的主要创新点就在于基于线性独立性度量，提出了一个自适应阈值机制，实现了对特征子空间 $\mathcal{S}$ 维数的自动确定。

在数据降维中，如何设置特征子空间 $\mathcal{S}$ 的维数 (目标维数) 是一个重要的问题。目前的内在维数估计方法主要分为两大类：基于几何的方法和基于投影的方法 [36]。基于几何的方法通过学习数据的几何结构进行目标维数估计 [37]，但这类方法需要大量的训练数据。基于投影的方法根据原始数据进行投影后的结果对目标维数进行估计。这类方法中，目标维数的估计通常通过对较大特征值的计数来实现 [38]，然而关于多大的特征值才算是足够大，往往需要用户基于经验设置来确定一个阈值。另外，Bishop 提出了贝叶斯 PCA(Bayesian PCA，BPCA) [39]，它能够利用 EM 算法自动地确定目标维数，但由于其迭代更新过程中巨大的计算消耗，BPCA 并不适用于大规模在线数据的处理。总的来说，已有的目标维数估计方法大都比较复杂或需要用户设置固定的阈值，而本书工作的最大优势在于其能够以一种较为便捷的方式，根据数据自适应地实现目标维数的自动确定。

一旦确定了与特征子空间 $\mathcal{S}$ 所对应的基底矩阵 $\boldsymbol{V}$，高维数据 $\boldsymbol{x}_i$ 的低维表示 $\boldsymbol{y}_i$ 便可以通过求解线性方程组

$$\boldsymbol{V}\boldsymbol{y}_i=\boldsymbol{x}_i \tag{108}$$

获得。

3.3 线性方程组的求解问题与矩阵条件数

式 (108) 是由 d 个方程所组成的方程组，含 k 个未知量。由于 $k<d$，方程个数多于未知量个数，因此上述方程组是超定方程组，$\operatorname{rank}(\boldsymbol{V})=\operatorname{rank}([\boldsymbol{V},\boldsymbol{x}_i])$ 是这个方程组相容的充要条件。如果方程组相容，则可以找到令等号成立的解，否则，方程组便是矛盾方程组，它没有通常意义下的解，即对任意的 $\boldsymbol{y}_i$，都有 $\boldsymbol{x}_i\neq\boldsymbol{V}\boldsymbol{y}_i$。而很多时候，式 (108) 是矛盾方程组。

但是，可以考虑如下问题：

$$\min_{\boldsymbol{y}_i \in \mathbb{R}^k} \|\boldsymbol{V}\boldsymbol{y}_i - \boldsymbol{x}_i\|_2^2 \tag{109}$$

其为式 (108) 的线性最小二乘问题，式 (109) 的任意解为式 (108) 的最小二乘解。如果式 (108) 是相容方程组，那么它的最小二乘解与通常意义下的解一致。一般地，最小二乘解不是唯一的，但是可以证明，诸多最小二乘解中 ℓ_2 范数最小的解却是唯一的，通常将 ℓ_2 范数最小的解称为式 (108) 的极小最小二乘解。当 $\boldsymbol{V}^{\mathrm{T}}\boldsymbol{V}$ 非奇异时，式 (108) 存在极小最小二乘解：

$$\boldsymbol{y}_i^* = (\boldsymbol{V}^{\mathrm{T}}\boldsymbol{V})^{-1}\boldsymbol{V}^{\mathrm{T}}\boldsymbol{x}_i \tag{110}$$

当 $\boldsymbol{V}$ 列满秩时，任取非零向量 $\boldsymbol{u} \in \mathbb{R}^k$，有 $\boldsymbol{V}\boldsymbol{u} \neq \boldsymbol{0}$，因此 $\boldsymbol{u}^{\mathrm{T}}\boldsymbol{V}^{\mathrm{T}}\boldsymbol{V}\boldsymbol{u} > 0$，所以 $\boldsymbol{V}^{\mathrm{T}}\boldsymbol{V}$ 为正定矩阵，显然非奇异。于是，给定基底矩阵 $\boldsymbol{V}$ 与 $\boldsymbol{x}_i$，可以利用式 (110) 直接计算出 $\boldsymbol{y}_i = \boldsymbol{y}_i^*$ 作为所要求的结果。然而，在实际运算中，$\boldsymbol{V}$ 如何取值却是一个影响算法数值稳定性的关键问题。

当在计算机上进行运算时，由于计算机的精度问题，对于某些数字，计算机算出的近似值往往与其真实的理论值之间存在差异，这便是由于舍入误差(round-off error) 的影响。可以说，由于计算机对数据进行表示的精度必然存在局限，舍入误差不可避免。舍入误差能够随着一系列的计算而不断累积。有时，巨大的误差会被累积下来进而完全破坏掉计算的结果。因此舍入误差对解的影响必须重视。

比如有线性方程组 $\boldsymbol{V}\boldsymbol{y}_i = \boldsymbol{x}_i$，其数据如下：

$$\boldsymbol{V} = \begin{bmatrix} 10 & 7 & 8 & 7 \\ 7 & 5 & 6 & 5 \\ 8 & 6 & 10 & 9 \\ 7 & 5 & 9 & 10 \end{bmatrix}, \quad \boldsymbol{x}_i = \begin{bmatrix} 32 \\ 23 \\ 33 \\ 31 \end{bmatrix}$$

其准确解为 $\boldsymbol{y}_i = (1,1,1,1)^{\mathrm{T}}$。但是如果将等式右端换成 $\check{\boldsymbol{x}}_i = (32.1, 22.9, 33.1, 30.9)^{\mathrm{T}}$，它的解就变成了 $\check{\boldsymbol{y}}_i = (9.2, -12.6, 4.5, -1.1)^{\mathrm{T}}$。在这个例子中，在方程组右端仅有微小变化的情况下，解的变化程度却相当剧烈。这说明该线性方程组的解对参数的微小扰动十分敏感。

这种误差对解引起很大的影响是由这个问题的固有特性引起的，而非受算法影响。这个问题就是病态问题，是数值计算中必须重视的问题。

给定线性方程组 $\boldsymbol{A}\boldsymbol{y}=\boldsymbol{b}$，其中 $\boldsymbol{A}\in\mathbb{R}^{d\times d}$ 是非奇异方阵，$\boldsymbol{y}$ 和 $\boldsymbol{b}$ 为 d 维向量。当数据出现扰动 (或误差) 时，$\kappa(\boldsymbol{A})=\|\boldsymbol{A}\|\|\boldsymbol{A}^{-1}\|$ 对解的精度影响很大，因此常用这个量作为问题条件的度量，并将其称为矩阵 $\boldsymbol{A}$ 对于求解线性方程组或求逆的条件数[40]。显然，$\kappa(\boldsymbol{A})=\|\boldsymbol{A}\|\|\boldsymbol{A}^{-1}\|$ 的值与所取的范数有关。如果取 2-范数，则称其为谱条件数，记成 $\kappa_2(\boldsymbol{A})$。此时

$$\kappa_2(\boldsymbol{A})=\frac{\sigma_{\max}(\boldsymbol{A})}{\sigma_{\min}(\boldsymbol{A})} \tag{111}$$

$\sigma_{\max}(\boldsymbol{A})$ 和 $\sigma_{\min}(\boldsymbol{A})$ 分别为方阵 $\boldsymbol{A}$ 的最大和最小奇异值 [40]。

对于列满秩的 $d\times k$ 矩阵 $\boldsymbol{V}$，其谱条件数同样可以定义为 [41]

$$\kappa_2(\boldsymbol{V})=\frac{\sigma_{\max}(\boldsymbol{V})}{\sigma_{\min}(\boldsymbol{V})} \tag{112}$$

$\sigma_{\max}(\boldsymbol{V})$ 和 $\sigma_{\min}(\boldsymbol{V})$ 分别为矩阵 $\boldsymbol{V}$ 的最大和最小奇异值。

回到线性方程组问题式 (108)，其最小二乘解满足

$$\boldsymbol{V}^{\mathrm{T}}\boldsymbol{V}\boldsymbol{y}_i=\boldsymbol{V}^{\mathrm{T}}\boldsymbol{x}_i \tag{113}$$

式 (113) 被称为法方程组。如前文所述，如果 $\boldsymbol{V}$ 是列满秩矩阵，则 $\boldsymbol{V}^{\mathrm{T}}\boldsymbol{V}$ 非奇异，式 (113) 的解是唯一的。而 $\boldsymbol{V}^{\mathrm{T}}\boldsymbol{V}$ 条件的好坏关系到 $\boldsymbol{V}$ 和 $\boldsymbol{x}_i$ 中存在噪声扰动的情况下 (实际状况中几乎肯定会出现扰动)，解出的系数 $\boldsymbol{y}_i$ 的可靠性。根据谱条件数的定义，有 $\kappa_2(\boldsymbol{V}^{\mathrm{T}}\boldsymbol{V})=\big(\kappa_2(\boldsymbol{V})\big)^2$。因此，可以根据 $\kappa_2(\boldsymbol{V})$ 来判断基底矩阵 $\boldsymbol{V}$ 质量的好坏，当 $\kappa_2(\boldsymbol{V})$ 很大时，通过求解线性方程组问题得到的 $\boldsymbol{y}_i$ 很可能是不可靠的。

根据前文的介绍，$\boldsymbol{V}$ 的列向量是根据从已获取的数据集中选择 k 个线性不相关的数据而确定的。直接将这 k 个数据向量作为 $\boldsymbol{V}$ 的列向量，以及将这 k 个数据向量标准正交化后作为 $\boldsymbol{V}$ 的列向量是两种比较直观的确定 $\boldsymbol{V}$ 的方法。

如果 $\boldsymbol{V}$ 的列向量标准正交，那么 $\kappa_2(\boldsymbol{V})=1$。从求解线性方程组问题的角度出发，此时的 $\boldsymbol{V}$ 是非常理想的 (根据下文 5.3 节的讨论，可以发现选取数据的质量也会影响正交化操作的结果)。式 (108) 的极小最小二乘解可直接通过计算 $\boldsymbol{y}_i^*=\boldsymbol{V}^{\mathrm{T}}\boldsymbol{x}_i$ 获得，无需进行矩阵求逆运算。

当 $\boldsymbol{V}$ 的各列向量直接就是被选取数据向量的时候，额外进行对于 $\boldsymbol{V}$ 的谱条件数 $\kappa_2(\boldsymbol{V})=\dfrac{\sigma_{\max}(\boldsymbol{V})}{\sigma_{\min}(\boldsymbol{V})}$ 的精确计算代价较大。在实际计算过程中，需要对 $\boldsymbol{V}$ 的

条件数方便地进行近似。为了达到这一目的，可以令 $\frac{r_{1,1}}{r_{k,k}}$ 作为 $\boldsymbol{V}$ 的拟条件数。可以发现，$\kappa_2(\boldsymbol{V})$ 和 $\frac{r_{1,1}}{r_{k,k}}$ 具有许多相似的性质。

定理 3.2 设矩阵 $\boldsymbol{V} = [\boldsymbol{x}_{i_1^*}, \cdots, \boldsymbol{x}_{i_k^*}]$ 的各列按前文所述的主元选择机制生成，则

(1) $\kappa_2(\boldsymbol{V})$ 和 $\frac{r_{1,1}}{r_{k,k}}$ 拥有相同的下限 $\frac{\max\|\boldsymbol{x}_{i_j^*}\|_2}{\min\|\boldsymbol{x}_{i_j^*}\|_2}$;

(2) 随着 $\boldsymbol{V}$ 的列数 k 的增长，$\kappa_2(\boldsymbol{V})$ 和 $\frac{r_{1,1}}{r_{k,k}}$ 均单调递增;

(3) 如果另有 $\boldsymbol{V}' = [\boldsymbol{v}'_1, \cdots, \boldsymbol{v}'_k]$，其各列向量彼此正交，且令 $\frac{r'_{1,1}}{r'_{k,k}}$ 为 $\boldsymbol{V}'$ 的拟条件数，有 $\frac{r'_{1,1}}{r'_{k,k}} = \kappa_2(\boldsymbol{V}') = \frac{\max\|\boldsymbol{v}'_j\|_2}{\min\|\boldsymbol{v}'_j\|_2}$;

(4) 此时，如果 $\boldsymbol{V}'$ 的各列满足任取 $j = 1, \cdots, k$，有 $\|\boldsymbol{v}'_i\|_2 = \|\boldsymbol{x}_{i_k^*}\|_2$，于是 $\kappa_2(\boldsymbol{V}) \geqslant \kappa_2(\boldsymbol{V}')$ 且 $\frac{r_{1,1}}{r_{k,k}} \geqslant \frac{r'_{1,1}}{r'_{k,k}}$。

证明 关于性质 (1)，根据特征值的性质，有

$$\kappa_2(\boldsymbol{V}) = \frac{\sigma_{\max}(\boldsymbol{V})}{\sigma_{\min}(\boldsymbol{V})} = \frac{\sqrt{\lambda_{\max}(\boldsymbol{V}^{\mathrm{T}}\boldsymbol{V})}}{\sqrt{\lambda_{\min}(\boldsymbol{V}^{\mathrm{T}}\boldsymbol{V})}} = \frac{\sqrt{\max\limits_{\boldsymbol{p}\in\mathbb{R}^k, \|\boldsymbol{p}\|_2=1}(\boldsymbol{p}^{\mathrm{T}}\boldsymbol{V}^{\mathrm{T}}\boldsymbol{V}\boldsymbol{p})}}{\sqrt{\min\limits_{\boldsymbol{q}\in\mathbb{R}^k, \|\boldsymbol{q}\|_2=1}(\boldsymbol{q}^{\mathrm{T}}\boldsymbol{V}^{\mathrm{T}}\boldsymbol{V}\boldsymbol{q})}} \tag{114}$$

显然，

$$\max_{\boldsymbol{p}\in\mathbb{R}^k, \|\boldsymbol{p}\|_2=1} \boldsymbol{p}^{\mathrm{T}}\boldsymbol{V}^{\mathrm{T}}\boldsymbol{V}\boldsymbol{p} \geqslant \boldsymbol{e}_{\max}^{\mathrm{T}}\boldsymbol{V}^{\mathrm{T}}\boldsymbol{V}\boldsymbol{e}_{\max} = \max\|\boldsymbol{x}_{i_j^*}\|_2^2 = \|\boldsymbol{x}_{i_1^*}\|_2^2 \tag{115}$$

$$\min_{\boldsymbol{q}\in\mathbb{R}^k, \|\boldsymbol{q}\|_2=1} \boldsymbol{q}^{\mathrm{T}}\boldsymbol{V}^{\mathrm{T}}\boldsymbol{V}\boldsymbol{q} \leqslant \boldsymbol{e}_{\min}^{\mathrm{T}}\boldsymbol{V}^{\mathrm{T}}\boldsymbol{V}\boldsymbol{e}_{\min} = \min\|\boldsymbol{x}_{i_j^*}\|_2^2 \tag{116}$$

于是有

$$\kappa_2(\boldsymbol{V}) \geqslant \frac{\max\|\boldsymbol{x}_{i_j^*}\|_2}{\min\|\boldsymbol{x}_{i_j^*}\|_2} \tag{117}$$

另一方面，根据主元选择机制:

$$r_{1,1} = \max\|\boldsymbol{x}_{i_j^*}\|_2 = \|\boldsymbol{x}_{i_1^*}\|_2, \quad r_{k,k} = \|\boldsymbol{x}_{i_k^*}^{(k-1)}\|_2 \tag{118}$$

不妨规定 $j_{\min} = \arg\min_j\|\boldsymbol{x}_{i_j^*}\|_2$，下面证 $r_{k,k} \leqslant \|\boldsymbol{x}_{i_{j_{\min}}^*}\|_2$。

假设 $r_{k,k} > \min\|\boldsymbol{x}_{i_{j_{\min}}^*}\|_2$，此时必定 $j_{\min} \neq k$，而当 $0 \leqslant l < k-1$ 时，必有

$$\|\boldsymbol{x}_{i_{j_{\min}}^*}^{(l)}\|_2 \leqslant \|\boldsymbol{x}_{i_{j_{\min}}^*}^{(0)}\|_2 < \|\boldsymbol{x}_{i_k^*}^{(k-1)}\|_2 \leqslant \|\boldsymbol{x}_{i_k^*}^{(l)}\|_2 \tag{119}$$

这意味着 $\boldsymbol{x}_{i_k^*}$ 必定先于 $\boldsymbol{x}_{i_{j_{\min}}^*}$ 作为主元被选择，而根据 $\boldsymbol{V}$ 的生成方式，$\boldsymbol{x}_{i_k^*}$ 却又是最后一个被选择的元素，故存在矛盾，上述假设不成立。

因此，

$$\frac{r_{1,1}}{r_{k,k}} \geqslant \frac{\max\|\boldsymbol{x}_{i_j^*}\|_2}{\min\|\boldsymbol{x}_{i_j^*}\|_2} \tag{120}$$

关于性质 (2)，设 $\boldsymbol{V}^{(k)}=[\boldsymbol{v}_1,\cdots,\boldsymbol{v}_k]$，$\boldsymbol{V}^{(k+1)}=[\boldsymbol{v}_1,\cdots,\boldsymbol{v}_k,\boldsymbol{v}_{k+1}]$，令

$$\boldsymbol{p}_{\max}^{(k)}=\arg\max_{\boldsymbol{p}^{(k)}}\boldsymbol{p}^{(k)\mathrm{T}}\boldsymbol{V}^{(k)\mathrm{T}}\boldsymbol{V}^{(k)}\boldsymbol{p}^{(k)} \tag{121}$$

$$\boldsymbol{q}_{\max}^{(k)}=\arg\min_{\boldsymbol{q}^{(k)}}\boldsymbol{q}^{(k)\mathrm{T}}\boldsymbol{V}^{(k)\mathrm{T}}\boldsymbol{V}^{(k)}\boldsymbol{q}^{(k)} \tag{122}$$

其中，$\boldsymbol{p}^{(k)}\in\mathbb{R}^k$，$\|\boldsymbol{p}^{(k)}\|=1$，$\boldsymbol{q}^{(k)}\in\mathbb{R}^k$，$\|\boldsymbol{q}^{(k)}\|=1$。

因为当 $\boldsymbol{p}^{(k+1)}=\begin{bmatrix}\boldsymbol{p}^{(k)}\\ 0\end{bmatrix}$，$\boldsymbol{q}^{(k+1)}=\begin{bmatrix}\boldsymbol{q}^{(k)}\\ 0\end{bmatrix}$ 时，有

$$\boldsymbol{p}^{(k+1)\mathrm{T}}\boldsymbol{V}^{(k+1)\mathrm{T}}\boldsymbol{V}^{(k+1)}\boldsymbol{p}^{(k+1)}=\sigma_{\max}(\boldsymbol{V}^{(k)}) \tag{123}$$

$$\boldsymbol{q}^{(k+1)\mathrm{T}}\boldsymbol{V}^{(k+1)\mathrm{T}}\boldsymbol{V}^{(k+1)}\boldsymbol{q}^{(k+1)}=\sigma_{\min}(\boldsymbol{V}^{(k)}) \tag{124}$$

所以

$$\sigma_{\max}(\boldsymbol{V}^{(k+1)})=\arg\max_{\boldsymbol{p}^{(k+1)}}\boldsymbol{p}^{(k+1)\mathrm{T}}\boldsymbol{V}^{(k+1)\mathrm{T}}\boldsymbol{V}^{(k+1)}\boldsymbol{p}^{(k+1)}\geqslant\sigma_{\max}(\boldsymbol{V}^{(k)}) \tag{125}$$

$$\sigma_{\min}(\boldsymbol{V}^{(k+1)})=\arg\min_{\boldsymbol{q}^{(k+1)}}\boldsymbol{q}^{(k+1)\mathrm{T}}\boldsymbol{V}^{(k+1)\mathrm{T}}\boldsymbol{V}^{(k+1)}\boldsymbol{q}^{(k+1)}\leqslant\sigma_{\min}(\boldsymbol{V}^{(k)}) \tag{126}$$

此处，$\|\boldsymbol{p}^{(k+1)}\|=1$ 且 $\|\boldsymbol{q}^{(k+1)}\|=1$。

于是得到

$$\kappa_2(\boldsymbol{V}^{(k+1)})\geqslant\kappa_2(\boldsymbol{V}^{(k)}) \tag{127}$$

另一方面，根据定义，$\boldsymbol{V}^{(k)}$ 和 $\boldsymbol{V}^{(k+1)}$ 的拟条件数分别为 $\dfrac{r_{1,1}}{r_{k,k}}$ 和 $\dfrac{r_{1,1}}{r_{k+1,k+1}}$，而根据前文的介绍 $r_{1,1},\cdots,r_{k,k},r_{k+1,k+1}$ 单调递减，可得

$$\frac{r_{1,1}}{r_{k+1,k+1}}\geqslant\frac{r_{1,1}}{r_{k,k}} \tag{128}$$

关于性质 (3)，由于 $\boldsymbol{V}'$ 各列向量彼此正交，因此 $\boldsymbol{V}'^{\mathrm{T}}\boldsymbol{V}' = \mathrm{diag}(\|\boldsymbol{v}'_1\|_2^2, \cdots, \|\boldsymbol{v}'_k\|_2^2)$，故

$$\sigma_{\max}(\boldsymbol{V}) = \max_{\sum_{j=1}^{k} p_j^2=1} \sum_{j=1}^{k} p_j^2 \|\boldsymbol{v}'_j\|_2^2 = \max \|\boldsymbol{v}'_j\|_2^2 \tag{129}$$

$$\sigma_{\min}(\boldsymbol{V}) = \min_{\sum_{j=1}^{k} q_j^2=1} \sum_{j=1}^{k} q_j^2 \|\boldsymbol{v}'_j\|_2^2 = \min \|\boldsymbol{v}'_j\|_2^2 \tag{130}$$

因为彼此正交的 $\boldsymbol{v}'_1, \cdots, \boldsymbol{v}'_k$ 对应剩余分量就是它们自身，即对于 $j = 1, \cdots, k$，

$$r'_{j,j} = \min \left\| \boldsymbol{v}'_j - \sum_{l=1}^{j-1} \alpha_l \boldsymbol{v}'_l \right\|_2 = \|\boldsymbol{v}'_j\|_2 \tag{131}$$

由于 $r'_{k,k} \leqslant \cdots \leqslant r'_{1,1}$，便有

$$\frac{r'_{1,1}}{r'_{k,k}} = \kappa_2(\boldsymbol{V}') = \frac{\max \|\boldsymbol{v}'_j\|_2}{\min \|\boldsymbol{v}'_j\|_2} \tag{132}$$

最后，根据性质 (1) 与性质 (3)，直接可得性质 (4)。

结合前文所介绍的进行数据选择时所采用的判断准则式 (107)，当 $\boldsymbol{V}=[\boldsymbol{x}_{i_1^*}, \cdots, \boldsymbol{x}_{i_k^*}]$ 时，如果把 $\dfrac{r_{1,1}}{r_{k,k}}$ 作为对 $\kappa_2(\boldsymbol{V})$ 的近似，有

$$\kappa_2(\boldsymbol{V}) \approx \frac{r_{1,1}}{r_{k,k}} < \frac{1}{f\left(\dfrac{k-1}{d}\right)}$$

因此，本章所提出的自适应阈值机制不仅能够自动确定基底数目，而且在不增加额外计算量的情况下，能够在一定程度上保证通过求解线性方程组问题得到的结果的数值稳定性。

3.4　本章小结

本章将线性降维任务转换为矩阵分解的任务，并以此为基础进行了讨论。从对矩阵分解中基底矩阵如何设置的问题出发，根据线性独立性理论，提出了一套自适应阈值机制用于数据选择，实现了特征值子空间 (其通过基底矩阵表示) 的自动获取。特别需要强调的是，上述过程实现了数据内在维数的自动估计。另外，利用所

提出的拟条件数的概念，可以发现上述阈值机制还能在一定程度上保证算法的数值稳定性。本章所讨论的内容将会成为本书随后所介绍的快速和增量式线性降维算法的核心组成部分。

第4章

基于数据选择的半非负矩阵分解

近年来，非负矩阵分解 (NMF) 技术受到了广泛关注，但目前来看，NMF 技术依旧存在着许多不足。许多现有 NMF 算法面临两大难题：需要大量的计算和基底矩阵维数难以确定。针对这两个问题，以上一章的内容为基础，本章提出了一种基于数据选择的半非负矩阵分解算法。

本研究将矩阵分解中数据矩阵与基底矩阵均须限制为非负的条件放宽，允许系数矩阵出现负值。基于可分性假设 (数据矩阵中各列都可以通过它们的一个子集以线性组合的方式表达出来) 和自适应的阈值机制，在提取基底的同时实现下列目标：① 自动确定基底维数；② 保证基底的质量；③ 以较低计算代价完成矩阵分解。在此基础上，还可以选择通过进行迭代更新的方式对已有结果进一步改进。

本章的安排如下：引言对 NMF 的相关问题进行简要介绍，并提出本章研究的基本思想；接着介绍相关的研究工作；随后具体阐述本章所提出的基于数据选择的 semi-NMF 算法；然后通过实验，将所提出的 semi-NMF 算法与经典算法进行对比；最后对本章内容进行总结。

4.1 引言

数据降维问题可以被转换成矩阵分解问题，常见的矩阵分解方式包括 LU 分解、QR 分解、SVD 分解和特征值分解等，但上述这些矩阵分解结果中出现的负值元素的物理意义常常难以解释。在 NMF 中，非负的数据矩阵 $\boldsymbol{X}_+$ 被分解为同样非负的基底矩阵 $\boldsymbol{V}_+$ 和系数矩阵 $\boldsymbol{Y}_+$ 的乘积，因此，其分解的结果具有了物理上的可解释性。另外，由于非负性的限制，NMF 得出的结果有时具有稀疏性 [42]。

近二十年来，NMF 技术被广泛应用于图像分类 [43, 44]、文本挖掘 [45, 46]、音乐分析 [47, 48]、盲源信号分离 [49]、协同过滤 [50] 等领域。为了改善矩阵分解的效果，出现了各种改进型 NMF 算法，比如增强稀疏性的 NMF 算法 [51]，利用数据集的子集直接或乘以一定缩放系数构成基底的可分离非负矩阵分解 (separable NMF, SNMF) [35] 或利用数据集子集的凸组合构成基底的凸非负矩阵分解 (convex NMF, CNMF) [52]，以及取消对基底矩阵非负性限制的半非负矩阵分解 (semi-NMF) [52] 等。

目前很多 NMF 算法无论在理论上还是在实践中都被证明是有效的，但是关于 NMF 依旧存在着许多问题未得到令人满意的解决。特别地，实现 NMF 往往需要大量的计算。可以从理论上证明，NMF 问题是一个很困难的问题，一般来说，它是 NP 难的 [53]，且高度不适定 (ill-posed) [54]。因此，寻找实现简便、计算量小的算法以实现矩阵分解无疑是一个值得研究的问题。另外，基底矩阵 $\boldsymbol{V}_+$ 的列数 (基底数)k 是算法的重要参数，但目前基于 NMF 的算法都需要用户事先对 k 进行设置，算法本身却得不到关于 k 的任何信息，这可能会影响算法的效果，所以令算法根据数据自适应地确定 k 也是一项有意义的研究。

为了解决上述问题，借鉴已有的方法思想，本章提出了一种基于数据选择的 semi-NMF 算法。经典的 NMF 算法由于其非负性的限制，一方面具有较清晰的物理解释，但另一方面，会导致对数据矩阵的逼近比较困难。semi-NMF 由于放宽了限制，能够使矩阵分解更容易地进行。文献 [52] 中所提出的 semi-NMF 仅要求系数必须非负，而数据与基底可以存在负值，强调了各基本元素间的加性组合，降低了分解结果中基底元素的可解释性。而在本章提出的 semi-NMF 中，数据与基底必须非负，但系数可以存在负值。

在现实世界中除了“加法”，“减法”也是存在的，比如可以通过 5L 和 3L 的容器称出 2L 的水。在 semi-NMF 中，非负基底可以理解为基本元素，非负系数与非负基底的组合可以看作添加一定数量的基本元素，而负值系数与非负基底的组合可以看作去除一定数量的基本元素。既然某事物是由可解释元素通过累加而构成的，那么通过在该事物中去除某些可解释元素得到另一事物也应该是可行的。如果只有“加法”而没有“减法”操作，我们的生活会麻烦很多。于是，在仅规定基底必须非负的限制下，semi-NMF 仍旧可以具有可解释的性质。另一方面，在数据可分性假设下，利用上一章提出的自适应阈值机制，便能够通过数据选择对基底矩阵 $\boldsymbol{V}_+$ 进行提取，并确定对应的系数矩阵 $\boldsymbol{Y}$。随后，可以有两种方案：① 不进行迭代更新，直接将 $\boldsymbol{V}_+$ 和 $\boldsymbol{Y}$ 作为最终结果；② 对 $\boldsymbol{V}_+$ 和 $\boldsymbol{Y}$ 进行迭代更新，改善矩阵分解结果。上述 semi-NMF 算法所希望达到的目标有：

(1) 自动地确定非负基底的个数 k；

(2) 快速地计算出基底矩阵 $\boldsymbol{V}_+$ 和 $\boldsymbol{Y}$，并且保证它们的质量，或者为随后的 $\boldsymbol{V}_+$ 和 $\boldsymbol{Y}$ 更新提供一个较好的初始值。

4.2 相关工作介绍

在文献 [52] 中，研究者们拓展了 NMF 的概念，提出了 semi-NMF 算法以用于数据分析，特别是聚类应用。semi-NMF 放宽了矩阵分解中非负性的限制，数据矩阵 $\boldsymbol{X}$ 和基底矩阵 $\boldsymbol{V}$ 中可以存在负值，但是依旧限制基底在对数据进行重构时必须采用加性组合。由于基底不再存在非负性的限制，在 semi-NMF 中，在给定系数的情况下，基底矩阵的最优解可以直接通过求解 $\boldsymbol{X} \approx \boldsymbol{V}\boldsymbol{Y}_+$ 的线性最小二乘解获得：

$$\boldsymbol{V} = \boldsymbol{X}{\boldsymbol{Y}_+}^{\mathrm{T}}(\boldsymbol{Y}_+{\boldsymbol{Y}_+}^{\mathrm{T}})^{-1} \tag{133}$$

而对于仍旧存在非负性限制的 $\boldsymbol{Y}_+$，文献 [52] 成功地给出了其更新公式

$$[\boldsymbol{Y}_+]_{ij} = [\boldsymbol{Y}_+]_{ij}\sqrt{\frac{[\boldsymbol{V}^{\mathrm{T}}\boldsymbol{X}]_{ij}^{+} + \left[(\boldsymbol{V}^{\mathrm{T}}\boldsymbol{V})^{-}\boldsymbol{Y}_+\right]_{ij}}{[\boldsymbol{V}^{\mathrm{T}}\boldsymbol{X}]_{ij}^{-} + \left[(\boldsymbol{V}^{\mathrm{T}}\boldsymbol{V})^{+}\boldsymbol{Y}_+\right]_{ij}}} \tag{134}$$

并从理论上证明了上述更新过程的有效性。在式 (134) 中，对于任意矩阵 $\boldsymbol{M}$，$\boldsymbol{M}^+ = \dfrac{|\boldsymbol{M}| + \boldsymbol{M}}{2}$，$\boldsymbol{M}^- = \dfrac{|\boldsymbol{M}| - \boldsymbol{M}}{2}$。

在对矩阵 $\boldsymbol{X}$ 进行分解时，需要确定分解后基底向量的个数 k。在完美分解即 $\boldsymbol{X} = \boldsymbol{V}\boldsymbol{Y}$ 的情况下，k 等于 $\boldsymbol{X}$ 的秩。虽然在实际矩阵分解运算中，往往由于允许存在损失，k 的值不会被精确地设置为 $\boldsymbol{X}$ 的秩，但是不可否认的是，$\boldsymbol{X}$ 的秩对矩阵分解中 k 的设置具有重要的参考价值，它可以被认为是 k 的上限。在传统的不具非负性限制的矩阵分解过程中，给定 $\boldsymbol{X} \in \mathbb{R}^{d\times N}$，用户可以轻易地算出它的秩 $\mathrm{rank}(\boldsymbol{X})$ 作为参考。但不幸的是，在 NMF 中，数据分布的区域并非整个线性空间，而是一个 “锥形” 空间，此时 $\boldsymbol{X}$ 的秩 $\mathrm{rank}_+(\boldsymbol{X})$ 如何计算也成为一个难题。直觉上，对于 semi-NMF 中 $\boldsymbol{X}$ 的秩 $\mathrm{rank}_s(\boldsymbol{X})$ 应该满足 $\mathrm{rank}(\boldsymbol{X}) \leqslant \mathrm{rank}_s(\boldsymbol{X}) \leqslant \mathrm{rank}_+(\boldsymbol{X})$。而 Gillis 则在文献 [55] 中指出 $\mathrm{rank}_s(\boldsymbol{X})$ 满足：

$$\mathrm{rank}(\boldsymbol{X}) \leqslant \mathrm{rank}_s(\boldsymbol{X}) \leqslant \mathrm{rank}(\boldsymbol{X}) + 1 \tag{135}$$

上述公式表明秩为 k 的 semi-NMF 的结果能够不差于秩为 $k-1$ 的无限制的矩阵分解后的结果，并且作者给出了将 $k-1$ 的无限制的矩阵分解后的结果转化为秩为 k 的 semi-NMF 的结果的方法。进一步地，在文献 [55] 中还证明了如果存在某个非零向量 $\boldsymbol{z} \in \mathbb{R}^d$，$\boldsymbol{X}$ 中任意非零的列元素 $\boldsymbol{x}_i \in \mathbb{R}^d$ 都分布于半空间 $\mathcal{P}_{\boldsymbol{z}} = \{\boldsymbol{x} | \boldsymbol{x}^{\mathrm{T}}\boldsymbol{z} \geqslant 0\}$ 中，那么，此时有 $\mathrm{rank}_s(\boldsymbol{X}) = \mathrm{rank}(\boldsymbol{X})$，即从理论上说，秩为 k 的 semi-NMF 的表现可以达到秩为 k 的无限制的矩阵分解所能达到的表现水准。当 $\boldsymbol{X}$ 中各元素均非负时，$\boldsymbol{X}$ 中各列均分布于一个 “$\dfrac{1}{2^d}$ 空间” 中，显然满足上述半空间假设，进而

semi-NMF 中基底数目 k 的设定可以直接通过参考在无非负性限制下 $\boldsymbol{X}$ 各列的线性独立性情况来确定。

另一方面，SNMF [35] 假设由原始数据集的某个子集所张成的锥形能够包含整个数据集，因此基底矩阵 $\boldsymbol{V}_+$ 的生成问题可被转换为数据选择问题。在文献 [35] 中，研究者们主要处理输入数据矩阵 $\boldsymbol{X}_+$ 是近似可分 (原始的可分矩阵受到了噪声的扰动) 的情况，通过利用强凸函数 f，以选主元的方式依次选择指定数目个原始数据组成基底矩阵 $\boldsymbol{V}_+$ (当采用的强凸函数为 $f(x)=\|x\|_2^2$ 时，上述过程类似于选主元的 QR 分解，只是最终提取的为原始数据，而非正交基底)。更重要的是，研究者们随后从理论上证明了在一定假设下，上述算法对于输入数据的任意细微扰动是鲁棒的。

利用上述 semi-NMF 和 SNMF 的研究成果，结合上一章的研究内容，本章提出了基于数据选择的 semi-NMF 算法。

4.3 基于数据选择的 semi-NMF 算法

本章所提出的算法大致流程如图 8 所示，其基本思想如下所述。

根据 $\mathrm{rank}(\boldsymbol{X}_+)=\mathrm{rank}_s(\boldsymbol{X}_+)$，通过对数据间线性独立性关系的衡量，利用 3.2 节提出的自适应阈值机制通过数据选择自动确定基底维数 k；同时，在数据可分离的假设下，将被选为主元的数据组成基底矩阵 $\boldsymbol{V}_+$；由于系数矩阵 $\boldsymbol{Y}$ 可存在负值元素，因此在已知 $\boldsymbol{X}_+$ 和 $\boldsymbol{V}_+$ 的情况下可直接通过求解线性最小二乘问题得到 $\boldsymbol{Y}$：

$$\boldsymbol{Y}=(\boldsymbol{V}_+^{\mathrm{T}}\boldsymbol{V}_+)^{-1}\boldsymbol{V}_+^{\mathrm{T}}\boldsymbol{X}_+ \tag{136}$$

一旦 $\boldsymbol{V}_+$ 与 $\boldsymbol{Y}$ 均被确定，由于先前计算中阈值机制的存在，$\boldsymbol{V}_+\boldsymbol{Y}$ 对 $\boldsymbol{X}_+$ 的近似效果在一定程度上能够被保证：对于任意 $\boldsymbol{x}_i$，$\boldsymbol{y}_i$ 为其对应的重构系数(低维表示)，有 $\|\boldsymbol{x}_i-\boldsymbol{V}_+\boldsymbol{y}_i\|_2<r_{1,1}f\left(\dfrac{k}{d}\right)$。因此能够将此时的 $\boldsymbol{V}_+$ 与 $\boldsymbol{Y}$ 直接作为 semi-NMF 的结果输出。

如果希望令 $\|\boldsymbol{X}_+-\boldsymbol{V}_+\boldsymbol{Y}\|_{\mathrm{F}}$ 能够更小，可以借鉴文献 [52] 中的做法，将目前得到的 $\boldsymbol{V}_+$ 和 $\boldsymbol{Y}$ 作为初始值，进行反复的交替更新。文献 [52] 中所提出的 semi-NMF 算法规定，基底矩阵可以出现负值但系数矩阵必须非负，因此利用式 (134) 保持系

数矩阵中元素在调整中的非负性。虽然本章提出的 semi-NMF 算法规定基底必须非负，而系数可出现负值，但是只要对式 (134) 略作变换，便可得到可用于本章研究的基底矩阵 $\boldsymbol{V}_+$ 的更新公式：

$$[\boldsymbol{V}_+]_{ij} = [\boldsymbol{V}_+]_{ij}\sqrt{\frac{[\boldsymbol{X}_+\boldsymbol{Y}^{\mathrm{T}}]_{ij}^{+} + \left[\boldsymbol{V}_+(\boldsymbol{Y}\boldsymbol{Y}^{\mathrm{T}})^{-}\right]_{ij}}{[\boldsymbol{X}_+\boldsymbol{Y}^{\mathrm{T}}]_{ij}^{-} + \left[\boldsymbol{V}_+(\boldsymbol{Y}\boldsymbol{Y}^{\mathrm{T}})^{+}\right]_{ij}}} \tag{137}$$

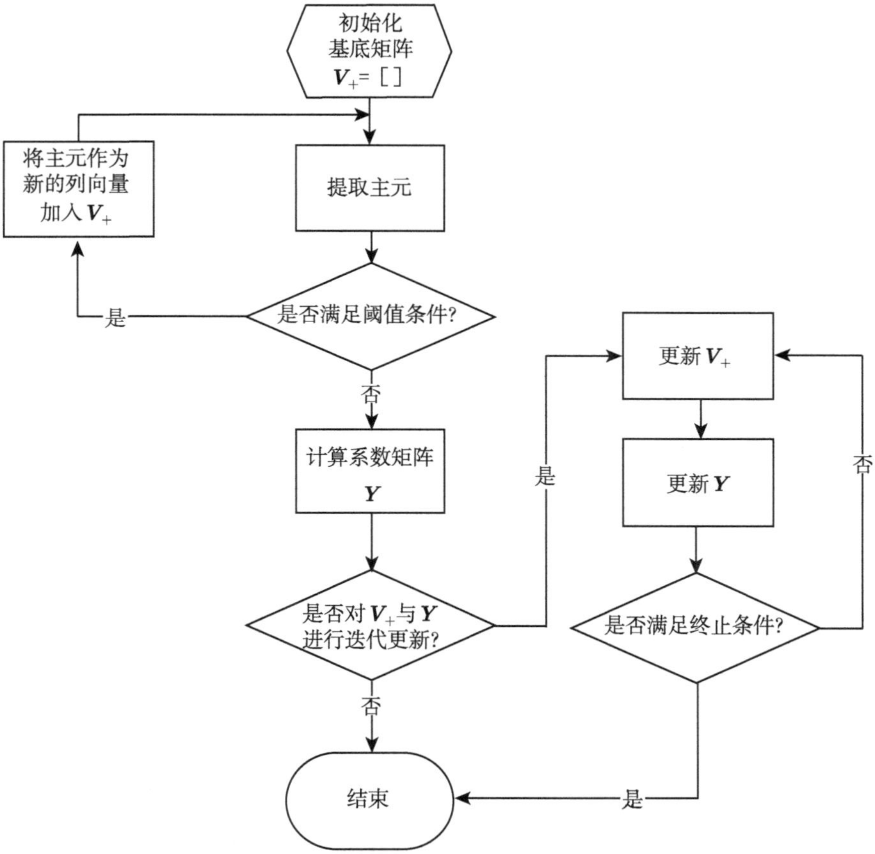

图 8　基于数据选择的 semi-NMF 算法流程图

其中可选择是否对基底矩阵 $\boldsymbol{V}_+$ 与系数矩阵 $\boldsymbol{Y}$ 进行迭代更新：如不进行，则为方案一；如进行，则为方案二

每次对 $\boldsymbol{V}_+$ 更新后，$\boldsymbol{Y}$ 可直接通过式 (136) 进行更新，如此往复直至达成终止条件。关于更新的终止条件，设 h 为当前更新轮数，而 $E^{(h)} = \|\boldsymbol{X}_+^{(h)} - \boldsymbol{V}_+^{(h)}\boldsymbol{Y}^{(h)}\|_{\mathrm{F}}$

为当前重构误差，本章中规定，当 $h > 1000$ 或 $\dfrac{E^{(h-1)} - E^{(h)}}{E^{(h)}} < 10^{-4}$ 时，停止更新并输出结果。对于上述的更新方式，根据文献 [52] 中的证明可以保证每次更新后的结果至少不会差于更新前的结果。需要注意的是，利用乘法更新时，除数不能为 0，如果出现式 (137) 中分式分母为 0 的情况，基底矩阵 $\boldsymbol{V}_+$ 在对应行置零后，便不再参与上述交替迭代更新步骤。

关于上述两种 semi-NMF 方案，本书简称不进行迭代更新的前者为方案一，进行迭代更新的后者为方案二。方案二迭代更新是在方案一的基础上进行的，能够进一步地改进算法在数据重构方面的表现，尽管这会以更多运算消耗为代价。另外，需要注意的是，由于 NMF 的结果是不适定的，为了使分解结果唯一，NMF 输出时需对基底矩阵各列标准化。在本章提出的 semi-NMF 算法中，虽然给定 $\boldsymbol{X}_+$ 后输出的结果是确定的，但依旧依照上述做法，在算法进行输出前对 $\boldsymbol{V}_+$ 各列标准化，令它们的 ℓ_2 范数均为 1，并对 $\boldsymbol{Y}$ 进行相应的调整。

算法 1 对本章提出的基于数据选择的 semi-NMF 算法进行了总结。本算法的核心部分为每次选择与当前特征空间线性独立性最强的数据加入基底，并利用阈值机制自动确定基底数目。当余下的数据均与已挑选基底相关性较强时，算法便停止增加新的基底，确定对应的系数矩阵 $\boldsymbol{Y}$。随后，可选择跳过算法 1 中的步骤 12～步骤 15，直接将 $\boldsymbol{V}_+$ 和 $\boldsymbol{Y}$ 进行输出 (方案一)，或者执行步骤 12～ 步骤 15，对 $\boldsymbol{V}_+$ 和 $\boldsymbol{Y}$ 进行迭代更新，以达到更好的重构效果 (方案二)。

算法 1　基于数据选择的semi-NMF算法

输入: 非负矩阵 $\boldsymbol{X}_+ = [\boldsymbol{x}_1, \cdots, \boldsymbol{x}_N] \in \mathbb{R}_+^{d \times N}$

1: 初始化基底矩阵 $\boldsymbol{V}_+ = [\,]$，并令 $k = 0$；对于每一个 $\boldsymbol{x}_i$，令 $\boldsymbol{r}_i^{(0)} = \boldsymbol{x}_i$

2: 找到第 $k+1$ 个主元 $\boldsymbol{x}_{i_{k+1}^*}$：$i_{k+1}^* = \arg\max_{i=1,\cdots,N} \left\|\boldsymbol{r}_i^{(k)}\right\|_2^2$

3: 令 $\boldsymbol{u}_{k+1} = \boldsymbol{r}_{i_{k+1}^*}^{(k)}$，$r_{k+1,k+1} = \left\|\boldsymbol{u}_{k+1}\right\|_2$

4: **if** $\frac{r_{k+1,k+1}}{r_{1,1}} \geqslant f\left(\frac{k}{d}\right)$ **then**

5: 　对于 $i = 1, \cdots, N$，令 $\boldsymbol{r}_i^{(k+1)} = \left(\boldsymbol{I} \quad \dfrac{\boldsymbol{u}_{k+1}\boldsymbol{u}_{k+1}^{\mathrm{T}}}{r_{k+1,k+1}^2}\right)\boldsymbol{r}_i^{(k)}$

6: 　$\boldsymbol{V}_+ = [\boldsymbol{V}_+,\ \boldsymbol{x}_{i_{k+1}^*}]$

7: 　$k = k + 1$

8: 　跳转至步骤 2，继续基底提取

9: **end if**

10: 根据式(136)求得 $\boldsymbol{Y}$

if 选择对$\boldsymbol{V}_+$和$\boldsymbol{Y}$进行交替更新 **then**
　while 未达到终止更新条件 **do**
　　根据式(137)更新$\boldsymbol{V}_+$
　　根据式(136)更新$\boldsymbol{Y}$
　end while
end if
对各基底向量标准化，令其ℓ_2范数等于1，并调整所对应的系数
输出: 基底矩阵$\boldsymbol{V}_+$与系数矩阵$\boldsymbol{Y}$

对于不进行迭代更新的方案一，其计算复杂度取决于如下方面：选主元的操作，数据剩余分量的更新，以及对 $\boldsymbol{Y}$ 的求取。N 为输入数据集的大小，d 为原始数据维数，而 k 为最终特征子空间确定的维数，$k \leqslant d$ 且 $k \leqslant N$。在主元的选取中，除第一次需一一计算 $\|\boldsymbol{r}_1^{(0)}\|_2, \cdots, \|\boldsymbol{r}_N^{(0)}\|_2$ 外，在随后的每次主元选取中，有

$$\left\|\boldsymbol{r}_i^{(k)}\right\|_2^2 = \left\|\boldsymbol{r}_i^{(k-1)}\right\|_2^2 - \left(\frac{\boldsymbol{u}_{k+1}^{\mathrm{T}}\boldsymbol{r}_i^{(k-1)}}{r_{k+1,k+1}}\right)^2 \tag{138}$$

因此，$\left\|\boldsymbol{r}_i^{(k)}\right\|_2^2$ 能够方便地被计算出来。算法 1 中，每次选主元且随后对各剩余分量 $\boldsymbol{r}_i^{(k)}$ 更新的运算复杂度为 $O(Nd)$。进行 $k+1$ 次上述操作的总的计算复杂度为 $O(Ndk)$。对 $\boldsymbol{Y}$ 的求取计算复杂度为 $O(Ndk)$。因此，方案一的计算复杂度为 $O(Ndk)$。

在方案二中，每次利用式 (137) 对 $\boldsymbol{V}_+$ 进行更新的计算复杂度为 $O(Ndk)$，随后对 $\boldsymbol{Y}$ 的更新计算复杂度为 $O(Ndk)$。设一共进行 h 次迭代，因此方案二总的计算复杂度为 $O(hNdk)$。

方案一的计算复杂度为 $O(Ndk)$，因此可以认为它是一种快速的算法。方案二由于需要多次迭代，因此计算量较大，但是方案一为其提供了较好的初始值，直觉上，比起随机初始化 $\boldsymbol{V}_+$ 和 $\boldsymbol{Y}$，这样的做法有利于算法较快地收敛。

4.4　实验

在本章中，所有试验均通过 Win7 系统下的 MATLAB R2013b 运行，电脑内存 16G，CPU3.6GHz。

4.4.1 在单张图片上的矩阵分解实验

为了验证所提出的基于数据选择的 semi-NMF 算法的表现，我们将其与经典的 NMF 和 semi-NMF 算法进行对比实验。

首先，为了直观地显示矩阵分解的结果，我们在单张灰度图片上进行矩阵分解与重构实验。本实验选用 Lena 与 liftingbody 两张灰度图片作为实验对象，两者均为 512×512 大小，每像素的比特数为 8。本实验将单张图片作为输入数据，进行分解操作。对于本章所提出的 semi-NMF 算法，阈值函数被设置为 $f(\omega) = \omega$，以进行基底维数 k 的估计。随后，上述自动估计的 k 被直接应用于经典的 NMF [20] 和 semi-NMF [52] 算法。对于重构的结果，我们采用峰值信噪比(peak signal to noise ratio，PSNR) 作为评价标准，其计算公式如下：

$$\text{MSE} = \frac{1}{dN}\sum_{i=1}^{d}\sum_{j=1}^{N}\left([\boldsymbol{X}]_{i,j} - [\boldsymbol{VY}]_{i,j}\right), \quad \text{PSNR} = 10\log_{10}\left(\frac{(2^8-1)^2}{\text{MSE}}\right) \tag{139}$$

MSE 表示根据分解结果重构后的图像与原始图像间的均方误差 (mean square error)。PSNR 的单位是 dB，数值越大表示失真越小。

图 9 报告了本次实验的结果。图 9 第一与第二行的第一张子图分别为 Lena (图 9(a)) 与 liftingbody (图 9(d)) 这两张原始灰度图；而这两行的另外两列分别为利用方案一与方案二分解所得对原始图片进行重构的结果。图 9(g) 与图 9(h) 分别显示了各矩阵分解算法在 PSNR 指标方面的运行过程与结果，图中横轴、纵轴分别表示迭代次数 h 与 PSNR 指标。ours1 与 ours2 分别指代方案一与方案二。经典的 NMF 和 semi-NMF 为用于对比的两种算法，它们与方案二一样，均以最小化 $\|\boldsymbol{X}-\boldsymbol{VY}\|_{\text{F}}^2$ 为目标而对分解结果进行迭代更新。在图 9(g) 和图 9(h) 中，方案二、经典的 NMF 和 semi-NMF 这三种方法分别以曲线的形式表示随着迭代次数的增长它们各自 PSNR 指标的变化情况。一旦它们达到迭代终止条件，对应曲线便停止延伸。由于方案一不需迭代更新，它的 PSNR 结果在图中以虚线的形式作为参照。理论上说，如果以最小化 $\|\boldsymbol{X}-\boldsymbol{VY}\|_{\text{F}}^2$ 为目标，在基底矩阵 $\boldsymbol{V}$ 列数固定的情况下 SVD 分解得到的结果是最优的。也就是说，当限定基底维数为 k 时，可以将根据 SVD 分解结果计算得到的 PSNR 值作为其他矩阵分解算法所能获得的 PSNR 值的上限。因此，通过 SVD 分解对图像矩阵进行秩为 k 的逼近的结果也以虚线的形式出现在图 9(g) 和图 9(h) 中以作为参照。

(a) 原始Lena灰度图　(b) 利用方案一分解所得进行重构的结果　(c) 利用方案二分解所得进行重构的结果

(d) 原始liftingbody灰度图　(e) 利用方案一分解所得进行重构的结果　(f) 利用方案二分解所得进行重构的结果

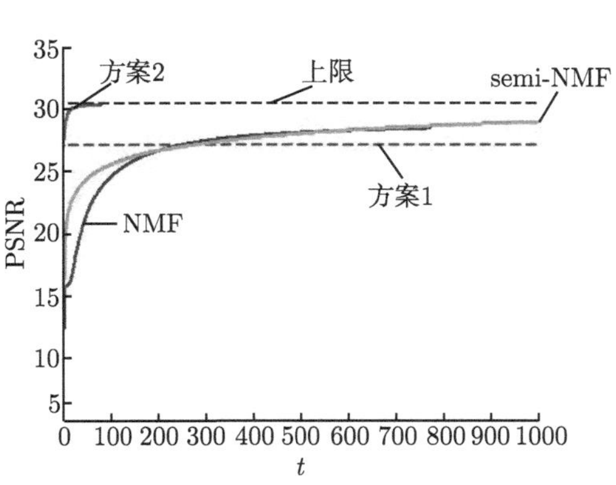

(g)各算法在Lena图片上的运行结果

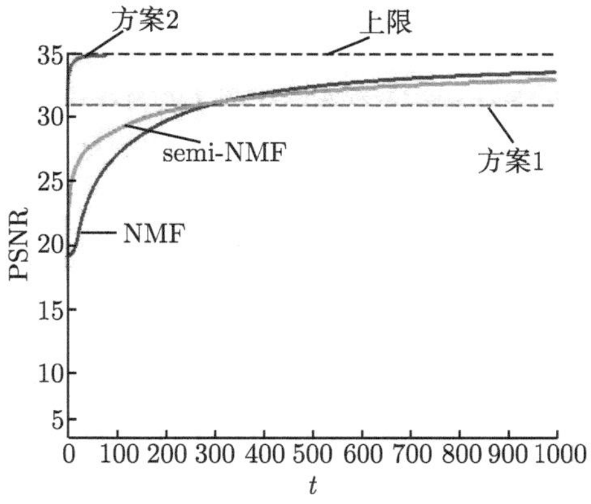

(h)各算法在liftingbody图片上的运行结果

图 9　实验用灰度图像与算法运行结果

在对 Lena 与 liftingbody 两图片矩阵的分解中，本章所提出算法自动确定的基底维数分别为 52 与 35。从图 9(g) 与图 9(h) 中可以看出，在上述 k 的设定下，经典 NMF 和 semi-NMF 均需进行大量的迭代才能达到本章所规定的停止迭代条

件 (经典 NMF 在 liftingbody 图片上无法在 1000 回合内收敛，而经典 semi-NMF 在两张图片上均无法在 1000 回合内收敛)。虽然它们最终的 PSNR 均优于方案一，但是在关于这两张图片的实验中，均需超过 200 次的迭代才能使其 PSNR 指标方面的表现超越方案一。相比这两者，方案二分别在两张图片上通过不到 100 回合的迭代达到收敛，并且其最终的 PSNR 逼近 SVD 所确定的上限。一般来说，较少的迭代回合意味着较少的运行时间。在 Lena 图片上，方案一、方案二、经典 NMF 和 semi-NMF 具体的执行时间分别为 0.07s、0.49s、4.65s 和 4.05s；而在 liftingbody 图片上，四种算法的具体执行时间分别为 0.06s、0.37s、4.81s 和 3.32s。由于去除了基底或系数矩阵非负性的限制，比起 NMF，semi-NMF 在执行时间方面存在优势。也可以发现在迭代回合数相等的情况下，semi-NMF 算法的执行时间小于 NMF 算法。但是在上述实验中，经典的 NMF 和 semi-NMF 算法在 PSNR 方面表现均差于方案二且迭代次数较多，原因可能是它们的随机初始设置均不够理想，进而妨碍了它们较快地收敛到一个较优的状态。而在上述样例中，方案一为方案二提供了较好的初始值，帮助了后者较快达到收敛。另外，方案一因为不进行迭代更新计算，尽管几乎不可避免地，根据其输出进行的图片重构的结果会差于方案二的结果，但它在运行时间方面优势明显。因此，总的来说，相对经典的 NMF 和 semi-NMF 算法，本章所提出的基于数据选择的 semi-NMF 算法是快速的。

4.4.2　在真实数据集上的实验

接着，我们在 Hill、OptDigits、Sonar 和 MNIST 四个真实数据集上进行了实验，表 1 给出了这四个数据集的基本状况，其中 MNIST 数据集规模相对较大。

在输入 Hill 数据集中的数据前，我们对其进行了标准化操作。而对于其他数据集中的数据，我们将其直接输入而不进行任何预处理工作。在所有的实验中，各方法都是作用在同样的数据上。在 MNIST 数据集上，本章所提出的 semi-NMF 算法所采用的阈值函数为 $f(\omega)=\sqrt{\omega}$，而在其他三个数据集上，采用的阈值函数为 $f(\omega)=\omega$。

在实验中，每个数据集都被分为两个不相交的子集：训练集与测试集。考虑到 NMF 类算法的特性，训练集与测试集均被用于矩阵分解。不过，训练集与测试集分别被设定为有标签数据与无标签数据。经过矩阵分解，当所有数据都被映射到低维特征空间后，我们根据有标签的训练集，利用最近邻分类器(nearest neighbor classifier, NNC) 对无标签的测试集进行分类，并以识别率(recognition rate, RR) 作为分类结果的评价指标。

表 1 实验中所采用的真实数据集

数据集名称	数据维数	训练样本数	测试样本数	类数
Hill [56]	100	606	606	2
OptDigits [56]	64	3823	1797	10
Sonar [56]	60	104	104	2
MNIST [57]	784	60 000	10 000	10

对于线性数据降维任务，能否根据所获取的基底对原始数据成功地进行近似是衡量算法表现的一个重要标准。在本实验中，我们采用了平均相对重构误差E 作为评价指标，其被定义为

$$E = \frac{1}{N}\sum_{i=1}^{N}\frac{\|\boldsymbol{r}_i\|_2}{\|\boldsymbol{x}_i\|_2} = \frac{1}{N}\sum_{i=1}^{N}\frac{\|\boldsymbol{x}_i - \tilde{\boldsymbol{x}}_i\|_2}{\|\boldsymbol{x}_i\|_2} = \frac{1}{N}\sum_{i=1}^{N}\frac{\|\boldsymbol{x}_i - \boldsymbol{V}_+\boldsymbol{y}_i\|_2}{\|\boldsymbol{x}_i\|_2} \tag{140}$$

其中，$\boldsymbol{x}_i$ 为原始数据；$\tilde{\boldsymbol{x}}_i$ 为根据所获得基底与系数对其重构后的结果；$\boldsymbol{V}_+$ 为基底矩阵；$\boldsymbol{y}_i$ 为重构系数同时也是 $\boldsymbol{x}_i$ 对应的低维表示；$\|\boldsymbol{r}_i\|_2$ 则为对应的重构误差。

另外，NMF 类的算法计算一般较为复杂，因此我们也将运行时间作为评价算法表现的指标之一。

图 10~图 12 依次给出了本章中所提出基于数据选择的 semi-NMF 算法与经典 NMF 和 semi-NMF 在四个数据集上关于识别率 (RR)、平均相对重构误差 (E) 以及执行时间 (t) 指标的比较结果。由于经典 NMF 和 semi-NMF 算法无法自动确定基底维数 k，于是在本实验中它们分别在不同 k 的设置下进行了运行，运行的结果在各图中以曲线的形式进行表示。方案一与方案二 (在这些图中分别以 ours1 和 ours2 进行指代) 的结果则分别直接通过单个的叉形与圆点进行表示。

图 10(a)~(d) 报告了各方法的识别率表现。在 Sonar 数据集上，经典 NMF 取得了最优的结果，但是在 Hill、OptDigits 和 MNIST 三个数据集上，方案一均取得了不错的结果：在目标维数 k 设置相近的情况下，方案一的识别率结果不差于，甚至略优于其他三种算法。

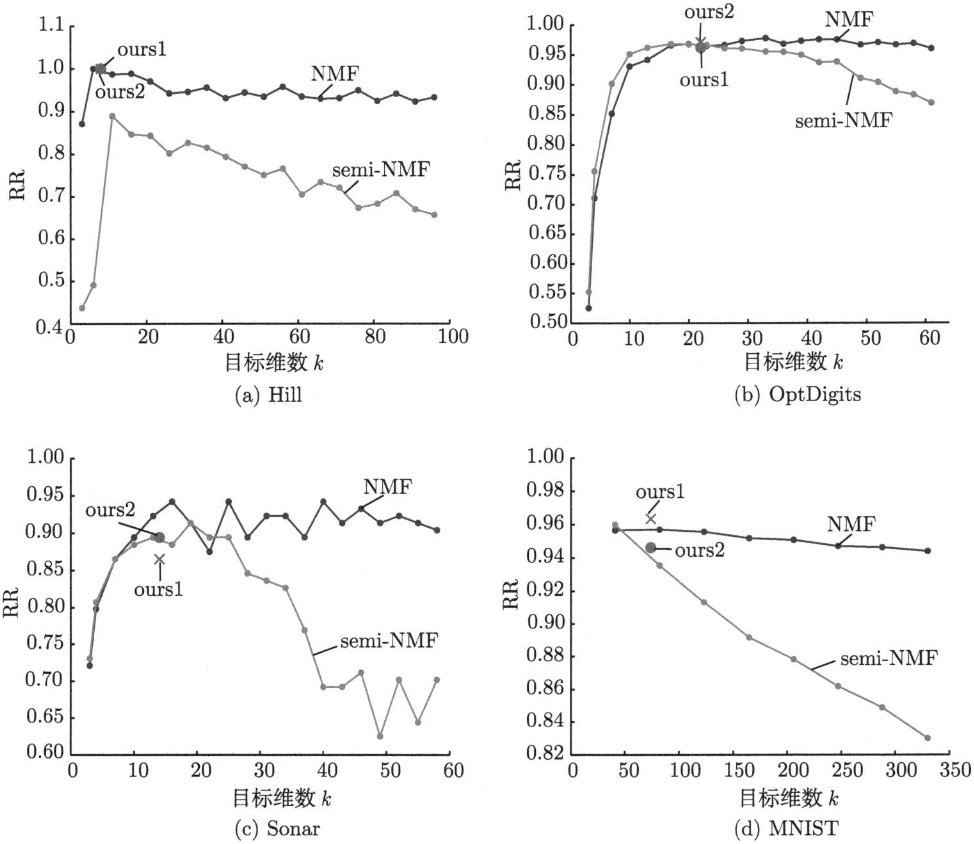

图 10 本章所提出的 semi-NMF 算法与经典 NMF 和 semi-NMF 算法在四个数据集上关于识别率 (RR) 的对比

图 11(a)~(d) 报告了各算法的平均相对重构误差 E 的情况。从中可以看到随着 k 的增长，经典 NMF 和 semi-NMF 算法的重构误差是持续减少的，而且在前三个数据集上，当 k 较小时，随着 k 的增长，这两种方法所对应的 E 的减少和识别率的增长是同时进行的。然而，较小的 E 却并不总是伴随着较高的识别率：从图中可以看到，方案一和方案二所确定的 k 值是同样的，由于后者采用了迭代更新操作，其在 E 指标方面总是较为明显地优于前者；然而，在识别率指标方面，方案二在 OptDigits 和 MNIST 两个数据集上的表现差于方案一。对于线性降维，较大的重构误差很可能会意味着较差的分类准确率，但是单纯地令重构的结果尽可能地近似于原始数据却也并不一定能够提升识别率等指标。可以看到，在上述实验

中，随着 k 增长到一定值后，算法的识别率会停止改善甚至出现下降，特别地，经典 semi-NMF 算法的识别率在四个数据集上都出现了明显的下滑态势。这似乎意味着比起 NMF，过大设置的 k 会对限制较少的 semi-NMF 产生更为明显的负面影响。需要说明的是，本章中进行的研究比较初步，关于 NMF 和 semi-NMF 的各种性质，还需要进一步的深入研究。

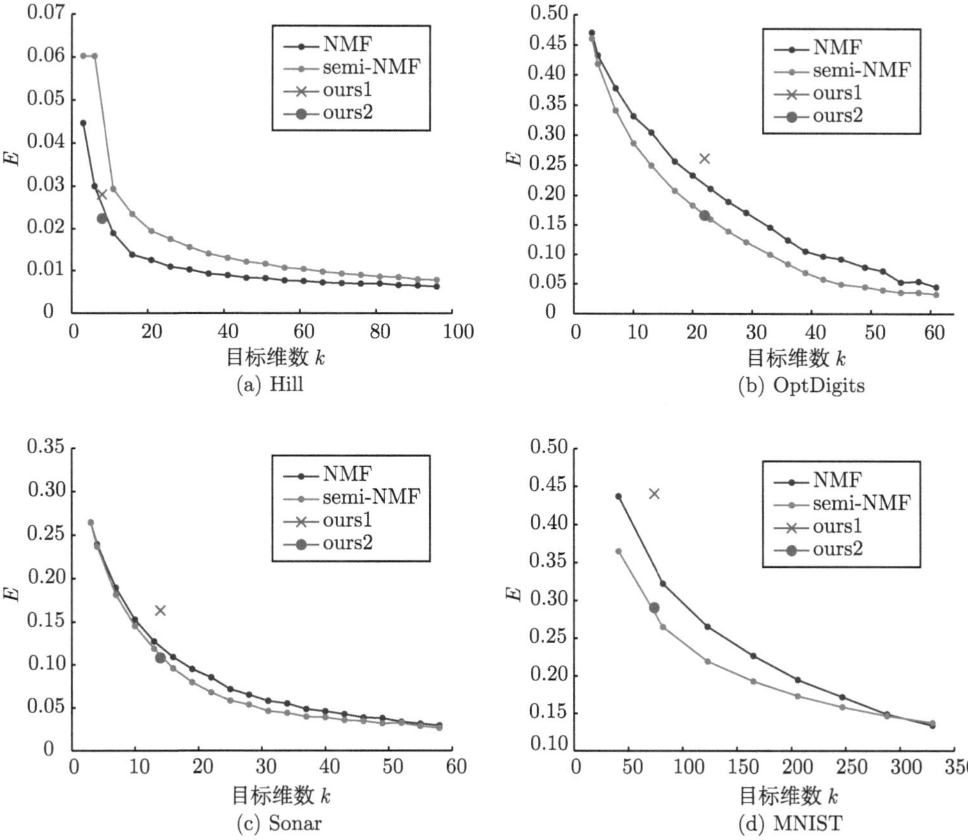

图 11　本章所提出的 semi-NMF 算法与经典 NMF 和 semi-NMF 算法在四个数据集上关于平均相对重构误差 (E) 的对比

值得注意的是，在数据降维中，在某些数据上，只要目标维数 k 增长到一定值 K 后，算法的某些指标就会达到一个较为稳定的状态，但是，对于不同数据集，由于它们不同的特性，k 所需达到的一定值 K 也会不同。利用本书所提出的自适应阈值机制进行目标维数的估计，虽然并不能保证得到最优的结果，但是往往能得到一个不坏的结果。更重要的是，上述阈值机制十分简单便捷，有助于保证算法的快速性。

图 12(a)~(d) 以对数坐标的形式报告了各算法进行矩阵分解的运行时间，可以发现，本章所提出的 semi-NMF 算法，尤其是方案一在此方面优势明显。在较大规模的 MNIST 数据集上，方案一自动确定的基底维数为 $k=74$，运行时间约 20s，而经典的 NMF 在 $k=82$ 时，运行时间约 650s，随着 k 的进一步增长，其运行时间轻易地超过了 10^3s。而由于非负性限制的放松，与经典 NMF 相比，经典 semi-NMF 在迭代更新操作方面相对略为简便，因此其在运行时间上相对经典 NMF 存在优势。另外，结合各图所报告的内容，可以发现，在相同 k 的设置下，同为需要进行迭代更新的 semi-NMF 算法，方案二能够在运行时间不多于经典 semi-NMF 的情况下，在识别率和重构误差方面达到或超过后者的水准。

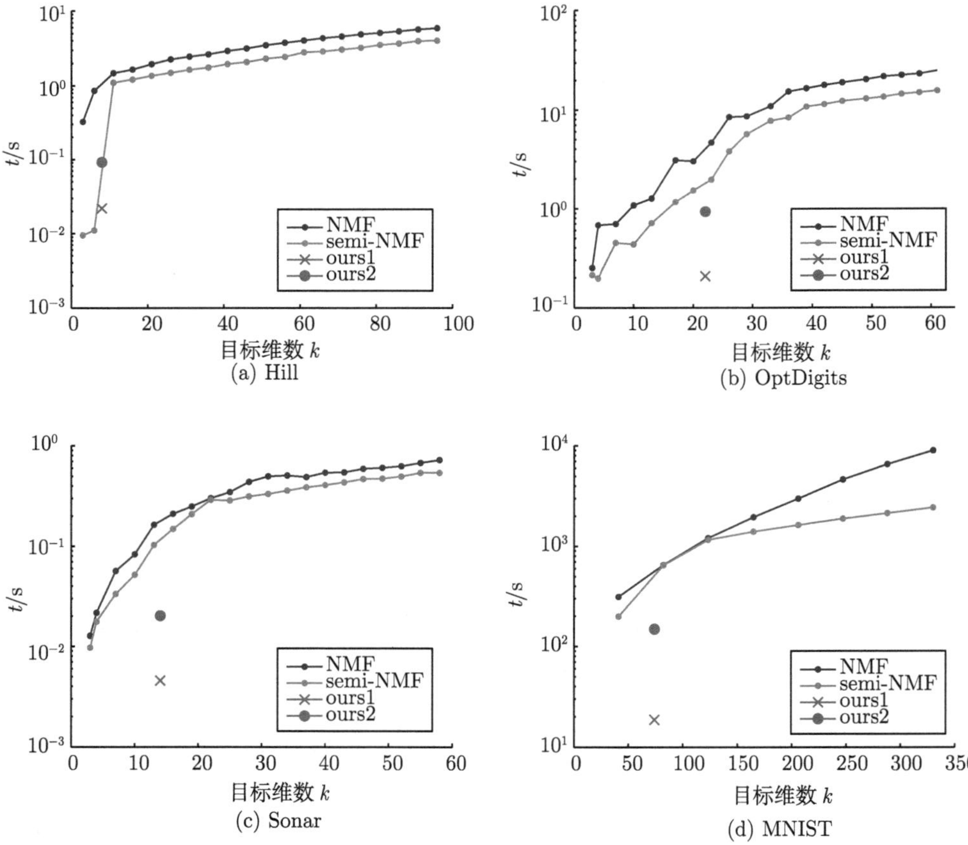

图 12 本章所提出的 semi-NMF 算法与经典 NMF 和 semi-NMF 算法在四个数据集上关于执行时间的对比 (对数坐标)

根据上述实验的结果可以发现，本章所提出的基于数据选择的 semi-NMF 算法具有两大优势：① 能够自动确定目标维数；② 运行时间短 (方案一无需迭代更新，方案二由于具有一个较好的迭代初值，在实际运行中往往能比经典算法更快达到收敛)。且其矩阵分解的结果在质量上也具有一定的竞争优势。因此，可以认为它是一种高效的算法。

4.5　本章小结

本章试图解决运算量大和基底数目无法自适应确定这两大 NMF 类算法中普遍存在的问题。考虑到经典 NMF 中基底矩阵与系数矩阵必须均为非负的限制过于严厉，一方面为了使矩阵分解更易于进行，另一方面为了保证分解结果的可解释性，本章提出了基底矩阵必须非负，但系数矩阵可以出现负值的 semi-NMF 算法。在上一章工作的基础上，通过自适应阈值机制根据数据间的线性独立性关系，自动地从数据集中挑选数据以组成基底矩阵。在这个过程中，目标维数自动确定，且基底的质量得到了保证。根据上述基底矩阵，可以直接求得对应的无非负性限制的系数矩阵。随后可以直接将上述结果作为矩阵分解与降维的输出，也可以将其作为初始值，通过一系列迭代更新操作进一步改善矩阵分解的结果。与经典算法的对比实验表明本章所提出的 semi-NMF 算法在自动确定目标维数的同时，实现了较为快速的数据降维。

需要指出的是，本章所提出算法由于其非负基底的生成机制，只能被应用于非负的数据集。但是可以发现，其所采用的数据选择机制能够十分方便地被移植到无非负性限制的基底提取过程中。

第5章

正交成分提取分析

在上一章中，基底具有非负性限制，本章进一步将此限制去除。由于子空间的正交基底具有更优良的性质，本章进行快速的正交成分分析 (OCA) 算法研究。通过避免进行矩阵特征值问题和矩阵求逆问题，OCA 成功地实现了高速的正交成分 (基底) 提取。在自适应阈值机制的帮助下，OCA 能够自动估计特征空间的维数，同时其稳定性也能够被保证。

本章的内容安排如下：首先对 OCA 的实现目标与基本思想进行介绍；其次给出 OCA 算法的具体描述，并在随后从重构误差、计算复杂度、算法稳定性等方面对其进行分析；在实验环节，OCA 先在人工数据集上验证了在目标自动估计方面的表现，后在真实数据集上与经典的非监督线性降维算法进行了对比。最后对本章内容进行了总结。

5.1　引言

在上一章基于数据选择的半非负矩阵分解算法研究中，为了保证物理上的可解释性，算法所提取的基底被限定为必须非负。许多研究表明，相比于一般的基底，正交基底更适于数据降维 [58, 59]。根据第 3 章的讨论，可以发现，在各基底向量长度 (ℓ_2 范数) 固定的情况下，正交基底间的线性独立性更强，它们所组成的基底矩阵的条件数也更小。而且，在许多情况下，利用正交基底进行降维运算会更加方便。因此，以前文所介绍的研究为基础，本章提出了一种名为正交成分分析(orthogonal component analysis，OCA) 的快速线性降维算法，相比其他算法，其具有如下两点优势：

(1) 以较少的计算复杂度学习原始数据的正交成分 (基底)，同时保持较高的数值稳定性；

(2) 自适应地确定目标维数。

作为一种快速算法，OCA 采用格拉姆–施密特正交化(Gram-Schmidt orthogonalization process) [41] 计算正交成分。格拉姆–施密特正交化可以说是最有名的一种对有限个线性独立向量进行正交化的方法。给定数据向量 $\boldsymbol{x}_1, \cdots, \boldsymbol{x}_N$，经典的格拉姆–施密特正交化 (classical Gram-Schmidt，CGS) 以如下方式计算标准正交的向量集 $\boldsymbol{b}_1, \cdots, \boldsymbol{b}_N$：

$$
\begin{aligned}
\boldsymbol{r}_1 &= \boldsymbol{x}_1, \quad \boldsymbol{b}_1 = \frac{\boldsymbol{r}_1}{\|\boldsymbol{r}_1\|_2} \\
\boldsymbol{r}_i &= \boldsymbol{x}_i - \sum_{j=1}^{i-1} \boldsymbol{b}_j \boldsymbol{b}_j^{\mathrm{T}} \boldsymbol{x}_i, \quad \boldsymbol{b}_i = \frac{\boldsymbol{r}_i}{\|\boldsymbol{r}_i\|_2}
\end{aligned} \tag{141}
$$

显然，CGS 具有计算复杂度低的出色性质。但是，它也存在一个明显的缺陷：由于舍入误差，它是数值不稳定的。对于格拉姆–施密特正交化来说，如果它获取的 $\|\boldsymbol{r}_i\|_2$ 十分小，标准化操作 $\dfrac{\boldsymbol{r}_i}{\|\boldsymbol{r}_i\|_2}$ 将会大大放大在 $\boldsymbol{r}_i$ 计算过程中产生的舍入误差。假设 $\boldsymbol{r}_i$ 为根据当前 $\boldsymbol{x}_i$ 计算出的残余分量，而 $\boldsymbol{b}_j$ 是之前产生的正交向量之一，在式 (141) 的计算过程中，如果输入数据 $\boldsymbol{x}_i$ 的 ℓ_2 范数非常小，可能会出现如下的情况：尽管 $\|\boldsymbol{r}_i\|_2$ 的值是如此之小以至于 $\boldsymbol{r}_i^{\mathrm{T}}\boldsymbol{b}_j$ 非常接近于 0，但是 $\dfrac{\boldsymbol{r}_i^{\mathrm{T}}\boldsymbol{b}_j}{\|\boldsymbol{r}_i\|_2}$ 却因为标准化操作的放大作用明显大于 0，换句话说，单位向量 $\boldsymbol{b}_i = \dfrac{\boldsymbol{r}_i}{\|\boldsymbol{r}_i\|_2}$ 并不正交于 $\boldsymbol{b}_j$。而这又会对随后的计算产生影响，令获取的单位向量间的正交性越来越差。

以前文介绍过的 100×100 大小的希尔伯特矩阵 $\boldsymbol{H}(100)$ 为例。在 MATLAB 中将经典的格拉姆–施密特正交化作用于 $\boldsymbol{H}(100)$ 的 100 个列向量。理论上，可以生成一组维数为 100 的标准正交基，即如果令矩阵 $\boldsymbol{B}_c$ 的各列为利用式 (141) 计算所得的结果，应该能得到 $\|\boldsymbol{I}_{\mathbf{100}} - \boldsymbol{B}_c^{\mathrm{T}}\boldsymbol{B}_c\|_2 = 0$，其中 $\boldsymbol{I}_{\mathbf{100}}$ 是 100×100 大小的单位矩阵；但实际上得到的却是 $\|\boldsymbol{I}_{\mathbf{100}} - \boldsymbol{B}_c^{\mathrm{T}}\boldsymbol{B}_c\|_2 \approx 92.11$。这个结果表明，在上述计算中，所获取向量的正交性已经被完全破坏了。

幸运的是，研究者们针对这个问题进行了大量的工作并取得了丰硕的成果 [60]。可以保证格拉姆–施密特正交化输出质量的有效策略之一就是选择那些原本线性独立性较强的样本作为输入。因此，选主元能够成为明显改善格拉姆–施密特正交化的数值稳定性的关键操作。

在本章研究中，OCA 以自适应的数据选择机制为核心，通过只提取那些理想的候选正交基底，一方面保证了算法具有较高的数值稳定性，另一方面令特征子空间的维数能够被自动确定。OCA 在特征子空间正交基底的计算过程中避免了矩阵特征值问题和求逆问题的求解。而其采用的阈值策略非常简单，只需极少的额外计算便能实现上述两方面目标。因此，OCA 拥有较低的计算复杂度，可以作为一种快速的线性降维算法。

5.2 OCA 算法描述

给定数据集 $\mathcal{X} = \{\boldsymbol{x}_1, \cdots, \boldsymbol{x}_N\}$，OCA 根据数据间的线性独立性关系，从中自动提取 k 个标准正交基底$\{\boldsymbol{b}_1, \cdots, \boldsymbol{b}_k\}$，并且在这个过程中，$k$ 的值也是由 OCA 自

适应地确定的。根据上述已获取的正交基底，OCA 便能输出原始数据的 k 维表示 $\{\boldsymbol{y}_1,\cdots,\boldsymbol{y}_N\}$。算法 2 给出了 OCA 的具体运行过程。

算法 2　正交成分分析（OCA）算法

输入： 数据集$\mathcal{X}=\{\boldsymbol{x}_1,\cdots,\boldsymbol{x}_N\}$（$\forall \boldsymbol{x}_i\in\mathcal{X}$，$\boldsymbol{x}_i\in\mathbb{R}^{d\times 1}$）

1: 初始化基底矩阵$\boldsymbol{B}=[\,]$，并令$k=0$。对于每一个$\boldsymbol{x}_i$，令$\boldsymbol{r}_i^{(0)}=\boldsymbol{x}_i$

2: 找到第$k+1$个主元$\boldsymbol{x}_{i_{k+1}^*}$，其中$i_{k+1}^*=\arg\max_{i=1,\cdots,N}\left\|\boldsymbol{r}_i^{(k)}\right\|_2^2$

3: 计算$r_{k+1,k+1}=\left\|\boldsymbol{r}_i^{(k)}\right\|_2$

4: 计算候选正交基底$\boldsymbol{b}_{k+1}=\frac{\boldsymbol{r}_i^{(k)}}{\|\boldsymbol{r}_i^{(k)}\|_2}$

5: **if** $\frac{r_{k+1,k+1}}{r_{1,1}}\geqslant f\left(\frac{k}{d}\right)$ **then**

6: 　接受$\boldsymbol{b}_{k+1}$为新的基底：令$\boldsymbol{B}=[\boldsymbol{B},\ \boldsymbol{b}_{k+1}]$

7: 　**for** $i=1:N$ **do**

8: 　　计算$y_{i,k+1}=\boldsymbol{b}_{k+1}^{\mathrm{T}}\boldsymbol{r}_i^{(k)}$，令$y_{i,k+1}$为$\boldsymbol{y}_i$的第$k+1$个分量

9: 　　更新$\boldsymbol{r}_i^{(k+1)}=\boldsymbol{r}_i^{(k)}-y_{i,k+1}\boldsymbol{b}_{k+1}$

10: 　**end for**

11: 　令$k=k+1$

12: 　跳转到步骤2继续学习过程

13: **end if**

输出： 基底矩阵$\boldsymbol{B}$和数据的低维表示集$\mathcal{Y}=\{\boldsymbol{y}_1,\cdots,\boldsymbol{y}_N\}$

在算法开始时，特征子空间 $\mathcal{S}$ 的基底集 $\mathcal{B}$ 被设置为空集。相应地，$\mathcal{S}$ 的维数被设置为 $k=0$。

在第 $k+1$ 个回合中，OCA 首先衡量各数据与当前特征子空间 $\mathcal{S}$ 间的线性独立性程度，从中选出数据 $\boldsymbol{x}_{i_{k+1}^*}$ 作为第 $k+1$ 个主元，并根据它计算出新的候选正交基底 $\boldsymbol{b}_{k+1}$。随后，进行是否接受基底 $\boldsymbol{b}_{k+1}$ 的判定。

如果阈值条件被满足，则 OCA 接受 $\boldsymbol{b}_{k+1}$ 并将其加入基底集 $\mathcal{B}$。随后，对于每一个原始数据 $\boldsymbol{x}_i$，OCA 计算出 $y_{j,k+1}=\boldsymbol{b}_{k+1}^{\mathrm{T}}\boldsymbol{x}_i$ 作为其所对应低维表示的第 $k+1$ 个分量，并将其所对应的剩余向量更新为 $\boldsymbol{r}_i^{(k+1)}$。需要注意的是，如果 $\boldsymbol{x}_i$ 在之前的计算中已被选为主元，此时可以直接令 $y_{j,k+1}=0$ 且 $\boldsymbol{r}_i^{(k+1)}=\boldsymbol{0}$。完成上述步骤后，便对 k 进行更新并进入下一个回合的学习。

一旦阈值条件无法被满足，便可认为当前的特征子空间已经能够较好地表示出原始数据集，没有必要继续新基底的提取。此时，$\boldsymbol{b}_{k+1}$ 被抛弃而 OCA 停止学习

并输出结果。

在 OCA 算法的标准正交基底的提取过程中，利用一个自适应的阈值系统，自动确定了算法的终止条件，实现了数据内在维数的自动估计，并且避免了因从 N 个输入数据中不停歇地提取 N 个候选正交向量而引起的计算资源浪费以及所获取正交基底间的数值正交性被破坏的问题。

5.3 OCA 算法分析

在选主元操作和自适应阈值机制的帮助下，只要数据与已获取的特征子空间之间的线性独立性足够强，那么它就不会被忽略。这个结论保证了 OCA 最终学得的成分数目不会过少。

随着已获取的成分数目 k 不断增加，对于数据集 $\mathcal{X}$ 中每一个数据来说，它与特征子空间之间线性相关程度会越来越高，同时阈值也变得越来越严格。因此可以确定，随着特征子空间的扩张，OCA 接受新成分的难度越来越大。理论上说，OCA 永远不会提取多于 d 个成分。

在利用降维结果对原始数据进行重构时，对于任意的原始数据 $\boldsymbol{x}_i$，设其对应的低维表示为 $\boldsymbol{y}_i=(y_{i,1},\cdots,y_{i,k})^{\mathrm{T}}$，OCA 能够保证重构误差$\|\boldsymbol{x}_i-\sum_{j=1}^{k}y_{i,j}\boldsymbol{b}_j\|_2\leqslant r_{k+1,k+1}<r_{1,1}f\left(\dfrac{k}{d}\right)$。

比较上一章提出的基于数据选择的 semi-NMF 算法与本章所提出的 OCA 算法，可以发现这两者的思想是一致的：从整个已有数据集中选择一部分数据进行学习，以确定特征子空间的基底表示。而且它们都采用了相同的阈值机制用于数据的选择。但这两者间的主要区别在于 OCA 取消了基底非负的限制，且提取了标准正交基底。因此，OCA 在计算数据低维表示时无需进行矩阵求逆运算，而且不对已获取基底和系数做反复迭代更新操作。这样，OCA 的计算相对简单。

OCA 的计算复杂度取决于三个方面：选主元的过程、对候选正交基底的计算过程以及对数据进行更新的过程。设 N 为输入数据集的大小，d 为原始数据维数，k 为最终特征子空间确定的维数。在每个回合中，由于基底间的正交性，有

$$\left\|\boldsymbol{r}_i^{(k)}\right\|_2^2=\left\|\boldsymbol{r}_i^{(k-1)}\right\|_2^2-\left(\boldsymbol{b}_k^{\mathrm{T}}\boldsymbol{x}_i\right)^2=\left\|\boldsymbol{r}_i^{(k-1)}\right\|_2^2-\left(\boldsymbol{b}_k^{\mathrm{T}}\boldsymbol{r}_i^{(k-1)}\right)^2 \tag{142}$$

因此 $\left\|\boldsymbol{r}_i^{(k)}\right\|_2^2$ 能够很方便地被计算出来。OCA 每次进行正交基底提取的计算复杂度为 $O(Nd)$，总共进行 $k+1$ 次计算，因此其总的计算复杂度为 $O(Ndk)$。

从算法 2 中可以发现，由于已学得基底之间相互的正交性，与数据 $\boldsymbol{x}_i$ 相对应的剩余向量 $\boldsymbol{r}_i^{(k)}$ 是通过下列步骤计算的：

$$\begin{aligned}\boldsymbol{r}_i^{(0)} &= \boldsymbol{x}_i\\ \boldsymbol{r}_i^{(j)} &= \boldsymbol{r}_i^{(j-1)} - \boldsymbol{b}_j\boldsymbol{b}_j^{\mathrm{T}}\boldsymbol{r}_i^{(j-1)}, \quad j=1,\cdots,k\end{aligned} \tag{143}$$

上述操作正是改进的格拉姆–施密特正交化(modified Gram-Schmidt，MGS) 方法所采用的。

$\boldsymbol{r}_i^{(k)} = \boldsymbol{x}_i - \sum_{i=1}^{k}\boldsymbol{b}_i\boldsymbol{b}_i^{\mathrm{T}}\boldsymbol{x}_i$ 是 CGS 采用的剩余向量计算方式，理论上说，式 (143) 的结果等于直接通过这一公式进行计算而获得的结果。MGS 采用形如式 (143) 的操作的原因在于：在 k 次对 $\boldsymbol{r}_i$ 的更新中，算法每次所寻找的都是一个与已获得的 $\boldsymbol{b}_1,\cdots,\boldsymbol{b}_k$ 分别正交的剩余向量，因此最终得到的 $\boldsymbol{r}_i^{(j)}$ 也正交于在计算 $\boldsymbol{b}_1,\cdots,\boldsymbol{b}_k$ 过程中所产生的任意误差。通过上述的微小改良，比起 CGS，MGS 算法的数值稳定性得到了改进，同时它的计算消耗仍旧比较低，比如，它的效率是 Householder 正交化的两倍 [41]。

去除自适应阈值机制后，算法 2 中所报告的标准正交基底提取过程可以看作选主元的 MGS 过程。进行选主元操作和以式 (143) 的方式计算剩余向量是为了缓解算法数值不稳定的问题。为了对 OCA 所获得的基底的正交性进行评估，进行了与文献 [61] 中相类似的下述实验：首先生成 50×10 大小的矩阵 $\boldsymbol{A}=\boldsymbol{U}\boldsymbol{D}\boldsymbol{V}^{\mathrm{T}}$。此处，$\boldsymbol{U}$ 和 $\boldsymbol{V}$ 分别为随机生成的 50×10 和 10×10 的矩阵，它们的列向量为标准正交向量，即 $\boldsymbol{U}^{\mathrm{T}}\boldsymbol{U}=\boldsymbol{I}_{10}$ 且 $\boldsymbol{V}^{\mathrm{T}}\boldsymbol{V}=\boldsymbol{I}_{10}$，$\boldsymbol{I}_{10}$ 为 10×10 的单位矩阵。$\boldsymbol{D}=\mathrm{diag}(1,10^{-1},\cdots,10^{-r+1},\underbrace{1,\cdots,1}_{10-r})$ 为 10×10 大小的对角矩阵。因此，$\boldsymbol{A}$ 的条件数为 $\kappa_2(\boldsymbol{A})=10^{r-1}$。此时将去除阈值机制的 OCA 作用于 $\boldsymbol{A}$ 并将获取的结果作为矩阵 $\boldsymbol{B}_o$ 的列向量。于是，可以用 $\|\boldsymbol{I}_{10}-\boldsymbol{B}_o^{\mathrm{T}}\boldsymbol{B}_o\|_2$ 作为指标来评价 $\boldsymbol{B}_o$ 列向量正交性的损失程度。虽然理论上说，$\boldsymbol{B}_o$ 列向量应当是彼此正交的，即 $\|\boldsymbol{I}_{10}-\boldsymbol{B}_o^{\mathrm{T}}\boldsymbol{B}_o\|_2=0$，但是由于计算过程中不可避免的舍入误差，$\|\boldsymbol{I}_{10}-\boldsymbol{B}_o^{\mathrm{T}}\boldsymbol{B}_o\|_2$ 实际计算的结果总是大于 0。显然，$\|\boldsymbol{I}_{10}-\boldsymbol{B}_o^{\mathrm{T}}\boldsymbol{B}_o\|_2$ 的值越接近于 0，则 $\boldsymbol{B}_o$ 列向量之间的正交性越好。作为比较，采用 CGS 作用于同样的 $\boldsymbol{A}$ 得到 $\boldsymbol{B}_c$，随后计算 $\|\boldsymbol{I}_{10}-\boldsymbol{B}_c^{\mathrm{T}}\boldsymbol{B}_c\|_2$。表 2 中报告了当 $\kappa_2(\boldsymbol{A})$ 的值变化时，$\boldsymbol{B}_c$ 与 $\boldsymbol{B}_o$ 正交性的损失情况。

表 2 关于基底矩阵 B_c 和 B_o 正交性损失情况的比较

$\kappa_2(\boldsymbol{A})$	$\|\boldsymbol{I}_{10}-\boldsymbol{B}_c^{\mathrm{T}}\boldsymbol{B}_c\|_2$	$\|\boldsymbol{I}_{10}-\boldsymbol{B}_o^{\mathrm{T}}\boldsymbol{B}_o\|_2$
1	6.7166×10^{-16}	5.7211×10^{-16}
10	3.0531×10^{-15}	2.7331×10^{-15}
100	4.2924×10^{-14}	2.2461×10^{-14}
10^3	3.9160×10^{-12}	1.7168×10^{-13}
10^4	6.8766×10^{-10}	1.3612×10^{-12}
10^5	1.8130×10^{-7}	1.3280×10^{-11}
10^6	3.3405×10^{-5}	9.6573×10^{-11}
10^7	8.7959×10^{-4}	1.1169×10^{-9}
10^8	0.1215	7.5690×10^{-9}
10^9	1.1494	3.7816×10^{-8}

可以发现随着 $\kappa_2(\boldsymbol{A})$ 的增长，CGS 和 OCA 所获得的基底正交性均越来越差。但是，不带阈值机制的 OCA 生成基底的正交性始终优于 CGS 生成基底的正交性。当 $\kappa_2(\boldsymbol{A})=10^9$ 时，CGS 在计算过程中累积了巨大的误差从而导致最终计算出的基底之间的正交性被明显破坏；而不带阈值机制的 OCA(即 MGS) 生成基底的正交性损失程度相对来说仍然较小。上述实验结果证明了，在不借助阈值机制的情况下，比起 CGS，OCA 或 MGS 提取的正交基底在质量上更有保证。下面的内容也会说明，OCA 所采用的简单却有效的阈值机制能够进一步地从理论上保证算法的数值稳定性。

从上述模拟实验中也可以发现，MGS 的表现虽然优于 CGS，但并非完美无缺。文献 [62] 指出，MGC 从 $\boldsymbol{V}=[\boldsymbol{x}_{i_1^*},\cdots,\boldsymbol{x}_{i_k^*}]$ 中计算得到的正交基底矩阵 $\boldsymbol{B}=[\boldsymbol{b}_1,\cdots,\boldsymbol{b}_k]$ 满足：

$$\boldsymbol{B}^{\mathrm{T}}\boldsymbol{B}=\boldsymbol{I}_k+\boldsymbol{E},\quad \|\boldsymbol{E}\|_2\approx \boldsymbol{u}\kappa_2(\boldsymbol{V}) \tag{144}$$

其中，$\boldsymbol{I}_k$ 为 $k\times k$ 单位矩阵；$\boldsymbol{u}$ 为单位舍入误差；而 $\kappa_2(\boldsymbol{V})$ 为矩阵 $\boldsymbol{V}$ 的谱条件数。

显然，对于 MGS 和 OCA 来说，$\|\boldsymbol{E}\|_2$ 越小，计算的结果越精确。为了保证所获取标准正交基的质量，必须使 $\|\boldsymbol{E}\|_2$ 足够小。也就是说，在进行正交化操作时，最好选择那些彼此间线性独立性足够强的数据进行处理 [62]。而这正是 OCA 算法通过选主元操作和自适应阈值机制想要且能够达到的目标。

当 $k\geqslant 2$ 时，根据式 (144)，在实际计算中，为了保证获取基底的数值正交性，OCA 需要令 $\|\boldsymbol{E}\|_2$ 越小越好。为了估计 $\|\boldsymbol{E}\|_2$ 的值，需要知道 $\boldsymbol{V}$ 的谱条件数

$\kappa_2(\boldsymbol{V})$。虽然对 $\kappa_2(\boldsymbol{V}) = \dfrac{\sigma_{\max}(\boldsymbol{A})}{\sigma_{\min}(\boldsymbol{V})}$ 进行精确的计算并不划算，但是如 3.3 节所描述的，可以为它找到一个替代品 —— 拟条件数$\dfrac{r_{1,1}}{r_{d,d}}$。

于是，为了方便起见，在估算 $\|\boldsymbol{E}\|_2$ 时，可以用 $\dfrac{r_{1,1}}{r_{k,k}}$ 代替 $\kappa_2(\boldsymbol{V})$。根据阈值条件式 (107)，可得

$$\|\boldsymbol{E}\|_2 \approx \frac{r_{1,1}}{r_{k,k}}\boldsymbol{u} \leqslant \frac{1}{f\left(\dfrac{k-1}{d}\right)}\boldsymbol{u} \tag{145}$$

另外，在 OCA 中，随着 k 的增加，$\|\boldsymbol{E}\|_2$ 会相应地增加，但是对 $\|\boldsymbol{E}\|_2$ 的估计值的上限在严格递减。这样，OCA 便防范了病态问题，控制了舍入误差的影响，进而保证了算法的数值稳定性。

综上所述，通过对 OCA 算法在重构代价、计算复杂度以及数值稳定性等方面的理论分析，可以认为 OCA 具有较为良好的性质。

5.4　实验

5.4.1　在人工数据集上的实验

OCA 算法利用一个自适应阈值机制实现目标维数的自动估计。在本章节中，为了考查不同阈值函数设置对 OCA 在维数估计方面的影响，我们在人工数据集上进行了实验。

本章节所采用的人工数据集生成方式如下：首先，随机生成 d_0 维的标准正交基 $\boldsymbol{w}_1, \cdots, \boldsymbol{w}_{d_0}$。接着，生成 $N = 200$ 个数据 $\tilde{\boldsymbol{x}}_1, \cdots, \tilde{\boldsymbol{x}}_N$，其中 $\tilde{\boldsymbol{x}}_i = \sum_{j=1}^{d_0} \alpha_{i,j}\boldsymbol{w}_j$，系数 $\alpha_{i,j}$ 由标准正态分布生成。显然，这些数据都位于 d_0 维子空间 $\mathcal{S}_0 = \mathrm{span}\{\boldsymbol{w}_1, \cdots, \boldsymbol{w}_{d_0}\}$ 中。假设 $\tilde{x}_{i,j}$ 为 $\tilde{\boldsymbol{x}}_i$ 的第 j 个分量，计算 $x_m = \dfrac{1}{dN}\sum_{i,j}|\tilde{x}_{i,j}|$。随后，在之前生成的数据中加入与 x_m 呈一定比例的高斯噪声 $\boldsymbol{x}_i = \tilde{\boldsymbol{x}}_i + \delta x_m \times \mathrm{randn}(d,1)$，其中 $\delta = 0.02$ 为噪声等级。这里的 $\boldsymbol{x}_i$ 为 d 维向量。由此，令 OCA 在采用不同阈值函数 $f(\omega) = \sqrt{\omega}$、$f(\omega) = \omega$ 和 $f(\omega) = \omega^2$ 的情况下作用于上述不包含离群点的数据集，根据所得到的结果来考查 $f(\omega)$ 的设定对算法表现的影响。假设算法在数据集上运行后得到特征子空间为 $\mathcal{S} = \mathrm{span}\{\boldsymbol{b}_1, \cdots, \boldsymbol{b}_k\}$，可以根据从 d_0 维子空间 $\mathcal{S}_0$ 到 d 维子空间 $\mathcal{S}$ 的有向距离来评估所获得正交基底的质量。

当 $\boldsymbol{w}_1,\cdots,\boldsymbol{w}_{d_0}$ 与 $\boldsymbol{b}_1,\cdots,\boldsymbol{b}_k$ 分别为子空间 $\mathcal{S}_0$ 与 $\mathcal{S}$ 的标准正交基时，从单个基底向量 $\boldsymbol{w}_i$ 到 $\mathcal{S}$ 的距离可通过

$$\operatorname{dist}(\boldsymbol{w}_i,\mathcal{S})=\min_{\boldsymbol{b}\in\mathcal{S}}\|\boldsymbol{w}_i-\boldsymbol{b}\|_2=\left\|\boldsymbol{w}_i-\sum_{j=1}^{k}\boldsymbol{b}_j\boldsymbol{b}_j^{\mathrm{T}}\boldsymbol{w}_i\right\|_2 \tag{146}$$

进行计算。当 $\|\boldsymbol{w}_i\|_2=1$ 时，便得到

$$\operatorname{dist}(\boldsymbol{w}_i,\mathcal{S})=\sqrt{1-\cos^2\beta_i}=\sqrt{1-\sum_{j=1}^{k}(\boldsymbol{w}_i^{\mathrm{T}}\boldsymbol{b}_j)^2} \tag{147}$$

β_i 即为 $\boldsymbol{w}_i$ 与 $\mathcal{S}$ 之间的角度。由式 (147) 进行推广，从 $\mathcal{S}_0$ 到 $\mathcal{S}$ 的距离可以被定义为 [63]

$$\operatorname{dist}(\mathcal{S}_0,\mathcal{S})=\sqrt{\sum_{i=1}^{d_0}\operatorname{dist}^2(\boldsymbol{w}_i,\mathcal{S})}=\sqrt{d_0-\sum_{i=1}^{\min(d_0,k)}\cos^2\theta_i}=\sqrt{d_0-\sum_{i=1}^{d_0}\sum_{j=1}^{k}(\boldsymbol{w}_i^{\mathrm{T}}\boldsymbol{b}_j)^2} \tag{148}$$

其中，$0\leqslant\theta_1\leqslant\cdots\leqslant\theta_{\min(d_0,k)}\leqslant\dfrac{\pi}{2}$ 为子空间 $\mathcal{S}_0$ 与 $\mathcal{S}$ 之间的主角度，$\theta_1,\cdots,\theta_{\min(d_0,k)}$ 按如下的定义依次确定 [64]：

$$\cos\theta_i=\max_{\hat{\boldsymbol{w}}_i\in\mathcal{S}_0,\ \hat{\boldsymbol{b}}_i\in\mathcal{S}}\hat{\boldsymbol{w}}_i^{\mathrm{T}}\hat{\boldsymbol{b}}_i,\quad i=1,\cdots,\min(d_0,k) \tag{149}$$

向量 $\hat{\boldsymbol{w}}_1,\cdots,\hat{\boldsymbol{w}}_{d_0}$ 与 $\boldsymbol{b}_1,\cdots,\hat{\boldsymbol{b}}_k$ 满足限制

$$\hat{\boldsymbol{w}}_i^{\mathrm{T}}\hat{\boldsymbol{w}}_j=\begin{cases}1, & i=j\\ 0, & i\neq j\end{cases}\quad 且\quad \hat{\boldsymbol{b}}_i^{\mathrm{T}}\hat{\boldsymbol{b}}_j=\begin{cases}1, & i=j\\ 0, & i\neq j\end{cases} \tag{150}$$

需要注意的是给定子空间 $\mathcal{S}_0$ 与 $\mathcal{S}$，它们之间各主角度唯一确定。假设 $\boldsymbol{w}_1,\cdots,\boldsymbol{w}_{d_0}$ 与 $\tilde{\boldsymbol{w}}_1,\cdots,\tilde{\boldsymbol{w}}_{d_0}$ 为 $\mathcal{S}_0$ 的任意两个标准正交基，$\boldsymbol{b}_1,\cdots,\boldsymbol{b}_k$ 与 $\tilde{\boldsymbol{b}}_1,\cdots,\tilde{\boldsymbol{b}}_k$ 为 $\mathcal{S}$ 的任意两个标准正交基，有 $\sum_{i=1}^{d_0}\sum_{j=1}^{k}(\boldsymbol{w}_i^{\mathrm{T}}\boldsymbol{b}_j)^2=\sum_{i=1}^{d_0}\sum_{j=1}^{k}(\tilde{\boldsymbol{w}}_i^{\mathrm{T}}\tilde{\boldsymbol{b}}_j)^2=\sum_{i=1}^{\min(d_0,k)}\cos^2\theta_i$。但是，在大多数情况下 $\cos^2\theta_i$ 与 $\sum_{j=1}^{k}(\boldsymbol{b}_j^{\mathrm{T}}\boldsymbol{w}_i)^2$ 却并不相等。

本章节采用了 $\operatorname{dist}^2(\mathcal{S}_0,\mathcal{S})$(距离的平方) 作为衡量 $\mathcal{S}_0$ 与 $\mathcal{S}$ 相似度的标准。显然，当 k 固定时，$\operatorname{dist}^2(\mathcal{S}_0,\mathcal{S})$ 的值越小，说明 $\mathcal{S}$ 的基底质量越好，当 $\mathcal{S}_0\subseteq\mathcal{S}$ 时，有 $\operatorname{dist}^2(\mathcal{S}_0,\mathcal{S})=0$。

表 3 中报告了 OCA 在无离群点人工数据集上的实验结果，它们均为运行 10 次后的平均值。实验在 $d_0=10$, $d=30$、$d_0=10$, $d=100$ 与 $d_0=30$, $d=100$ 三

种设置下进行，结果表明阈值函数 $f(\omega)$ 越严格，获得的子空间维数 k 越低。当真实内在维数 $d_0 = 10$ 时，OCA 在 $d = 100$ 时估计的维数总是不小于在 $d = 30$ 时估计的维数。当采用函数 $f(\omega) = \sqrt{\omega}$ 时，其在第一和第三种情况下估计的 k 值略低，但在第二种情况下运行的结果较为准确。另一方面，$f(\omega) = \omega^2$ 的表现则恰恰相反，其在第一和第三种情况下对内在维数的估计较为准确，但在第二种情况下取得了一个较高的 k。相对来说，当 $f(\omega) = \omega$ 时，在三种情况下 OCA 都较为准确地估计出了数据集的内在维数，同时所取得的 $\text{dist}^2(\mathcal{S}_0, \mathcal{S})$ 都比较接近于 0，这表明原始的人工数据分布于或接近于此时获得的子空间 $\mathcal{S}$。

表 3 OCA 在无离群点人工数据集上的运行结果

条件	$f(\omega) = \sqrt{\omega}$		$f(\omega) = \omega$		$f(\omega) = \omega^2$	
	k	$\text{dist}^2(\mathcal{S}_0, \mathcal{S})$	k	$\text{dist}^2(\mathcal{S}_0, \mathcal{S})$	k	$\text{dist}^2(\mathcal{S}_0, \mathcal{S})$
$d_0 = 10,\ d = 30$	9	1.00	10	1.6×10^{-3}	10	1.6×10^{-3}
$d_0 = 10,\ d = 100$	10	2.2×10^{-3}	10	2.2×10^{-3}	12.9	1.3×10^{-3}
$d_0 = 30,\ d = 100$	24.7	5.31	29.8	0.21	30	0.014

如上文所述，第一个被 OCA 提取的正交成分是从数据集中 ℓ_2 范数最大的数据上获取的，其会深刻影响随后的学习过程。为了考查 OCA 在存在离群点，特别是离群点被第一个选取时的表现情况，我们将一个额外的向量 $\boldsymbol{x}_0$ 加入了先前生成的数据集：$\boldsymbol{x}_0 = \lambda\|\text{randn}(d_0, 1)\|_2\boldsymbol{w}_0$，单位向量 $\boldsymbol{w}_0$ 正交于 $\mathcal{S}_0$，λ 是一个人工设置的参数，并且它的设置在实验中将会变化。当 $\lambda > 1$ 时，根据 OCA 的数据选择机制，它有很大的可能被首先选择进行基底提取，如果是这样的话，那么 OCA 估计出的最优的内在维数应当为 $d_0 + 1$。OCA 作用于上述生成的 $N + 1$ 个数据输出的结果如表 4 所示，这些结果均为运行 10 次后的平均值。

当离群点$\boldsymbol{x}_0$ 被加入数据集后，虽然 $\lambda = 1$ 时，OCA 的表现与其在表 3 中的表现几乎一致，但是随着 λ 值的增长，OCA 提取的特征空间 $\mathcal{S}$ 与原始空间 $\mathcal{S}_0$ 间的差异变得越来越大。可以看出，当 λ 较大时，OCA 采用 $f(\omega) = \sqrt{\omega}$ 作为阈值函数时所取得的 k 明显过小；而其采用 $f(\omega) = \omega^2$ 为阈值函数时的表现受到的影响相对最小。采用 $f(\omega) = \omega$ 时 OCA 的表现介于上述两者之间，当 λ 并非很大时，其表现依旧可以接受。

OCA 采用的阈值随 k/d 的增长而变严，而在其变得过于严格前，会不断地提取特征空间的正交基底。显然，当数据的维数 d 远大于其内在维数 d_0 时，OCA 能够较为容易地找出所有合适的 d_0 正交基底，但此时 OCA 最终估计的 k 也很可能大于 d_0。也就是说，阈值函数的选取也存在一个权衡，当存在 ℓ_2 范数较大的离群点时，选择较为宽松的阈值函数，能够使 OCA 受到的不良影响减少；而当原始数据的维数 d 很大时，选择较为严格的阈值函数能够使 OCA 所估计的目标函数 k 不至于过大。

表 4 OCA 在存在离群点的人工数据集上的实验结果

条件	λ	$f(\omega)=\sqrt{\omega}$		$f(\omega)=\omega$		$f(\omega)=\omega^2$	
		k	$\mathrm{dist}^2(\mathcal{S}_0,\mathcal{S})$	k	$\mathrm{dist}^2(\mathcal{S}_0,\mathcal{S})$	k	$\mathrm{dist}^2(\mathcal{S}_0,\mathcal{S})$
$d_0=10$ $d=30$	1	9.6	1.10	10.9	1.5×10^{-3}	11	1.5×10^{-3}
	2	7.9	3.10	10.8	0.20	11	1.5×10^{-3}
	3	6.1	4.90	10	1.00	11	1.5×10^{-3}
	5	3.4	7.60	7.5	3.50	11	1.5×10^{-3}
	10	1.4	9.60	4.5	6.50	9.5	1.50
$d_0=10$ $d=100$	1	11	2.2×10^{-3}	11	2.2×10^{-3}	13	1.5×10^{-3}
	2	10.9	0.10	11	2.2×10^{-3}	12.5	1.6×10^{-3}
	3	9.4	1.60	11	2.2×10^{-3}	11.3	2.0×10^{-3}
	5	6.8	4.20	11	2.2×10^{-3}	11	2.2×10^{-3}
	10	3.5	7.50	10.4	0.60	11	2.2×10^{-3}
$d_0=30$ $d=100$	1	25.6	5.41	30.8	0.21	31	0.014
	2	18.9	12.10	28.5	2.51	31	0.014
	3	12.9	18.10	24.8	6.21	31	0.014
	5	6.7	24.30	18.5	12.50	30.3	0.71
	10	2.2	28.80	10.9	20.10	25.9	5.11

在上述的模拟实验中，OCA 采用 $f(\omega)=\omega$ 和 $f(\omega)=\omega^2$ 作为阈值函数时的表现要明显优于采用 $f(\omega)=\sqrt{\omega}$ 时的表现。考虑到降维的目的以及算法的简便性，本章将 $f(\omega)=\omega$ 设置为 OCA 的默认阈值函数。需要强调的是，在不同的应用中，用户可以根据实际需求设置合适的 $f(\omega)$。作为一个通用型的算法，OCA 并不是为了消除离群点的影响而设计的。在一些应用中，用户也可以选择事先进行标准化操作对数据进行预处理，从而消除过大的 $r_{1,1}$ 的影响。

5.4.2 在真实数据集上的实验

为了评估 OCA 在实际应用上的表现，我们在 12 个真实数据集上进行了实验。在随后的实验中，每个数据集都被分为两个不相交的子集：训练集与测试集。训练集中的数据被用于基底提取和数据降维；测试集中数据的低维表示通过在训练集上的运行结果来确定，其仅被用于进行分类实验。12 个数据集中，关于 Hill、OptDigits、Sonar 与 MNIST 四个数据集的介绍已在表 1 中列出，关于其他 8 个数据集的介绍则在表 5 中列出。

表 5 实验中所采用的真实数据集

数据集名称	数据维数	训练样本数	测试样本数	类数
Ionosphere [56]	34	100	251	2
Musk [56]	166	476	6598	2
Waveform [56]	21	300	5000	3
IJCNN1 [65]	22	49 990	91 701	2
ISOLET [56]	617	6238	1559	26
Protein [66]	357	17 766	6621	3
SensIT Vehicle [67]	50	78 823	19 705	3
USPS [68]	256	7291	2007	10

在本章中，我们将 OCA 与 PCA [69]、ROP、FastICA [16] 和 LPP [70] 进行比较。这些算法的特性被总结在表 6 中。PCA 主要通过求解特征值问题得到标准正交的特征向量以实现降维映射。ROP 投影向量根据随机生成高斯向量正交化而获取，因此计算量低，但是当基底维数较低时，效果一般较差。而 FastICA 一般会利用特征值分解对数据进行白化操作以作为预处理，虽然其采用投影追踪的方式求取的解混矩阵的各列是正交的，但如果先前进行了白化操作，往往随后需要对解混矩阵进行相应的变换，导致其最终的各列并非正交。对于 FastICA，h 为其更新迭代次数，它的值几乎不可能预测，有时在算法能够达到收敛前，需要执行大量轮次的迭代。LPP 是一种基于局部信息的流形学习算法，与非线性流形学习算法相比，其计算消耗较低，由于其通过线性变换将数据从高维映射到低维，因此先天具有处理外样本数据的能力。

表 6 各算法的特性

算法	OCA	PCA	ROP	FastICA	LPP
提取正交成分 (基底)	○	○	○	⊖	×
自动确定目标维数	○	×	×	×	×
避免求解特征值问题	○	×	○	⊖	×
时间复杂度	$O(Ndk)$	$O(d^3+Nd^2)$	$O(Ndk)$	$O(hNdk)$	$O(N^2d+d^3)$

注：“○”表示“能够”，“×”表示“不能”，“⊖”表示“在一定情况下能够”。

需要注意的是，OCA 能够在成分学习的过程中自动地确定目标维数，但其他算法并不具有此种能力。因此，在实验中，需要为它们指定不同的目标维数 k，并将对应的结果一一计算。对于每一个数据集，当所有的原始数据都被映射到低维特征子空间后，我们利用最近邻分类器对测试集进行分类。关于对数据重构情况的评估，我们依旧采用了式 (140) 所给出的平均相对重构误差 E 作为评价指标。当所获取的基底 $\boldsymbol{b}_1, \cdots, \boldsymbol{b}_k$ 为标准正交基时，E 的计算方式可以被写为

$$E = \frac{1}{N}\sum_{i=1}^{N}\frac{\|\boldsymbol{x}_i - \sum_{j=1}^{k}\boldsymbol{b}_j\boldsymbol{b}_j^{\mathrm{T}}\boldsymbol{x}_i\|_2}{\|\boldsymbol{x}_i\|_2} \tag{151}$$

理论上，式 (151) 结果的值域是 $[0,1]$，当 $k=0$ 时，$E=1$；而随着提取的正交基底数目的增长，其值单调递减；最终当 $k=d$ 时，$E=0$。对于 OCA 和 ROP，我们直接采用式 (151) 计算它们的平均相对重构误差 E。PCA 则在所有数据都经过去均值操作后，利用式 (151) 进行 E 的计算。

图 13 和图 14 报告了 OCA 与典型的线性降维算法在所有 12 个数据集上的比较结果。图中横轴为目标维数 k，纵轴分别为对应的识别率 (RR) 和平均相对重构误差 (E)。在本章所有实验中，阈值函数被设置为 $f(\omega)=\omega$。因为 OCA 能够自动确定目标维数，所以只需一个点便可以表示它的运行结果。对于其他方法，在不同 k 的设置下，其结果被一一计算，并被表示为一条曲线。FastICA 在进行独立成分计算时会预先估算最大独立成分的数目，LPP 在求解广义特征值问题时必须采取一系列操作丢弃不可靠的结果。因此，在有些数据集上，这两种算法取得的特征子空间的最大维数要小于原始维数 d。在几个较大数据集上，FastICA 没有能够收敛或是结果波动过于剧烈。因而，我们只报告了能够获得的结果。

从图 13 和图 14 中可以看出，在这些数据集上，尽管 OCA 所获取的识别率略低于其他算法能获取的最优识别率，但是在大多数情况下，它们间的差距并不明显。OCA 并不是专为分类任务设计的，设计它的主要目标为实现高速数据降维，同时自动确定目标维数 k。从这些图中也可以发现，表示 OCA 结果的点并没有出现在过小的 k 处。

根据图 15 和图 16 可以发现，在 k 相等的情况下，OCA 在五个数据集上取得了最小的 E。在大多数情况下，PCA 和 OCA 在数据重构方面的表现远胜于 ROP。这表明尽管 OCA 所采用的策略十分简单，但是其能够在一定程度上保证 OCA 所

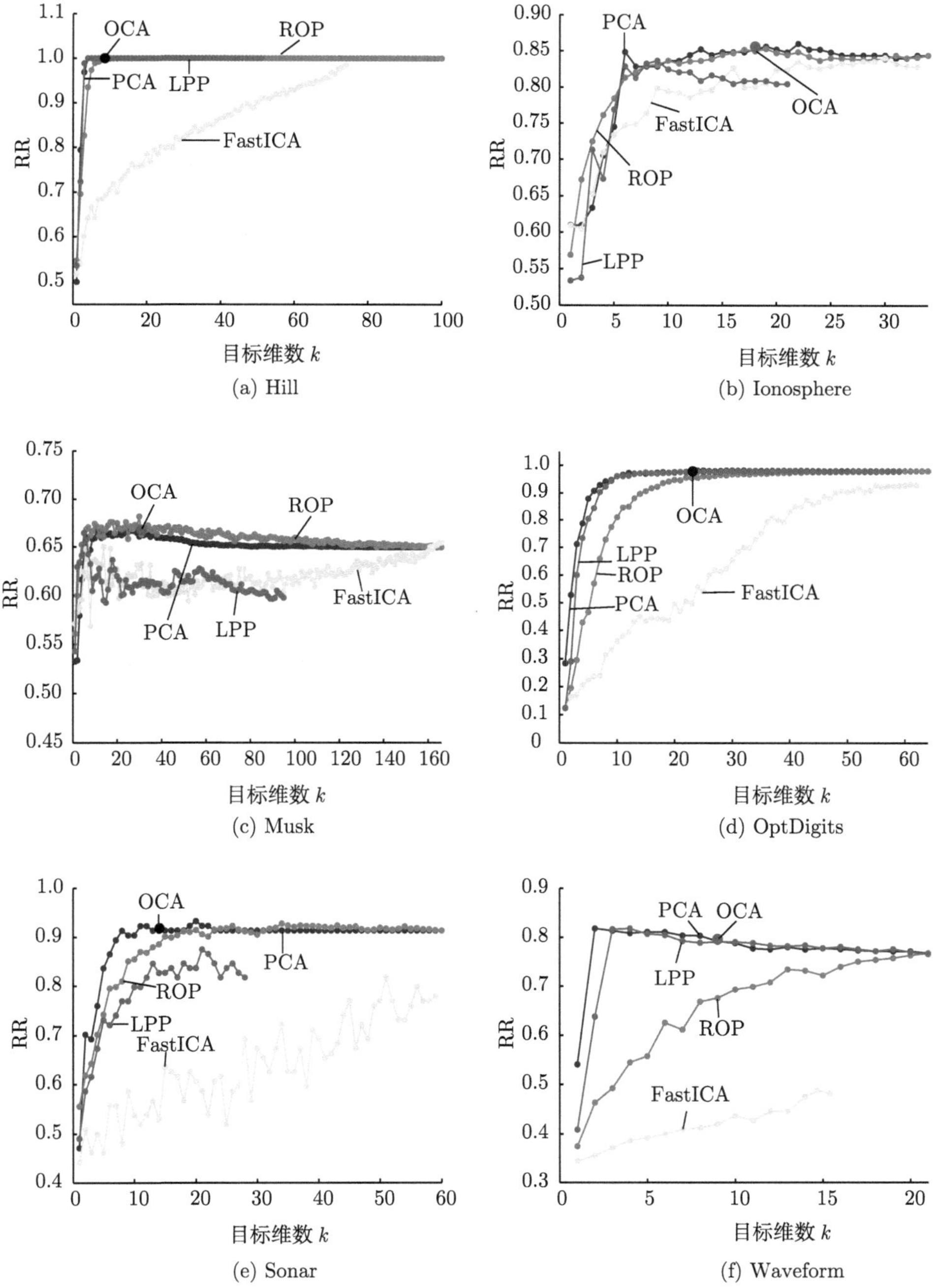

图 13 OCA 和典型线性降维算法在六个数据集上关于识别率 (RR) 的比较

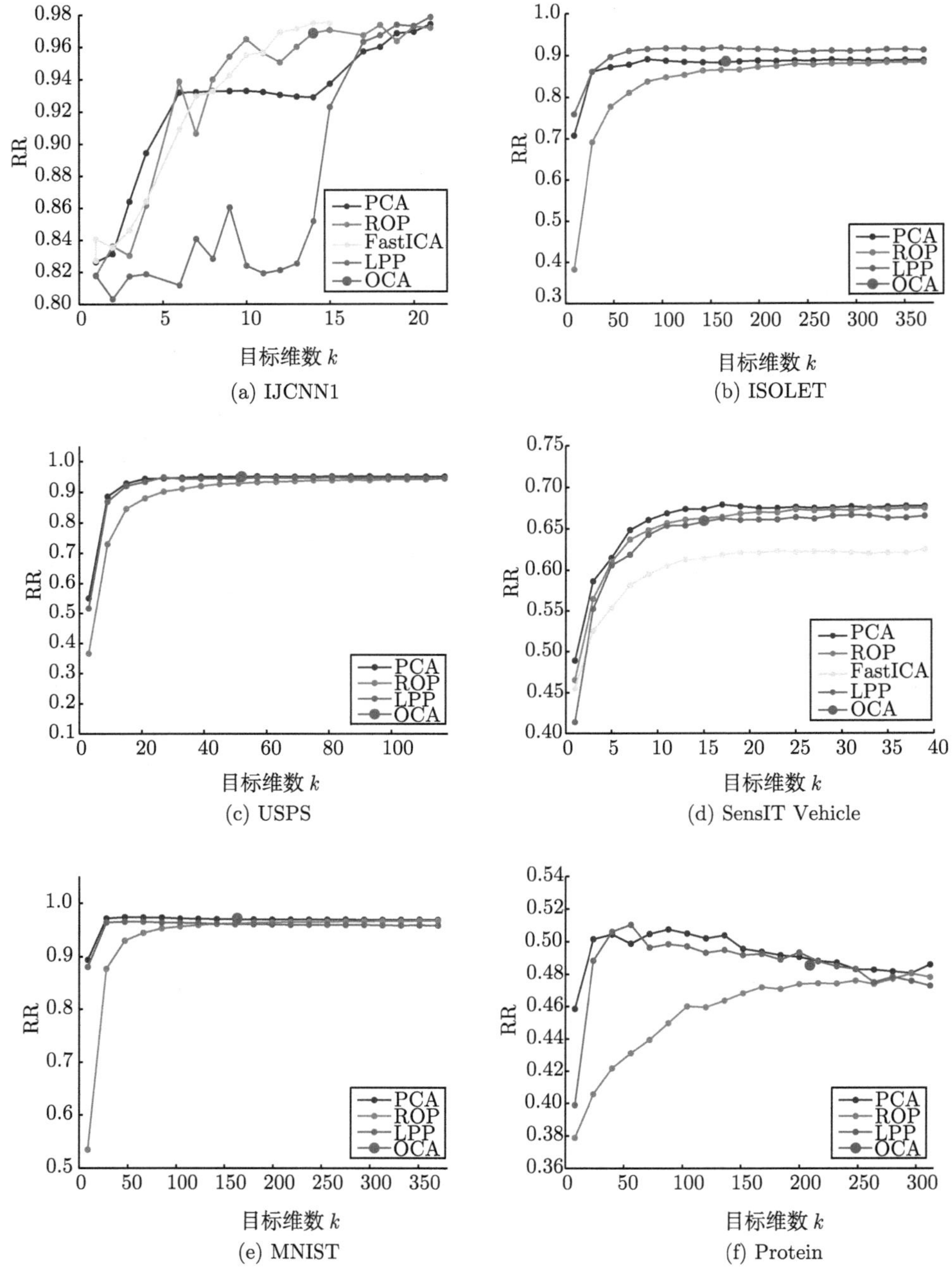

图 14 OCA 和典型线性降维算法在六个数据集上关于识别率 (RR) 的比较

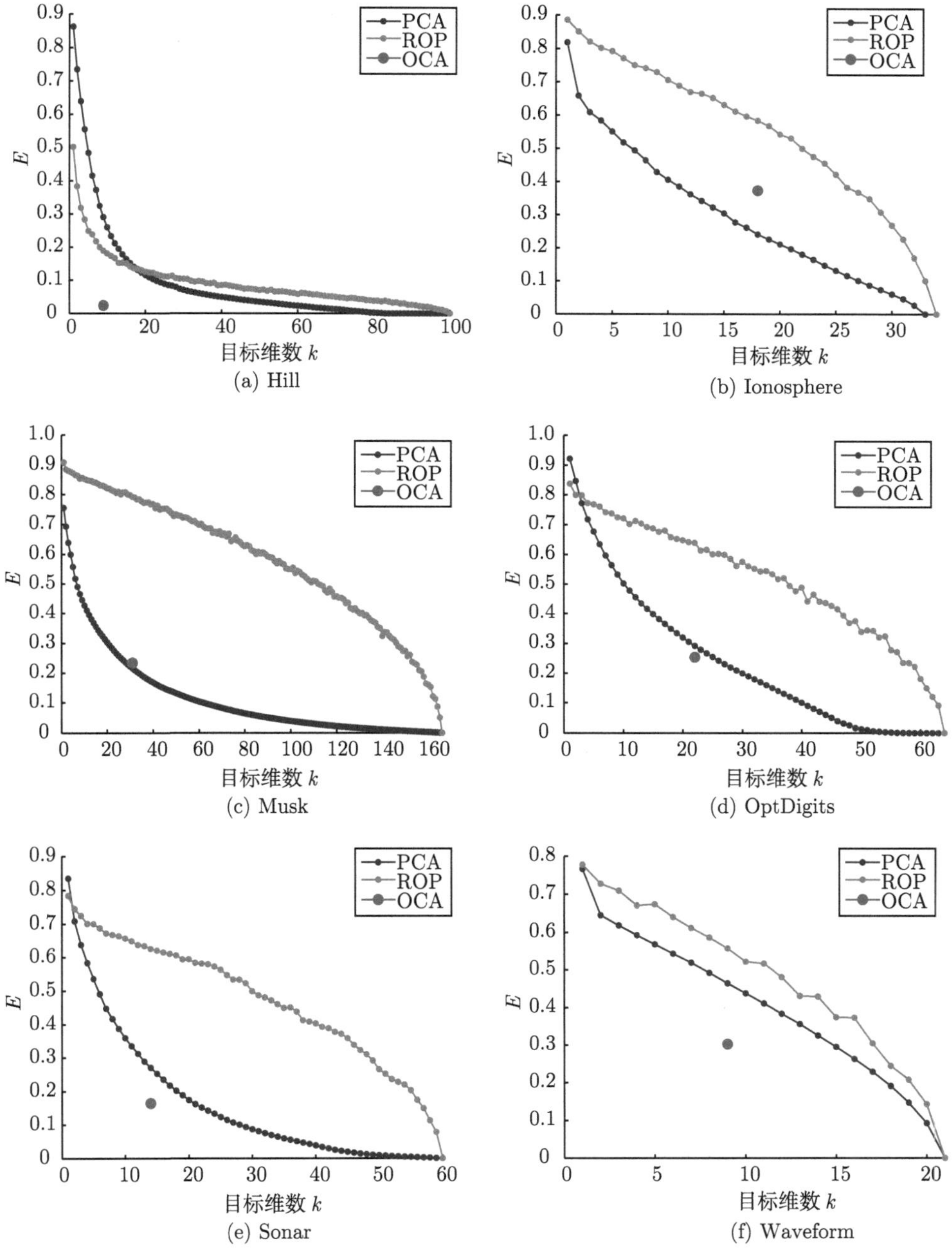

图 15 OCA 和典型线性降维算法在六个数据集上关于平均相对重构误差 (E) 的比较

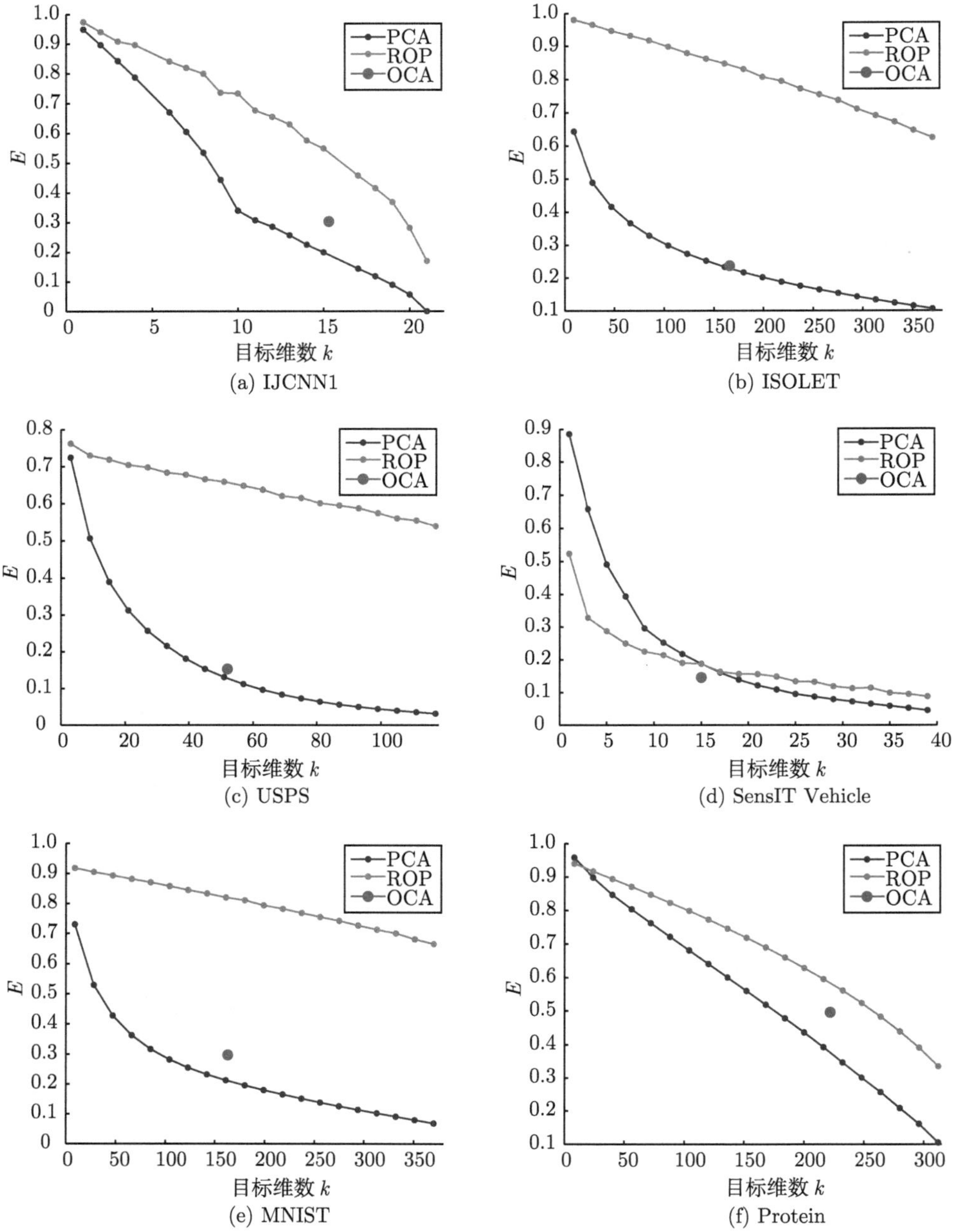

图 16 OCA 和典型线性降维算法在六个数据集上关于平均相对重构误差 (E) 的比较

提取基底在数据重构方面的表现。在大规模数据集中，基本上 PCA 都获得了最小的 E，这也表明 PCA 所采取保留数据变化最大的 k 个方向的统计性策略在较大的数据集上效果较好。

另外，从图 13~图 16 我们可以发现下列结论。

首先，当 k 值较小时，PCA 的表现优于 ROP。原因是 PCA 的结果是根据数据的统计信息确定的，它的目标函数保证了较低的近似误差。在另一方面，由于 ROP 是一个独立于数据的方法，当 k 被设置为一个过小的值时，它几乎不可能获得好的结果。在一些数据集中，FastICA 的波动十分剧烈，这也许是因为它的收敛情况受随机初始值的影响较大。

其次，在分类任务中，PCA 的结果并不总是最优的。在 ISOLET 和 Protein 数据集中，LPP 的结果最佳。而在一些数据集中，当 k 设置为某些值时，ROP 的表现甚至优于 PCA。FastICA 主要被设计为盲源信号分离，它并不是总能适合于降维任务。在某些特定应用中，其他方法对于 OCA 具有优势。但是，作为一种通用算法，在所有 12 个数据集中，当 k 的设定一致时，与其他方法相比，OCA 的表现是有竞争力的。

最后，这些结果也显示了在缺少合适的目标维数 k(特别是 k 过小) 的情况下，降维算法很难保留实际特征子空间的结构。给定任意一个数据，如何对其内在维数进行估计，这仍旧是一个开放性的问题。OCA 尝试通过基于数据线性独立性的策略来解决这个问题。在本章中，我们直接将 OCA 作用于具有不同特性的数据集，结果表明，尽管对于 OCA 来说，自动确定的 k 很可能不是最优的，但它往往能取得不坏的结果。

总体而言，本章中的实验体现了 OCA 的竞争力。OCA 算法在能自动估计目标维数的基础上，保证了所提取正交成分以及数据低维表示的质量，同时具有计算复杂度低的优势。因此，对于用户来说，它是一个方便且高效的算法。

5.5 本章小结

本章提出了一种快速的线性降维算法 OCA 以提取特征空间正交基底。OCA 主要用于实现两大目标: 低计算复杂度的线性降维以及自动的目标维数确定。OCA 在计算过程中无需求解特征值问题或矩阵求逆问题，以格拉姆–施密特正交化过程为基础进行特征空间正交基底的提取，因此保证了较低的计算复杂度。通过自适应的阈值机制，OCA 能够通过少量的计算自动地对特征子空间的维数进行估计，同时保证了算法的数值稳定性。

在实验中，OCA 与数种典型的线性降维算法进行了比较。实验结果表明在分类准确率、数据压缩效率以及所提取的基底质量方面，OCA 均获得了不错的表现。

作为一个通用型算法，OCA 十分简单，但是高效，它能够被用于各种应用。尽管 OCA 被设计成一个线性降维算法，但是通过和核方法的结合，相信它也能够比较方便地被应用于非线性数据降维中。

另外，可以发现，尽管 CGS 过程有明显的缺点，但它十分适合处理在线输入的数据流，因此，在 OCA 的基础上略作调整，便能设计出其增量式版本，以实现在线式数据降维。

第6章

增量式正交成分分析

增量学习技术是近年来的研究热点之一。本章在 OCA 研究的基础上，提出了其增量式版本 IOCA。IOCA 继承了 OCA 低计算复杂度的特性与自动估计目标维数的能力。但与 OCA 不同，IOCA 具备实时处理在线输入数据的能力，能通过自适应地对子空间进行扩张实现增量式特征子空间学习。

本章结构如下：首先对现有的一些增量式线性降维算法进行介绍并给出 IOCA 的基本思想；随后阐述 IOCA 的算法过程，并在此基础上对其在线学习过程进行分析；接着在人工数据集和真实数据集上进行实验并对比结果；最后给出本章小结。

6.1 引言

近年来，由于各行业对具有学习和进化能力的系统的需求不断增长，增量学习技术获得了大量关注。当获取新的高维数据时，具有增量学习能力的方法能够对已有数据模型进行更新而无需对其进行完全的重新计算。因此，这些方法更善于通过学习新知识来提升其能力。

大多数已有的线性增量式数据降维技术主要利用新获取的数据来对已有的本征空间(eigenspace) 模型进行更新。PCA 和 LDA 分别是应用最广泛的无监督和有监督数据降维技术。研究者们提出了大量基于它们的增量式算法：在文献 [71] 中，Hall 等提出了增量式 PCA(incremental PCA，IPCA)，随后，Artač 等成功地将其应用于物体的在线学习和识别 [72]。在上述工作的基础上，Hall 等又提出了一种在线学习算法，它不仅能将两个本征空间合二为一，而且能将一个已有本征空间拆分为一个已知空间与一个新的空间。Ren 和 Dai 提出了一种基于 SVD 的增量式双向主成分分析 (bidirectional principal component analysis，BDPCA) 算法 [73]。Weng 等提出了一种在学习过程中无需计算数据协方差矩阵与求解特征值问题的在线主成分提取算法 CCIPCA (candid covariance-free incremental principal component analysis) [23]。Pang 等提出一种增量式 LDA 算法用于解决散布矩阵的更新问题 [74]。通过利用快速的 SVD 更新技术，Zhao 等提出了增量式的 LDA 算法 [75]。Ye 等则通过 QR 分解实现增量式数据降维 [76]。Kim 等根据足够生成集 (sufficient spanning set) 理论提出了可用于不同应用的增量式 LDA [77]。

另外，研究者们还提出了许多基于其他方法的增量式数据降维算法。Guan 等于基底矩阵在线更新过程中采用鲁棒的随机近似方法，提出了增量式的 NMF 算

法 [78]。通过引入正交性限制和在学习过程中旧数据对应的系数不变的假设，Wang 等也实现了增量式的 NMF [79]。Mairal 等提出了一种基于稀疏编码的在线词典学习算法 [80]。

在数据降维中，如何设置目标维数是另一个重要的问题。在线环境中，合适的目标维数很可能会随着数据的输入与学习的进行发生相应的改变。本章中通过继承和发展前文关于快速线性降维的研究，提出了一种名为增量式正交成分分析(incremental orthogonal component analysis，IOCA) 的快速增量式数据降维方法，试图同时解决线性降维中增量学习和目标维数自动估计这两大问题。

在学习过程中，IOCA 通过自适应地根据学习状况对子空间进行扩张，而非对已有维数固定的特征空间进行基底调整来实现增量式的特征子空间学习。图 17 将 IOCA 与其他基于特征子空间的学习算法进行了比较，$\mathcal{V}$ 是一个线性空间；$\mathcal{S}$ 是它的特征子空间，$\mathcal{S}$ 的面积越大表示其维数越高；圆环表示原先的数据；三角形和叉形则表示新输入的数据。① 非增量式算法只能通过完全重新计算 $\mathcal{S}$ 来实现对其

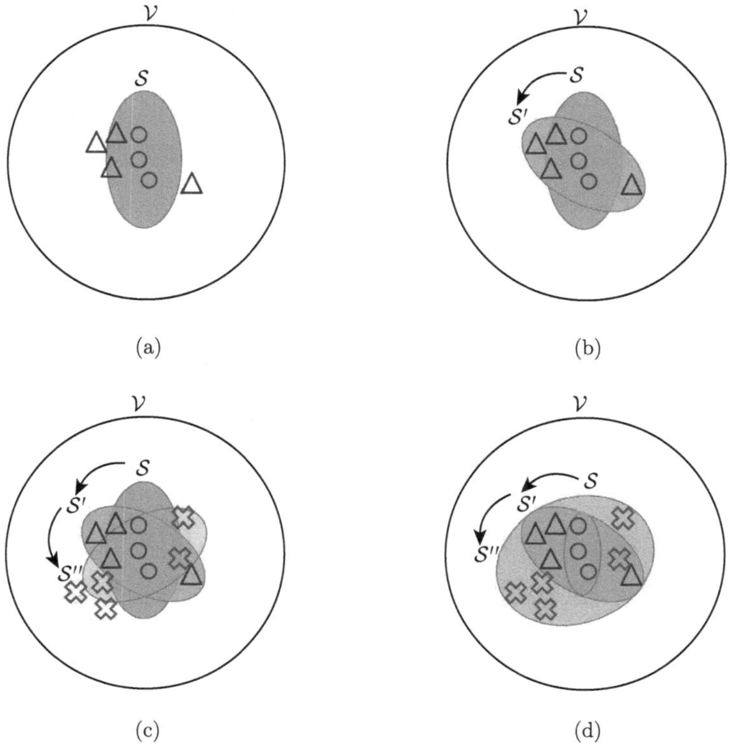

图 17　不同特征子空间学习策略的对比

的更新；② 增量式算法能够利用新的数据对 $\mathcal{S}$ 的表示进行更新；③ 但是，很多增量式算法无法自动确定 $\mathcal{S}$ 空间的维数 ($\mathcal{S}$ 的大小无法改变)，而在学习过程中，用户事先设置的固定目标维数可能是不恰当的；④ IOCA 能够在增量学习过程中自适应地根据新输入数据对 $\mathcal{S}$ 进行扩张 (图中通过 $\mathcal{S}$ 的面积增大进行表示)，同时实现对输入数据集内在维数的估计。

作为 OCA 的在线增量式版本，IOCA 在计算过程中同样无需求解矩阵特征值问题和矩阵求逆问题，且充分地利用和发展了 CGS 过程能够以极小计算量处理输入数据流的优势。通过所提出的自适应阈值机制，IOCA 能够：① 不断从连续输入的数据中学习；② 实现高速正交成分 (基底) 提取；③ 自动估算和更新目标维数；④ 获取数值正交的特征空间基底。

6.2 IOCA 算法描述

IOCA 能够从在线输入数据流中持续地提取必要的正交成分 (基底) 来扩大特征子空间 $\mathcal{S}$。“如无必要, 勿增实体” 依旧为其首要原则。不过与前文介绍的学习开始时便已经全部获取整个数据集的非增量式算法不同，IOCA 在进行以特征子空间基底提取为目的的数据选择时，采用的是输入一个数据便处理一个数据的在线式处理方式，而非每次从整个已获取数据集中选择一个主元来进行处理。

每当输入一个数据 $\boldsymbol{x}_t$ 时，设此时特征子空间 $\mathcal{S}$ 维数为 k，且通过它的一组标准正交基 $\boldsymbol{b}_1,\cdots,\boldsymbol{b}_k$ 来表示，IOCA 便对 $\boldsymbol{x}_t$ 与 $\mathcal{S}$ 之间的线性独立性进行衡量，得到 $\boldsymbol{x}_t$ 所对应的剩余向量 $\boldsymbol{r}_t$，并计算出 $\|\boldsymbol{r}_t\|_2$，同时，计算出候选正交基底 $\boldsymbol{b}_{k+1}=\dfrac{\boldsymbol{r}_t}{\|\boldsymbol{r}_t\|_2}$。在 IOCA 中，一个自适应的阈值 T 被用来进行决策：当 $\boldsymbol{x}_t$ 与 $\mathcal{S}$ 间线性独立性足够强 ($\|\boldsymbol{r}_t\|_2$ 的值不小于 T) 时，IOCA 便认为此时 $\mathcal{S}$ 的维数太小不足以很好地表示出包含 $\boldsymbol{x}_t$ 在内的整个数据集，因此，接受从 $\boldsymbol{x}_t$ 中提取的 $\boldsymbol{b}_{k+1}$ 作为一个新的基底向量，进而增加特征子空间 $\mathcal{S}$ 的维数；否则，IOCA 便认为此时 $\mathcal{S}$ 能够较好地表示出已处理的数据，没有必要对 $\mathcal{S}$ 进行扩大，于是，$\mathcal{S}$ 保持原样，$\boldsymbol{b}_{k+1}$ 则被直接抛弃。在上述过程中，$\boldsymbol{x}_t$ 的低维表示也同时被获取。随后，IOCA 便开始处理下一个输入数据，直至整个输入数据流被全部处理完毕。

IOCA 是专门针对在线输入数据降维问题而设计的算法，在它的学习过程中无法知晓整个数据集的信息。因此，在 IOCA 中，阈值条件被改写为

当

$$\frac{\|\boldsymbol{r}_t\|_2}{L_{\max}^{(t)}} \geqslant f\left(\frac{k}{d}\right) \tag{152}$$

时，候选基底 $\boldsymbol{b}_{k+1} = \dfrac{\boldsymbol{r}_t}{\|\boldsymbol{r}_t\|_2}$ 才会被算法接受。其中，$\boldsymbol{x}_1, \cdots, \boldsymbol{x}_t$ 为当前已输入的数据，$L_{\max}^{(t)} = \max\{\|\boldsymbol{x}_1\|_2, \cdots, \|\boldsymbol{x}_t\|_2\}$。因此，$\dfrac{\|\boldsymbol{r}_t\|_2}{L_{\max}^{(t)}}$ 的值同样也在区间 $[0, 1]$ 之间。阈值函数 $f(\omega)$ 与前面研究中一样，是一个严格单调递增函数，并且满足当 $0 \leqslant \omega \leqslant 1$ 时，$0 \leqslant f(\omega) \leqslant 1$。

算法 3 给出了完整的 IOCA 算法。学习开始时，特征子空间 $\mathcal{S}$ 被初始化为一个零维空间。每当有新的数据 $\boldsymbol{x}_t$ 输入时，IOCA 尝试从中提取新的基底以实现对 $\mathcal{S}$ 的更新。与前文研究中一旦阈值条件不被满足，学习便能终止的做法不同，只要仍有数据输入，IOCA 的学习便不会停止。

算法3 IOCA算法

输入： 数据$\boldsymbol{x}_1, \cdots, \boldsymbol{x}_N$（$\boldsymbol{x}_t \in \mathbb{R}^d$, $t = 1, \cdots, N$）

```
初始化基底矩阵B = [ ]，并令k = 0；初始化L_max = 0
for t = 1, ···, N do
    输入x_t ∈ R^d
    if ||x_t||_2 > L_max then
        L_max^(t) = ||x_t||_2
    end if
    令r_t = x_t
    for i = 1 : k do
        计算y_{t,i} = r_t^T b_i, 令y_{t,i}为y_t的第i个分量
        计算r_t = r_t − y_{t,i} b_i
    end for
    计算b_{k+1} = r_t / ||r_t||_2
    if ||r_t||_2 / L_max^(t) ⩾ f(k/d) then
        接受b_{k+1}为一个新的正交基底，并令B = [B, b_{k+1}]
        令y_{t,k+1} = ||r_t||_2为y_t的第(k+1)个分量
        更新基底维数k = k + 1
    end if
end for
```

输出： 基底矩阵$\boldsymbol{B}$和数据的低维表示集$\mathcal{Y} = \{\boldsymbol{y}_1, \cdots, \boldsymbol{y}_N\}$

假设当 $\boldsymbol{x}_t$ 输入时特征子空间的维数 k 的具体值为 $k^{(t)}$，而当所有 N 个数据都被处理后，k 的最终值为 $k^{(N)}$(显然，$k^{(t)} \leqslant k^{(N)}$)，对于 $\boldsymbol{x}_t$，它的低维表示 $\boldsymbol{y}_t$ 可以被写作一个 $k^{(N)}$ 维的向量 $(y_{t,1}, \cdots, y_{t,k^{(t)}}, 0, \cdots, 0)^{\mathrm{T}}$。也就说，IOCA 在对数据 $\boldsymbol{x}_t$ 进行处理时，便能够获得它的低维表示中非零的部分，当基底集 $\mathcal{B}$ 最终确定后，$\boldsymbol{x}_t$ 无需被再次输入以确定其低维表示。如此，IOCA 在所有数据仅在线输入一次的情况下实现了对它们的降维操作。在处理大规模数据时，IOCA 的上述特性是一个巨大的优势。

IOCA 的算法十分简洁，运算过程中它不需要求解特征值问题或矩阵求逆问题，运算复杂度很低 ——IOCA 的时间复杂度为 $O(Ndk)$，N 为输入数据集大小，d 是数据原始维数，$k = k^{(N)}$ 是算法最终习得的正交基底个数 (特征子空间维数)。另外，IOCA 所采用的自适应阈值策略能够预防舍入误差在正交成分提取中造成的影响。因此，IOCA 在拥有计算负担很低的优势的同时具有较高的数值稳定性。由于 IOCA 算法的简单性，它能够被应用于各种应用中并有成为一种通用数据降维方法的潜力。

6.3 IOCA 算法分析

6.3.1 关于 IOCA 学习过程的分析

特征子空间在初始化时被设置为零维空间。随着新数据的输入，IOCA 自动地决定是否对特征子空间进行扩大。一旦特征子空间停止扩张，原始数据的内在维数便被估计出，同时算法实现了降维的功能。

作为一个几乎不需要任何原始数据先验知识的在线学习算法，IOCA 在特征子空间的学习过程中采取一种 “贪婪” 策略，也因此享受到了计算代价小的便利。但是这也导致即使是同一个数据集，其输入 IOCA 的顺序不同，产生的输出结果会不同。换句话说，最终确定的基底个数和基底的正交表示不仅仅由数据集本身决定，也受到它们输入顺序的影响。从这方面看，IOCA 不是一个确定型算法。

在前面两章关于非增量式快速降维算法的研究中，一旦阈值条件不满足，算法便能停止学习。然而，IOCA 需要不断地从在线输入的数据流中提取新的基底，只要数据仍在输入，学习便不会停止。在对 IOCA 的学习过程的分析中，需要对特征子空间何时停止增长的问题进行研究。为了便于分析，在本章节采用了一个自然的假设：所有的输入数据都是独立同分布的 d 维随机向量，它们都服从均值为 $\mathbf{0}$ 的各向同性的分布。

定理 6.1　假设所有的数据都是独立同分布的 d 维随机向量，它们都服从均值为 $\mathbf{0}$ 的各向同性的分布。如果当 IOCA 已学得正交基底数目为 k 时，阈值函数 $f\left(\frac{k}{d}\right)$ 的结果值为 $\sqrt{\alpha}$，且有 $k \geqslant (1-\alpha)d$，那么对于下一个输入数据 $\boldsymbol{x}_t$，令 $Pr\left[\text{接受 } \boldsymbol{b}_{k+1}\right]$ 为算法接受从 $\boldsymbol{x}_t$ 上提取的 $\boldsymbol{b}_{k+1}$ 为下一个正交基底的概率，有

$$Pr\left[\text{接受 } \boldsymbol{b}_{k+1}\right] \leqslant \exp\left[-\frac{(k-d+\alpha d)^2}{4k}\right] \tag{153}$$

证明　假设在 $\boldsymbol{x}_t$ 输入之前，IOCA 提取的 k 个正交成分为 $\boldsymbol{b}_1, \cdots, \boldsymbol{b}_k$。当阈值条件满足 $\frac{\|\boldsymbol{r}_t\|}{L_{\max}} \geqslant \sqrt{\alpha}$ 时，IOCA 便接受从 $\boldsymbol{x}_t$ 中提取的候选正交基底。$\boldsymbol{r}_t$ 为 $\boldsymbol{x}_t$ 的剩余分量。

给定标准正交向量 $\boldsymbol{b}_1, \boldsymbol{b}_2, \cdots, \boldsymbol{b}_k$，能够找出另外 $d-k$ 个向量 $\boldsymbol{v}_{k+1}, \cdots, \boldsymbol{v}_d$ 并令 $\boldsymbol{U} = [\boldsymbol{b}_1, \cdots, \boldsymbol{b}_k, \boldsymbol{v}_{k+1}, \cdots, \boldsymbol{v}_d]$ 为一个 $d \times d$ 大小的正交矩阵。对于独立于 k 个已获取正交成分基底的随机数据 $\boldsymbol{x} = (x_1, \cdots, x_d)^{\mathrm{T}} \in \mathbb{R}^d$，有 $\boldsymbol{x}_t = \sum_{i=1}^{k} a_i \boldsymbol{b}_i + \sum_{i=k+1}^{d} a_i \boldsymbol{v}_i$。因为 $\|\boldsymbol{x}_t\|_2^2 = \sum_{i=1}^{d} a_i^2 = \sum_{i=1}^{d} x_i^2$，便得到 $\boldsymbol{r}_t = \sum_{i=k+1}^{d} a_i \boldsymbol{v}_i$ 与 $\|\boldsymbol{r}_t\|_2^2 = \sum_{i=k+1}^{d} a_i^2$。

令 $\boldsymbol{a}_t = (a_1, a_2, \cdots, a_d)^{\mathrm{T}} \in \mathbb{R}^d$，有 $\boldsymbol{a}_t = \boldsymbol{U}^{\mathrm{T}} \boldsymbol{x}_t$。因为 d 维数据 $\boldsymbol{x}_t$ 服从均值为 $\mathbf{0}$ 且各向同性的分布，$\boldsymbol{U}$ 为 $d \times d$ 为正交矩阵，于是 $\boldsymbol{x}_t$ 与 $\boldsymbol{a}_t = \boldsymbol{U}^{\mathrm{T}} \boldsymbol{x}_t$ 服从相同分布。因此 $\boldsymbol{a}_t$ 的分布也是各向同性的且均值为 $\mathbf{0}$，且 $\frac{\boldsymbol{a}_t}{\|\boldsymbol{a}_t\|_2}$ 是一个均匀随机的单位向量 (uniform random unit vector)。

令 $z_1, \cdots, z_d$ 为服从正态分布 $\mathcal{N}(0,1)$ 的独立同分布的随机变量，$\boldsymbol{z}_t = (z_1, \cdots, z_d)^{\mathrm{T}}$，$\boldsymbol{z}_t$ 服从各向同性的且均值为 $\mathbf{0}$ 的分布，于是 $\frac{\boldsymbol{z}_t}{\|\boldsymbol{z}_t\|_2}$ 也是个均匀随机的单位向量。因此，给定任意一个确定的矩阵 $\boldsymbol{L} \in \mathbb{R}^{m \times d}$，$\frac{\|\boldsymbol{L}\boldsymbol{a}_t^2\|_2}{\|\boldsymbol{a}_t\|_2^2}$ 与 $\frac{\|\boldsymbol{L}\boldsymbol{z}_t\|_2^2}{\|\boldsymbol{z}_t\|_2^2}$ 服从相同分布。

令 $\boldsymbol{M}$ 是一个能够提取任意 d 维数据最后 $d-k$ 个坐标的矩阵，即对于任意 $\boldsymbol{v} = (v_1, \cdots, v_d)^{\mathrm{T}}$，有 $\boldsymbol{M}\boldsymbol{v} = (v_{k+1}, \cdots, v_d)^{\mathrm{T}}$，则 $\frac{\|\boldsymbol{r}_t\|_2^2}{\|\boldsymbol{x}_t\|_2^2} = \frac{\sum_{i=k+1}^{d} a_i^2}{\sum_{i=1}^{d} a_i^2} = \frac{\|\boldsymbol{M}\boldsymbol{a}_t\|_2^2}{\|\boldsymbol{a}_t\|_2^2}$，

$\dfrac{\sum_{i=k+1}^{d} z_i^2}{\sum_{i=1}^{d} z_i^2} = \dfrac{\|\boldsymbol{M}\boldsymbol{z}_t\|_2^2}{\|\boldsymbol{z}_t\|_2^2}$。接着便能得到如下结论：$\dfrac{\|\boldsymbol{r}_t\|_2^2}{\|\boldsymbol{x}_t\|_2^2}$ 与 $\dfrac{\sum_{i=k+1}^{d} z_i^2}{\sum_{i=1}^{d} z_i^2}$服从相同分布。

因此，可得下列不等式：

$$
\begin{aligned}
&Pr\left[接受\ \boldsymbol{b}_{k+1}\right] = Pr\left[\frac{\|\boldsymbol{r}_t\|_2}{L_{\max}} \geqslant \sqrt{\alpha}\right]\\
&\leqslant Pr\left[\frac{\|\boldsymbol{r}_t\|_2^2}{\|\boldsymbol{x}_t\|_2^2} \geqslant \alpha\right]\\
&= Pr\left[\frac{z_{k+1}^2 + z_{k+2}^2 + \cdots + z_d^2}{z_1^2 + z_2^2 + \cdots + z_d^2} \geqslant \alpha\right]\\
&= Pr\left[\sum_{i=k+1}^{d} z_i^2 \geqslant \alpha \sum_{i=1}^{d} z_i^2\right]\\
&= Pr\left[(1-\alpha)\sum_{i=k+1}^{d} z_i^2 - \alpha \sum_{i=1}^{k} z_i^2 \geqslant 0\right]
\end{aligned}
\tag{154}
$$

上述概率为 d 个独立变量之和的一个尾数概率。按上文的假设，各 z_i^2 之间是独立的。于是，z_i^2 的矩量母函数 (moment generating function) 可以用如下方式计算：如果 z 服从标准正态分布 $\mathcal{N}(0,1)$，便有 $t_1 = z^2$ 服从概率密度函数为

$$
g(t_1) = \begin{cases} \dfrac{t_1^{-\frac{1}{2}} \mathrm{e}^{-\frac{t_1}{2}}}{\sqrt{2\pi}}, & t_1 \geqslant 0 \\ 0, & 否则 \end{cases}
$$

的 χ^2 分布。

当 $\lambda < \dfrac{1}{2}$ 时，得到

$$
\begin{aligned}
E\left[\mathrm{e}^{\lambda z^2}\right] &= E\left[\mathrm{e}^{\lambda t_1}\right]\\
&= \int_{-\infty}^{+\infty} g(t_1)\mathrm{e}^{\lambda t_1}\mathrm{d}t_1\\
&= \frac{1}{\sqrt{2\pi}} \int_0^{+\infty} t_1^{-\frac{1}{2}} \mathrm{e}^{-(\frac{1}{2}-\lambda)t_1}\mathrm{d}t_1\\
&\quad \left(令\ a = \frac{1}{2} - \lambda > 0,\ t_2 = a t_1\right)
\end{aligned}
$$

$$
\begin{aligned}
&= \frac{1}{\sqrt{2\pi a}} \int_0^{+\infty} t_2^{-\frac{1}{2}} \mathrm{e}^{-t_2} \mathrm{d}t_2 \\
&\quad (\text{令 } t_3 = \sqrt{t_2}) \\
&= \frac{1}{\sqrt{2\pi a}} \int_0^{+\infty} 2\mathrm{e}^{-t_3^2} \mathrm{d}t_3 \\
&\quad \left(\int_0^{+\infty} \mathrm{e}^{-t_3^2} \mathrm{d}t_3 = \frac{\sqrt{\pi}}{2}\right) \\
&= (1-2\lambda)^{-\frac{1}{2}}
\end{aligned} \tag{155}
$$

因此，通过引入参数 λ，将 Markov 不等式作用于上述矩量母函数，接着对 λ 进行优化，进而可以获取所求概率的上界

$$
\begin{aligned}
& Pr\left[(1-\alpha)\sum_{i=k+1}^{d} z_i^2 - \alpha \sum_{i=1}^{k} z_i^2 \geqslant 0\right] \\
& (\text{对于任意}\lambda > 0\text{，有}) \\
&= Pr\left[\exp\left\{\lambda\left\{(1-\alpha)\sum_{i=k+1}^{d} z_i^2 - \alpha \sum_{i=1}^{k} z_i^2\right\}\right\} \geqslant 1\right] \\
& \left(\text{根据 Markov 不等式：对于非负的}X\text{，}Pr[X \geqslant c] \leqslant \frac{E[X]}{c}\right) \\
&\leqslant E\left[\exp\left\{\lambda\left\{(1-\alpha)\sum_{i=k+1}^{d} z_i^2 - \alpha \sum_{i=1}^{k} z_i^2\right\}\right]\right. \\
& (\ z_i\text{互相独立}) \\
&= \prod_{i=k+1}^{d} E\left[\mathrm{e}^{\lambda(1-\alpha)z_i^2}\right] \cdot \prod_{i=1}^{k} E\left[\mathrm{e}^{-\lambda\alpha z_i^2}\right] \\
& (\ z_i\text{服从相同分布}) \\
&= E\left[\mathrm{e}^{\lambda(1-\alpha)z^2}\right]^{d-k} \cdot E\left[\mathrm{e}^{-\lambda\alpha z^2}\right]^{k} \\
& \left(\text{对于任意}\lambda(1-\alpha) < \frac{1}{2}\text{且} - \lambda\alpha < \frac{1}{2}\text{，有}\right) \\
&= \Big[1-2\lambda(1-\alpha)\Big]^{-\frac{d-k}{2}} \cdot \Big(1+2\lambda\alpha\Big)^{-\frac{k}{2}}
\end{aligned} \tag{156}
$$

令 $\mathcal{L}=\left[1-2\lambda(1-\alpha)\right]^{-\frac{d-k}{2}}\left(1+2\lambda\alpha\right)^{-\frac{k}{2}}$，当

$$\frac{\partial\mathcal{L}}{\partial\lambda}=\left\{d-k-\alpha d-[2\alpha d(1-\alpha)]\lambda\right\}\left[1-2\lambda(1-\alpha)\right]^{-\frac{d-k}{2}-1}\left(1+2\lambda\alpha\right)^{-\frac{k}{2}-1}=0$$

时，$\mathcal{L}$ 最小化。因此有

$$\lambda=-\frac{d-k-\alpha d}{2\alpha d(1-\alpha)} \tag{157}$$

根据式 (156) 中的限制：$\lambda>0$, $\lambda(1-\alpha)<\dfrac{1}{2}$ 且 $-\lambda\alpha<\dfrac{1}{2}$，有 $k\geqslant(1-\alpha)d$。于是

$$\begin{aligned}
&Pr\left[\text{接受 } \boldsymbol{b}_{k+1}\right]\\
&\leqslant\left(\frac{d-k}{\alpha d}\right)^{-\frac{d-k}{2}}\cdot\left(\frac{k}{(1-\alpha)d}\right)^{-\frac{k}{2}}\\
&=\left[\left(1+\frac{\alpha d+k-d}{d-k}\right)^{\frac{d-k}{\alpha d+k-d}}\right]^{\frac{\alpha d+k-d}{d-k}\cdot\frac{d-k}{2}}\cdot\left[\frac{(1-\alpha)d}{k}\right]^{\frac{k}{2}}\\
&\quad\left(\text{对于 } n>0,\ \left(1+\frac{1}{n}\right)^{n}\leqslant \mathrm{e}\right)\\
&\leqslant\exp\left\{\frac{k}{2}\left[1-\frac{(1-\alpha)d}{k}+\ln\frac{(1-\alpha)d}{k}\right]\right\}\\
&\quad\left(\text{let } \epsilon=1-\frac{(1-\alpha)d}{k}\right)\\
&=\exp\left\{\frac{k}{2}\left[\epsilon+\ln(1-\epsilon)\right]\right\}\\
&\quad\left(\text{根据 Taylor 展开式有}\ln(1-\epsilon)\leqslant-\epsilon-\frac{\epsilon^2}{2}\right)\\
&\leqslant\exp\left(-\frac{k\epsilon^2}{4}\right)\\
&=\exp\left[-\frac{(k-d+\alpha d)^2}{4k}\right]
\end{aligned}\tag{158}$$

如果令 $f(\omega)=\omega$，则有如下推论：

推论 6.1 假设所有数据为独立同分布的 d 维随机正态分布向量，其各分量均服从独立的标准正态分布，IOCA 采用 $f\left(\dfrac{k}{d}\right)=\dfrac{k}{d}$ 作为阈值函数，当有 $k\geqslant\dfrac{\sqrt{5}-1}{2}d$

个正交基底已被习得时，IOCA 接受从下一个数据上提取的 $\boldsymbol{b}_{k+1}$ 的概率满足：

$$Pr\left[\text{接受 } \boldsymbol{b}_{k+1}\right] \leqslant \exp\left[-\frac{(k^2+dk-d^2)^2}{4d^2k}\right] \tag{159}$$

显然，如果某 d 维随机数据向量各分量均服从独立的标准正态分布，那么该向量服从各向同性并且均值为 $\mathbf{0}$ 的分布。因此，推论 6.1 就是定理 6.1 的一个特例，并且可以通过在定理 6.1 中，设置 $\sqrt{\alpha}=\dfrac{k}{d}$ 直接推导得到：当 $\sqrt{\alpha}=\dfrac{k}{d}$ 时，条件 $k \geqslant (1-\alpha)d$ 与 $k \leqslant d$ 均被满足，进而有 $k \geqslant \dfrac{\sqrt{5}-1}{2}d$。

在推论 6.1 基础上，能够得到如下结论：当 $k > \dfrac{\sqrt{5}-1}{2}d$ 时，随着 k 或 d 的增长，IOCA 接受新基底的概率的上限是单调递减的。图 18 描述了当 d 和 k 为不同值时，IOCA 从下一个输入数据上提取新基底的概率上限的变化情况。显然，当 d 较小时，直到 k 趋近于 d 时，上述概率上限才会减少至接近于 0。然而，当 d 足够大时，一旦 k 略大于 $\dfrac{\sqrt{5}-1}{2}d$，IOCA 接受新的基底的概率便会变得很低。比如，当 $d=5000$ 且 $k=3500$ 时，根据推论 6.1，能够计算得到：$Pr\left[\text{接受 } \boldsymbol{b}_{k+1}\right] \leqslant 1.01\times10^{-28}$。假设 P_n 为 IOCA 不从随后输入的 n 数据中提取下一个 (第 3501 个) 基底的概率，有 $P_n \geqslant (1-1.01\times10^{-28})^n \geqslant 1-1.01\times10^{-28}n$。需要强调的是，根据式 (159) 得到的概率上限是很松的。因此，可以认为在上述假设下，当 d 足够大时，即使在“大数据”环境中，k 有很高的概率不会增长到 $0.7d$ 以上。

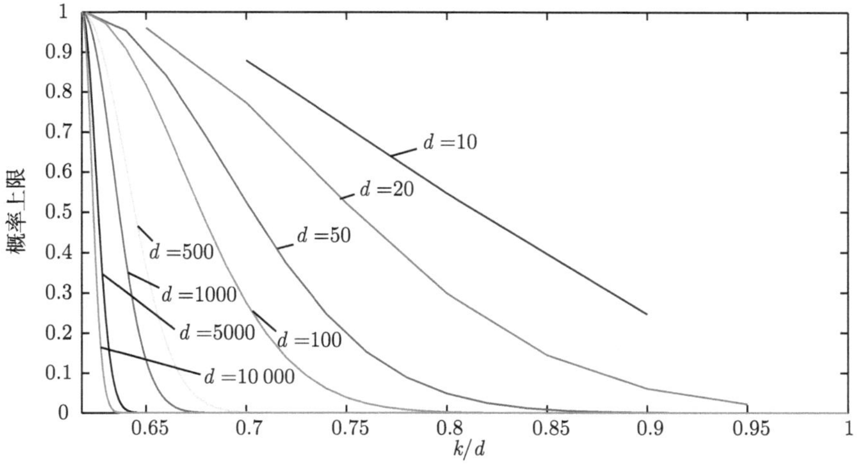

图 18 当 d 和 k 为不同值时，IOCA 从下一个输入数据上提取新基底的概率上限的变化情况

在随机输入的数据服从各向同性分布的时候，IOCA 仍旧能于在线学习的过程中，在兼顾数据压缩与保留原始数据信息两大目标的前提下，令特征子空间达到一个相对稳定的状态，进而自动确定降维后的目标维数 k。直觉地，如果数据集的分布只在某些方向上变化明显，IOCA 便能更容易地估计 k 的大小，并且估计出的 k 值往往会远小于 d。

根据推论 6.1，如果其假设被满足，当取 $f\left(\frac{k}{d}\right)=\frac{k}{d}$ 为阈值函数，且原始数据维数 d 足够大时，即使输入数据集的规模很大，对 IOCA 来说，有很大的概率最终获取的数据压缩率大于但十分接近于 $\frac{\sqrt{5}-1}{2}$。而这个值以被称为“黄金比例”而闻名。另外，当数据集的大小 N 虽然很大却固定不变时，随着 d 的增长，IOCA 的数据压缩率将会收敛到“黄金比例”。因此，在本章中，将 $f\left(\frac{k}{d}\right)=\frac{k}{d}$ 作为阈值函数的默认设置应用于实验中。

6.3.2 关于 IOCA 有效性的分析

在某些方面，IOCA 看起来与随机正交投影 (random orthogonal projection, ROP) [81] 十分相似。由于采用了自适应阈值系统，IOCA 降维的表现优于一般的随机投影方法。在 IOCA 中，对于任意 $\boldsymbol{x}_t$，它的低维表示的质量在一定程度上是有保障的。而随机投影方法由于进行投影的方向与数据无关，有时会深受其害。特别地，如果给定一个任意数据集和一个过小的 k，对其使用随机投影，如果利用随机投影得到的低维表示对原始数据进行重构，几乎可以确定数据集中相当大比例的数据只能被很差地近似 [82]。另一方面，对于 IOCA 来说，如果已有基底对当前数据 $\boldsymbol{x}_t$ 近似效果很差 (输入数据与已获得基底间线性独立性较强)，便会生成一个新的正交基底 $\boldsymbol{b}_{k+1}$ 并更新特征子空间的维数。当上述操作完成时，显然数据 $\boldsymbol{x}_t$ 能被更新后的基底完美表示。如上过程保证了 IOCA 最终习得的正交基底数目不会过少，并且对于每个数据进行近似后的误差也存在相应的上限。

定理 6.2 假设 IOCA 最终提取的特征子空间维数为 $k=k^{(N)}$，令

$$L_{\max}^{(N)}=\max\{\|\boldsymbol{x}_1\|_2,\cdots,\|\boldsymbol{x}_N\|_2\}$$

对于任意数据 $\boldsymbol{x}_t$，其近似误差上限为

$$\|\boldsymbol{r}_t\|_2<f\left(\frac{k^{(N)}}{d}\right)L_{\max}^{(N)} \tag{160}$$

证明　当全部 N 个数据均被处理完毕后，$\boldsymbol{x}_t$ 的低维表示为 $k^{(N)}$ 维向量 $\boldsymbol{y}_t = (y_{t,1}, \cdots, y_{t,k^{(t)}}, 0, \cdots, 0)^{\mathrm{T}}$。

假设当 $\boldsymbol{x}_t$ 输入时，$k^{(t-1)}$ 为目前所获得的特征子空间的维数，如果 $\|\boldsymbol{x}_t - \sum_{i=1}^{k^{(t-1)}} y_{t,i}\boldsymbol{b}_i\| \geqslant f\left(\dfrac{k^{(t-1)}}{d}\right)$，IOCA 将会从 $\boldsymbol{x}_t$ 中提取出一个新的正交基底，于是有 $k^{(t)} = k^{(t-1)} + 1$，同时 $\|\boldsymbol{x}_t - \sum_{i=1}^{k^{(t)}} y_{t,i}\boldsymbol{b}_i\| = 0$。否则，基底集保持不变。由于 $f(\omega)$ 为值域为 $[0,1]$ 的严格单调递增函数，因此，当 $\omega > 0$ 时，有 $f(\omega) > 0$。进而有

$$\|\boldsymbol{r}_t\|_2 = \left\|\boldsymbol{x}_t - \sum_{i=1}^{k^{(t)}} y_{t,i}\boldsymbol{b}_i\right\|_2 < f\left(\frac{k^{(t)}}{d}\right) L_{\max}^{(t)} \tag{161}$$

显然，$f\left(\dfrac{k^{(t)}}{d}\right) \leqslant f\left(\dfrac{k^{(N)}}{d}\right)$，并且 $L_{\max}^{(t)} \leqslant L_{\max}^{(N)}$。因此

$$\|\boldsymbol{r}_t\|_2 < f\left(\frac{k^{(N)}}{d}\right) L_{\max}^{(N)} \tag{162}$$

式 (160) 只是一个理论上的上界，有时这个上界会非常松。在学习过程中，$\boldsymbol{x}_t$ 实际上的近似误差上界应为 $f\left(\dfrac{k^{(t)}}{d}\right) L_{\max}^{(t)}$，$k^{(t)}$ 为在对 $\boldsymbol{x}_t$ 进行处理时已经获得的特征子空间维数。当各数据的ℓ_2范数变化不大时，上述误差上界相对较紧。式 (160) 的主要意义则在于对于任意 $\boldsymbol{x}_t$ 的近似误差给出一个统一的理论上界。

IOCA 从在线输入的数据集中选择那些彼此线性独立性较强的数据，并在其上应用格拉姆–施密特正交化提取正交成分。也就是说，IOCA 是先对数据进行选择，再对被选择的数据子集进行成分提取，以这样的方式取得了较低的计算量。而 PCA、ICA 等其他方法大都在整个数据集上进行成分提取。在 IOCA 求解过程中，问题的解不仅是闭式的，并且它们可以通过确定的有限步简单计算获得。

IOCA 是一种基于数据的算法，它通过对输入数据流的学习提取数据的特征。自然地，可以相信数据流能够反映出该数据的统计特征。基于所提出的阈值机制，IOCA 能够在必要时动态地学习新的基底，并扩大特征子空间维数。即使 IOCA 之前从离群点或具有较大噪声的数据中习得了不太理想的基底，只要 IOCA 发现新输入的数据与当前特征子空间之间的线性独立性足够强 (距离足够大)，它仍旧会从数据中学习新的基底。如此，尽管 IOCA 估计特征子空间维数可能会偏大，但是数据中的重要信息还是会被特征子空间所包含。

综上所述，给定大小为 N 的数据集，如果这些数据以不同的顺序输入 IOCA，对于每个特定的数据输入顺序，IOCA 可能输出一组对应的正交基底。同时，最终确定的 k 的大小也会出现浮动。但是根据前面的讨论，IOCA 可以避免盲目地对特征子空间进行扩大并且尝试着达到一个稳定的状态。另外，对于每一个输入数据，IOCA 能够对该数据到所获得特征子空间的距离给出一个有限的上界。

6.4 实验

为了证明 IOCA 的有效性，我们将在人工数据集以及几个广泛应用的真实数据集上进行实验。

6.4.1 在人工数据集上的实验

1) 维数估计与阈值函数设定

在本节中，我们通过在人工数据集上的实验来考查在不同阈值函数设置下，IOCA 在目标维数估计以及特征空间基底提取方面的表现。数据集的生成方式如 5.4.1 节所述：根据 d_0 维基底 (每个基底向量维数为 d) 生成 N 个数据，并在这些数据上加入以参数 δ 控制的噪声。随后，可以生成以参数 λ 控制的离群点，加入上述数据集。在本实验中，设置 $N=200$，$\delta=0.02$。设由 d_0 维基底生成的原始空间为 $\mathcal{S}_0$，IOCA 自动提取的特征子空间为 k 维的 $\mathcal{S}$。$\mathcal{S}_0$ 与 $\mathcal{S}$ 之间的差异通过根据式 (148) 计算的 $\mathrm{dist}^2(\mathcal{S}_0,\mathcal{S})$ 指标进行衡量。

首先在无离群点的数据集上进行了实验，随机生成 10 组数据各以 10 种随机顺序进行输入，表 7 中报告了其平均结果。与表 3 中的 OCA 运行结果相比，在不同阈值函数设置下，IOCA 与 OCA 运行结果的大致趋势相同：$f(\omega)$ 越严格，获得的子空间 $\mathcal{S}$ 的维数 k 就越低。与 OCA 有明确终止条件的做法不同，只要有数据输入，IOCA 就会持续进行学习。且 IOCA 运行时的判断条件仅根据当前已知情况确定，而非如 OCA 般根据数据集的整体状况决定。因此，IOCA 的阈值条件往往略松于 OCA。根据表 7 和表 3 可以发现在相同条件下，IOCA 估计的目标维数会略大于 OCA 的估计结果。根据表 7，从整体上来说，阈值函数为 $f(\omega)=\omega$ 时，IOCA 在三种数据设置情况下均比较准确地提取了特征子空间。

随后离群点 $\boldsymbol{x}_0$ 被加入了先前生成的数据集。在令参数 λ 从小到大进行变化的情况下，IOCA 算法被作用于上述生成的 $N+1$ 个数据并输出结果。IOCA 是一种在线增量式算法，输入数据的顺序关系到它的输出结果，因此实验分为两种情况：① 离群点 $\boldsymbol{x}_0$ 第一个被输入；② 所有 $N+1$ 个数据被打乱后以随机顺序输入。表 8 和表 9 分别列出了上述两种情况下的实验结果。

表 7　IOCA 在无离群点人工数据集上的运行结果

条件	$f(\omega)=\sqrt{\omega}$		$f(\omega)=\omega$		$f(\omega)=\omega^2$	
	k	$\mathrm{dist}^2(\mathcal{S}_0,\mathcal{S})$	k	$\mathrm{dist}^2(\mathcal{S}_0,\mathcal{S})$	k	$\mathrm{dist}^2(\mathcal{S}_0,\mathcal{S})$
$d_0=10,\ d=30$	9.68	0.33	10	0.016	10.45	0.018
$d_0=10,\ d=100$	10	0.017	10.96	0.018	16.31	2.5×10^{-3}
$d_0=30,\ d=100$	26.58	3.44	30	0.070	31.42	0.064

对于 IOCA，当离群点 $\boldsymbol{x}_0$ 第一个被输入时，由于算法会直接从 $\boldsymbol{x}_0$ 中提取第一个正交成分，所以 $k=d_0+1$ 才是最优的子空间内在维数估计结果。在表 8 中，当 $\lambda=1$ 时，$\boldsymbol{x}_0$ 对 IOCA 的表现几乎没有影响。当 λ 很大 ($\lambda=5$) 时，IOCA 的阈值就会在随后的学习过程中变得过于严格，进而令算法估算出一个过小的 k。特别地，当采用 $f(\omega)=\sqrt{\omega}$ 为阈值函数时，算法的表现很差。但是，根据表 8 中的结果同样可以发现，当 $\lambda=2$ 时，IOCA 在采用 $f(\omega)=\sqrt{\omega}$ 和 $f(\omega)=\omega$ 时表现良好。而且当 d_0 的值固定时，$\dfrac{d_0}{d}$ 越小，IOCA 便越容易找出生成整个数据集的所有基底。

对于 IOCA 来说，最糟糕的情况就是离群点 $\boldsymbol{x}_0$ 被第一个输入。而在在线环境中，输入数据的顺序是未知的。因此，在 $N+1$ 个数据以随机顺序输入的情况下也进行了实验。在表 9 中的实验结果表明，在 $d_0=10,\ d=10$ 和 $d_0=10,\ d=100$ 的情况下，除为了较为完美地表达出所有 $N+1$ 个数据，IOCA 需要提取一个额外的正交成分外，离群点 $\boldsymbol{x}_0$ 并没有造成太大的麻烦，$d_0=10$ 个生成原始数据的基底基本上都被近似地提取出。而采用 $f(\omega)=\omega^2$ 作为阈值函数时，提取过多基底的问题依旧明显。在 $d_0=30,\ d=100$ 情况下，IOCA 在采用 $f(\omega)=\sqrt{\omega}$ 和 $f(\omega)=\omega$ 作为阈值函数时会由于离群点导致估计的 k 过小，但是此时算法的表现已经远好于表 8 中报告的结果。

根据上述报告的 IOCA 维数估计的结果，特别是在数据输入顺序随机情况下维数估计的结果，可以认为选取上文所讨论的 $f(\omega)=\omega$ 作为默认的阈值函数是一个不坏的选择。

表 8 IOCA 在有离群点人工数据集上的实验结果，其中离群点被第一个输入

条件	λ	$f(\omega)=\sqrt{\omega}$		$f(\omega)=\omega$		$f(\omega)=\omega^2$	
		k	$\text{dist}^2(\mathcal{S}_0,\mathcal{S})$	k	$\text{dist}^2(\mathcal{S}_0,\mathcal{S})$	k	$\text{dist}^2(\mathcal{S}_0,\mathcal{S})$
$d_0=10$ $d=30$	1	10.5	0.51	11	0.014	11.5	0.013
	2	8.5	2.50	10.9	0.11	11.2	0.018
	3	6.5	4.50	10.3	0.70	11.1	0.024
	5	3.5	7.50	7.7	3.30	10.9	0.12
	10	1.4	9.60	4.9	6.10	9.8	1.20
$d_0=10$ $d=100$	1	11	0.01	11.3	0.021	16.6	3.0×10^{-3}
	2	10.9	0.11	11.2	0.023	15.8	3.1×10^{-3}
	3	10.2	0.80	11	0.033	13.9	4.7×10^{-3}
	5	7.2	3.80	11	0.014	12.9	7.3×10^{-3}
	10	4	7.00	10.7	0.31	11.9	0.012
$d_0=30$ $d=100$	1	27.2	3.82	31	0.058	32.3	0.060
	2	21	10.01	29.7	1.33	31.4	0.11
	3	14.6	16.40	26.2	4.82	31.2	0.12
	5	7.4	23.60	19.9	11.11	30.9	0.16
	10	2.3	28.70	11.7	19.30	26.7	4.32

表 9 IOCA 在有离群点人工数据集上的实验结果，$N+1$ 个数据以随机顺序输入

条件	λ	$f(\omega)=\sqrt{\omega}$		$f(\omega)=\omega$		$f(\omega)=\omega^2$	
		k	$\text{dist}^2(\mathcal{S}_0,\mathcal{S})$	k	$\text{dist}^2(\mathcal{S}_0,\mathcal{S})$	k	$\text{dist}^2(\mathcal{S}_0,\mathcal{S})$
$d_0=10$ $d=30$	2	10.3	0.70	10.99	0.026	11.34	0.019
	3	10.34	0.67	10.96	0.056	11.36	0.017
	5	10.08	0.92	10.84	0.17	11.29	0.019
	10	10.35	0.66	10.94	0.084	11.33	0.078
$d_0=10$ $d=100$	2	10.99	0.03	11.54	0.020	17.02	2.7×10^{-3}
	3	10.97	0.05	11.61	0.021	16.89	2.7×10^{-3}
	5	10.87	0.15	11.57	0.021	16.72	3.1×10^{-3}
	10	10.79	0.23	11.48	0.020	16.71	3.4×10^{-3}
$d_0=30$ $d=100$	2	25.66	5.36	30.41	0.65	32.1	0.070
	3	25.5	5.52	30	1.06	32.01	0.075
	5	25.39	5.63	29.54	1.52	32.02	0.11
	10	24.58	6.44	27.64	3.41	31.25	0.72

2) 对于推论 6.1 的验证

6.3.1 节对 IOCA 进行了理论分析，并给出了在一定假设下，IOCA 接受新的正交成分的概率上限。为了验证推论 6.1 关于 “黄金比例” 的结论，我们设计了如下实验。

首先，生成大小为 N 的数据集 $\mathcal{X}$ 用于实验。$\mathcal{X}$ 中每一个数据都是 d 维的高斯向量，其各分量彼此独立并服从标准正态分布 $\mathcal{N}(0,1)$。

在 $N=10^5$ 的设置下，IOCA 在 $d=2000$ 和 $d=5000$ 两种情况下进行了测试。每种情况下 IOCA 执行 10 次，表 10 中报告了执行的平均结果，其中，k 为最终 IOCA 估计的目标维数，而 k/d 为与其相对应的数据压缩比率。

表 10 IOCA 在高斯向量数据集上的运行结果

d	执行时间/s	k	k/d
2000	194.8	1259.1	0.6259
5000	1211.6	3124.9	0.6250

表 10 中的结果显示，在上述两种情况下，算法最终的数据压缩比率均为略大于 “黄金比例” 的一个值。另外，当 N 相同时，在 $d=5000$ 情况下获得的数据压缩比率比在 $d=2000$ 情况下所获得的更接近于 “黄金比例”。因为 IOCA 的算法复杂度为 $O(Ndk)$，所以可以得出在上述两种情况下 IOCA 的运行时间与 d^2 成正比。而实际实验的结果也支持了上述结论：$d=5000$ 情况下的运行时间大约是 $d=2000$ 情况下的运行时间的 6.2 倍。因此，这些结果与 6.3.1 节中给出的结论保持一致。

6.4.2 在真实数据集上的实验

虽然前文对 IOCA 在人工数据集上的有效性进行了验证，但在真实数据集上对其的表现进行评估仍十分必要。在本章中，为了评估 IOCA 的表现，我们在表 1 与表 5 中所列出的 12 个数据集上进行了实验。

IOCA 是 OCA 的增量式版本，与 OCA 通过对整个数据的学习提取正交基底不同，IOCA 以在线方式提取基底时是无法利用整个数据集信息的，因此作为算法核心的阈值机制也进行了相应的调整。首先要验证的是这样的差异是否会导致 IOCA 在真实数据集上的表现明显劣于 OCA。表 11 对比了 IOCA 与 OCA 在 12 个数据集上关于自动估计的目标维数 k、平均相对重构误差 E 和识别率指标的表现。在本次实验中，IOCA 与 OCA 均采用 $f(\omega)=\omega$ 作为阈值函数。

表 11 IOCA 与 OCA 在真实数据集上的比较

数据集	IOCA			OCA		
	k	E	RR/%	k	E	RR/%
Hill	9.2	0.03	100	9	0.02	100
Ionosphere	21	0.23	84.38	18	0.38	85.66
Musk	36.9	0.21	65.84	31	0.23	66.76
OptDigits	24.1	0.23	97.67	22	0.25	97.38
Sonar	16	0.15	92.69	14	0.16	92.31
Waveform	9.6	0.32	77.69	9	0.30	79.66
ISOLET	191.6	0.21	88.02	166	0.23	88.52
USPS	61.2	0.12	95.07	52	0.15	94.92
Protein	221.6	0.49	48.74	209	0.52	48.56
IJCNN1	15.3	0.30	95.16	14	0.49	96.85
SensIT Vehicle	16.6	0.05	66.74	15	0.15	65.95
MNIST	190.2	0.24	97.16	163	0.30	97.05

从表 11 中可以看到，在采用相同阈值函数的情况下，IOCA 所提取的基底数目会略微地大于 OCA 提取的基底数目，但两者依旧比较接近。同时，在识别率方面，虽然整体上说 OCA 的表现略佳，但是 IOCA 与其的差距十分微弱。而 IOCA 为了实现在线学习，不再进行以整个数据集为处理对象的选主元操作，其计算量往往会小于 OCA。因此可以认为相对 OCA，IOCA 以更快速的方式实现了正交基底提取，虽然这可能令基底的质量出现了一定程度的削弱，但是上述实验结果表明，IOCA 算法的输出依然具有不错的质量。另外，根据前一章 OCA 与其他典型线性降维算法的对比，以及 IOCA 与 OCA 较为相似的表现，可以认为 IOCA 是一种具有竞争力的算法。

接着，我们将 IOCA 与两种增量式线性降维算法 IPCA [72] 和 CCIPCA [23] 进行了比较试验。为了模拟在线环境，对于 IPCA 和 CCIPCA，在实验最开始时仅有两个已知的样本，训练集中其他的样本随后逐个输入，IPCA 和 CCIPCA 利用每次输入的样本对已获取的成分进行更新。对于这些增量式算法，最终报告的结果是它们执行 10 次后的平均值。在每次执行中，数据的输入顺序都是随机生成的。我们仍旧采用识别率 (RR) 与平均相对重构误差 E 来检测降维后结果是否保持了原始数据的结构信息。尽管在实际中，CCIPCA 提取的基底并不能保证是彼此正交的，但是 CCIPCA 算法的基本假设就是它提取的成分在增量学习的过程中能够收敛为主成分。因此，对于 IPCA 和 CCIPCA，在令数据均值为零后，我们也直接将式 (151) 作为它们的平均相对重构误差计算函数。除此以外，在本章节还报告了 IOCA、IPCA 和 CCIPCA 这三种增量式算法的运行时间。显然，对于在线学习来说，时间消耗低是一项极为优异的性质。

对于 Hill 等六个规模相对较小的数据集，图 19 和图 20 分别报告了它们的识别率 (RR) 和平均相对重构误差 E。

图 19 中关于识别率的结果表明，在分类任务中，IOCA 是一个能与 IPCA 以及 CCIPCA 进行竞争的算法。虽然，IOCA 的识别率要稍微低于 IPCA 和 CCIPCA 所能取得的最优值，但当这两种算法所取的 k 值与 IOCA 所自动确定的 k 值一样时，它们在识别率上的表现几乎相同。显然，能自动确定目标维数 k 的值是 IOCA 的一个明显优势。对于 IPCA 和 CCIPCA，它们虽然能够在增量学习过程中自动地更新所获取的基底，但是对它们来说，如何设置合适的 k 仍旧是未知的。

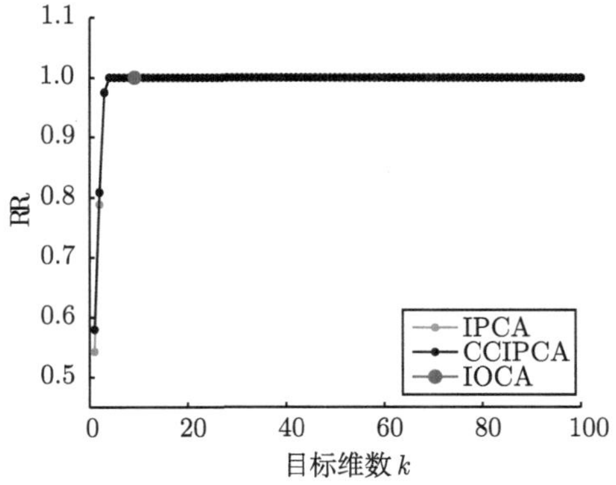

(a) Hill

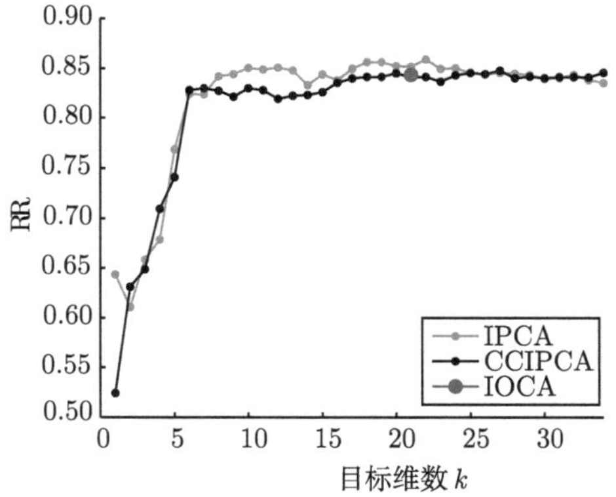

(b) Ionosphere

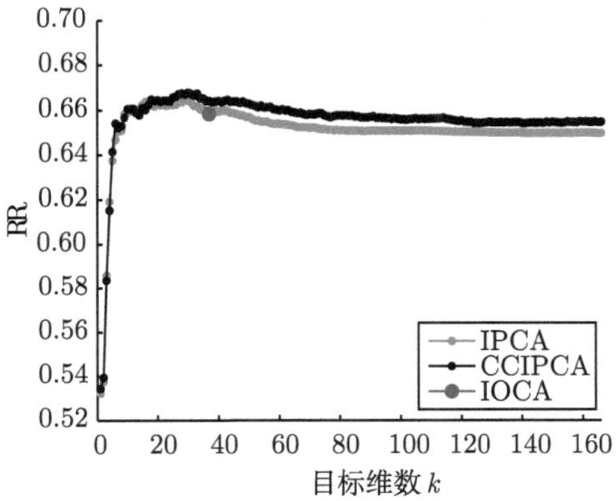

(c) Musk

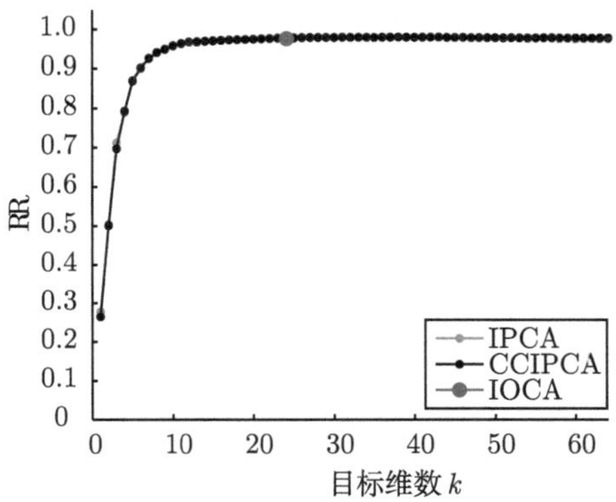

(d) OptDigits

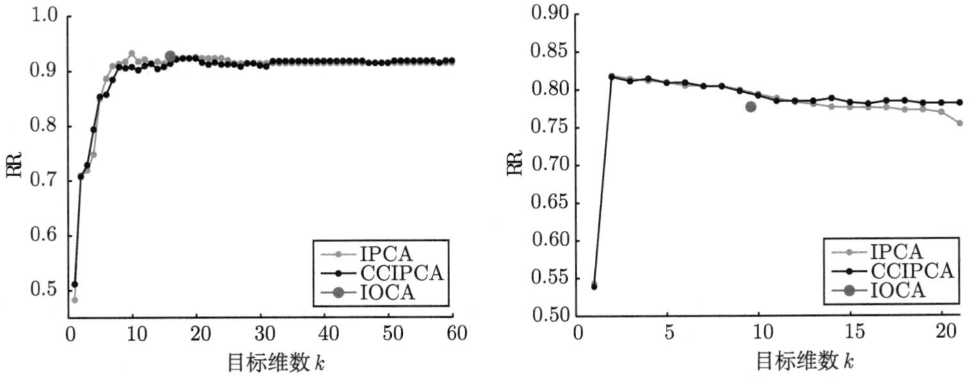

(e) Sonar　　(f) Waveform

图 19　IOCA、IPCA 和 CCIPCA 在六个数据集上关于识别率 (RR) 的比较

如图 20 所示，IOCA 在数据重构方面的表现也是有竞争力的：当目标维数 k 相同时，在四个数据集上，IOCA 能够比 IPCA 和 CCIPCA 获取更小的 E。

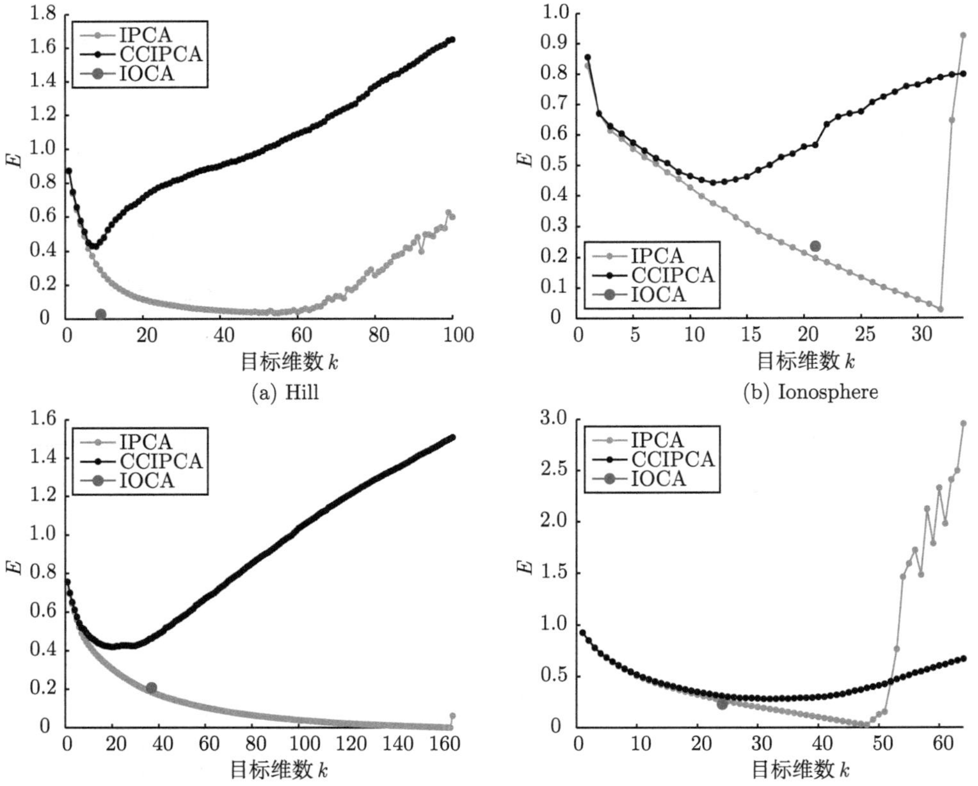

(a) Hill　　(b) Ionosphere

(c) Musk　　(d) OptDigits

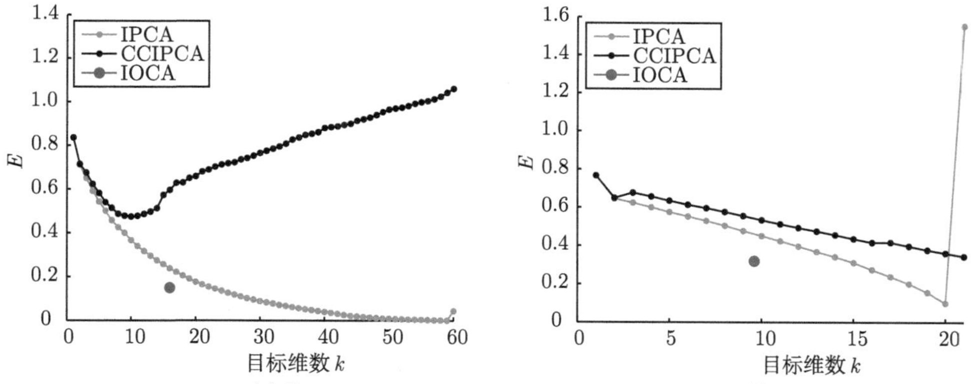

(e) Sonar (f) Waveform

图 20 IOCA、IPCA 和 CCIPCA 在六个数据集上关于平均相对重构误差 E 的比较

通过图 20，还可以发现一个有趣的现象：对于 IPCA 和 CCIPCA，随着 k 的增长，起初它们的重构误差是保持下降的；但是当达到一个临界点后，它们的重构误差便开始了上升。比起 IPCA，CCIPCA 要较早地达到临界点。而 IPCA 直到 k 的值接近于 d 才会达到临界点，随后，IPCA 的重构误差急速上升。

从理论上说，随着 k 的增长，E 应当单调递减，但是 IPCA 和 CCIPCA 的实验结果与上述结论矛盾。出现这种情况的原因是 IPCA 和 CCIPCA 取得的基底的正交性被破坏了。

对于 CCIPCA，它采用的基本假设是算法已获得的成分相互间的正交性随着这些成分的更新是可以保持的。因此，CCIPCA 在学习过程中主要关注于新输入数据与 k 个已获得成分的正交性。这个策略帮助 CCIPCA 在每次成分的更新中，将进行点乘的次数由 $\dfrac{k(k+1)}{2}$ 减少至 k。尽管在文献 [83] 中，研究者们成功地从理论上证明了，当 $N \to \infty$ 时，CCIPCA 取得的成分向量以概率 1 收敛到 PCA 所生成的主成分。但是上述试验结果表明，当 N 的大小有限且 k 的值接近于 d 时，CCIPCA 很可能不能收敛，且获取的成分不是正交的。

对于 IPCA，基底正交性的破坏则主要是由于舍入误差。假设 $\boldsymbol{B}$ 的 k 个列向量为 IPCA 学得的主成分，当一个新的数据 $\boldsymbol{x}$ 被输入时 (假设它已被去均值)，一个理论上与已获取基底正交的剩余向量 $\boldsymbol{r} = \boldsymbol{x} - \boldsymbol{B}\boldsymbol{B}^{\mathrm{T}}\boldsymbol{x}$ 便可以被计算出来。如果 $\|\boldsymbol{r}\|_2 > 0$，则计算 $\boldsymbol{r}' = \dfrac{\boldsymbol{r}}{\|\boldsymbol{r}\|_2}$，进而以 $\boldsymbol{B}' = [\boldsymbol{B}, \boldsymbol{r}']\boldsymbol{R}$ 计算新的主成分。其中，$\boldsymbol{R}$ 是一个通过求解特征值问题获取的 $(k+1) \times (k+1)$ 大小的旋转矩阵。从理论上说，

经历上述更新过程后，所提取的成分间相互的正交性是可以被维持的。但是如前文所讨论的，如果 $\boldsymbol{r}$ 精确值是一个零向量或一个 ℓ_2 范数非常小的向量，有时会因为实际计算中的舍入误差，正交化后的 $\boldsymbol{r}'$ 与已存在成分并不正交。因为上述矩阵旋转操作在每一个数据输入时都会被执行一次，所以所学基底间的正交性是每次逐步被破坏的，经过一段时间的运行后，正交性将会被完全破坏。这个问题很可能在 k 被设置成极接近于 d 的值时发生。一旦这个问题发生，IPCA 的重构误差就会急速上升，有时 IPCA 的识别率也会相应地下降。为了防止舍入误差的影响，可以设置一个阈值来淘汰掉那些 ℓ_2 范数过于小的剩余分量，这个十分简单，却非常有用的策略正是 IOCA 所采用的。

为了进一步展现各增量式算法于在线环境下的表现，图 21 报告了 IOCA、IPCA 和 CCIPCA 的运行时间。其中，IPCA 和 CCIPCA 的运行时间基本与目标维数 k 近似于正比，而 IOCA 要比它们快很多。

随后，我们在六个较大的数据集上对 IOCA、IPCA 和 CCIPCA 的表现进行对

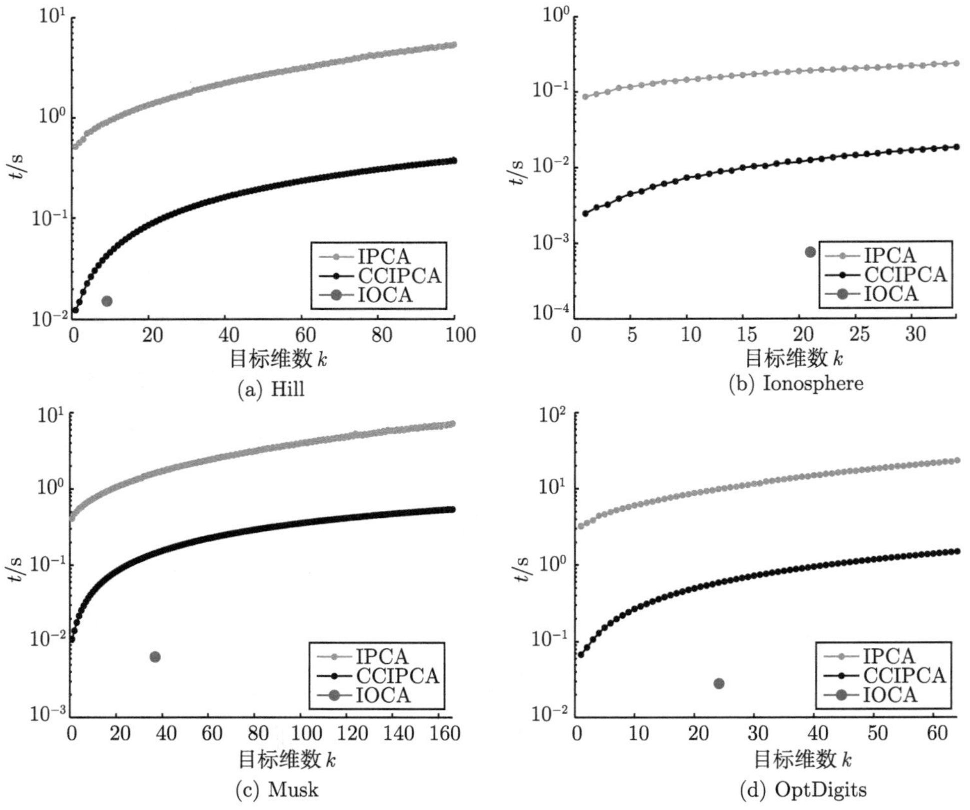

(a) Hill　　(b) Ionosphere

(c) Musk　　(d) OptDigits

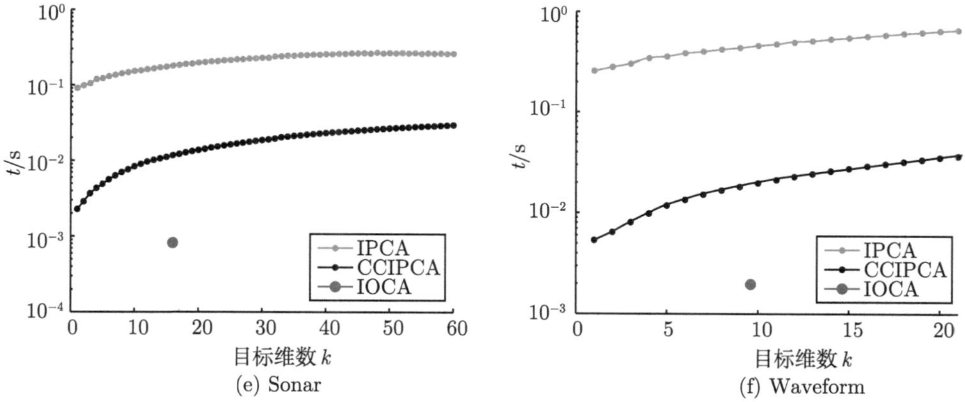

图 21　IOCA、IPCA 和 CCIPCA 在六个数据集上关于执行时间的比较 (对数坐标)

表 12　IOCA、IPCA 和 CCIPCA 在六个较大数据集上运行结果的比较

数据集		IOCA	IPCA	CCIPCA
IJCNN1 $k=15.30\pm0.67$	RR/%	94.75 ± 1.32	93.84 ± 1.00	$\mathbf{95.05\pm0.93}$
	E	0.28 ± 0.02	$\mathbf{0.19\pm0.02}$	0.21 ± 0.02
	t/s	**0.29**	103.38	4.55
ISOLET $k=190.60\pm1.78$	RR/%	88.29 ± 0.28	$\mathbf{88.42\pm0.18}$	88.32 ± 0.52
	E	$\mathbf{0.21\pm0.00}$	$\mathbf{0.21\pm0.00}$	0.59 ± 0.06
	t/s	**1.02**	178.14	21.20
MNIST $k=191.10\pm2.13$	RR/%	$\mathbf{97.05\pm0.00}$	96.93 ± 0.00	96.95 ± 0.00
	E	0.24 ± 0.00	$\mathbf{0.19\pm0.00}$	0.34 ± 0.05
	t/s	**11.25**	1768.65	205.83
Protein $k=221.10\pm0.74$	RR/%	48.62 ± 0.55	48.85 ± 0.27	$\mathbf{49.70\pm0.51}$
	E	0.50 ± 0.00	$\mathbf{0.39\pm0.00}$	0.54 ± 0.00
	t/s	**1.90**	675.59	46.94
SensIT Vehicle $k=16.70\pm0.48$	RR/%	66.83 ± 0.29	$\mathbf{67.57\pm0.12}$	67.52 ± 0.22
	E	$\mathbf{0.06\pm0.01}$	0.17 ± 0.01	0.24 ± 0.07
	t/s	**0.47**	172.64	8.38
USPS $k=61.20\pm0.92$	RR/%	94.96 ± 0.00	$\mathbf{95.06\pm0.00}$	94.75 ± 0.20
	E	0.12 ± 0.00	$\mathbf{0.10\pm0.00}$	0.42 ± 0.09
	t/s	**0.18**	45.23	4.24

比。同样，对于每个实验，报告的结果为 10 次执行的平均值。在下列实验中，IOCA 确定的目标维数 k 被用于 IPCA 和 CCIPCA。表 12 对各实验结果 (目标维数 k、识别率、E 和执行时间) 进行了总结，其中，最佳的结果由粗体字标出。

同一个数据集以不同的顺序输入将会导致 IOCA 自动确定的 k 值产生波动。但是，表 12 中的结果表明，在数据集规模较大时，IOCA 自动确定的 k 的波动也还在一个较小的范围内。关于识别率和 E 的结果也表明 IOCA 的稳定性是可以接受的。

根据表 12 中的结果，IOCA 在运行时间方面有着巨大的优势。在大多数情况下，IOCA 比 CCIPCA 快近 20 倍。由于在每次更新中只需进行相对简单的计算而无需求解特征值问题，CCIPCA 又比 IPCA 快近 10 倍。同时，IOCA 在识别率和 E 的表现仅略差于 IPCA 或 CCIPCA。这些结果同样也暗示，当 k 较大时 CCIPCA 很难获取正交的主成分。

综上所述，通过 IOCA 与多种典型降维算法的对比，可以看到 IOCA 是一种有竞争力的方法。它采用了一种简单但是有效的自适应阈值机制对目标维数进行了估计，并且同时确定了特征子空间。在 k 的设置相同的情况下，IOCA 远快于 IPCA 和 CCIPCA，而这在在线学习中是一个决定性的优势。但是，需要指出的是，各种算法都有各自特别适用的环境，IOCA 设计的目的并不是要取代各种经典的线性降维算法。但是作为一种方便且高速的正交成分提取方法，IOCA 对于在线数据处理是一个不错的选择，特别是对数据几乎没有任何先验知识的时候。

6.5　本章小结

本章提出了一种可用于在线数据降维的名为 IOCA 的增量式算法。由于其极低的计算消耗，IOCA 能够实现高速在线学习。通过自适应的阈值机制，IOCA 能够自动估计出降维后的目标维数并且保证提取的各正交基底间的数值正交性。试验结果表明 IOCA 是一种有竞争力的方法，其在习得基底的质量、分类能力、计算消耗等方面均表现良好。而上述特性正是在线学习所需的，作为一种在线学习算法，IOCA 表现出众。

IOCA 并不是为了某些特定应用而设计的算法，而是一种能在各应用领域都能高效运行的通用型算法。IOCA 由于其简单的算法过程、自适应阈值机制以及很低的计算消耗，具有成为一种成功的算法的潜质。

IOCA 在进行增量学习时，只会令特征子空间 $\mathcal{S}$ 进行 “扩张”，而不能对其进行 “旋转”。这一方面有助于让算法拥有较低的计算复杂度，但另一方面也导致了一些不足：在学习过程中，某些并不理想的正交基底向量一旦被提取就会被一直保留；而当特征子空间 $\mathcal{S}$ 的维数增长到一个较为稳定的值后，随后输入的数据很难参与到增量学习中。针对上述问题，下一章进行了关于子空间正交基底在线调整算法的研究。

第7章

子空间正交基底在线调整算法

前一章所提出的 IOCA 算法只能够通过提取新的正交基底对特征子空间进行扩展而不能对已提取的基底进行调整。针对这一问题，本章进行了子空间正交基底在线调整算法研究。本章设计了一种能够方便地将两个以正交基底表示子空间合并为一个新的同样以正交基底表示的子空间的技术，并将其与 IOCA 算法相结合，提出了进化式正交成分分析 (EOCA) 算法，在低计算复杂度的情况下成功实现了在线子空间学习。

本章的结构安排如下：首先对本章所进行的子空间正交基底在线调整研究的基本思路进行介绍；其次给出了包含基底对齐与基底更新两大步骤的正交基底在线调整算法，并对算法结果的唯一性进行了证明；接着将上述基底调整算法与 IOCA 结合，提出了 EOCA 算法并对其进行描述；然后通过实验验证了 EOCA 算法的有效性；最后给出了本章小结。

7.1　引言

在对线性子空间的学习中，对已有特征子空间 $\mathcal{S}$ 的基底进行调整时采用的方式可以分为如下两种：①每输入一个数据，便对 $\mathcal{S}$ 的基底进行一次更新；②每次先根据一批输入数据生成子空间 $\mathcal{S}'$，再利用 $\mathcal{S}'$ 对 $\mathcal{S}$ 进行调整。在输入相同数据流的情况下，前者能够在线地根据输入数据进行学习，对基底更新的次数相对较多；后者实现的是以子空间为单位进行增量学习，可以看作每次对一批数据进行学习，因此进行基底更新的次数相对较少。IOCA 擅长快速地逐个处理输入数据流中的数据以生成特征子空间，但其缺点在于在学习过程中无法对已提取的各基底向量进行调整。因此，可以利用以子空间为单位的基底调整方法对 IOCA 进行改进。

本章的研究希望做到随着学习的进行，不仅特征子空间的维数能够更新，而且已获取基底也能进行调整，同时基底间的正交性仍旧能够保持。为了达到上述目的，本章提出了一种子空间正交基底调整算法，将其与前文的研究相结合，以实现在线增量式的特征子空间学习。这种增量式特征子空间学习算法被命名为进化式正交成分分析 (evolutionary orthogonal component analysis，EOCA)。

图 22 为 EOCA 算法进行子空间学习的流程图。其中，$\mathcal{S}$ 为所求的特征子空间，EOCA 对 $\mathcal{S}$ 的增量式学习大体分为两个阶段：①通过对输入数据在线式地提取标准正交基底，以增加基底的方式更新子空间 $\mathcal{S}'$；②一旦 $\mathcal{S}'$ 处于一个较为稳定

的状态 (在本研究中将其定义为一定时间内 $\mathcal{S}'$ 的维数没有发生增加)，或所有数据均已处理完毕，便利用 $\mathcal{S}'$ 对 $\mathcal{S}$ 已有基底表示进行更新。这两个阶段交替进行，直至输入数据流全部处理完毕，最终输出同样以标准正交基的形式表示的特征子空间 $\mathcal{S}$。

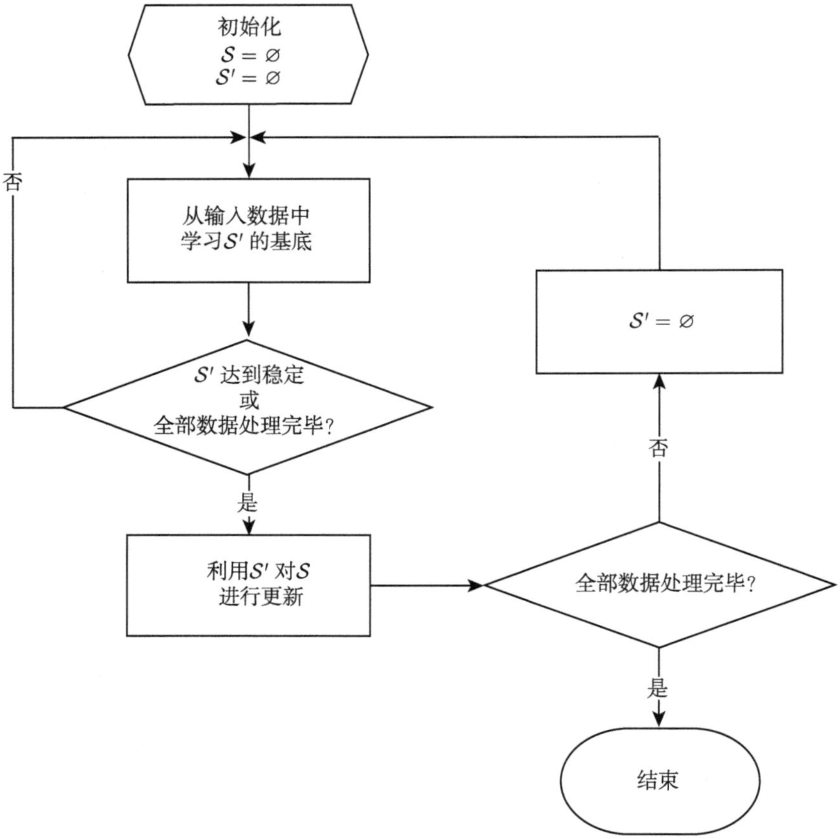

图 22 EOCA 进行子空间学习的流程图

7.2 子空间正交基底调整算法

EOCA 的基本思想，可以总结为每次利用在线输入的一批数据习得以标准正交基底表示的特征子空间，随后将各批次学得的特征子空间按顺序进行调整合并，得到最终要求的特征子空间。为了能够与前文自适应正交基底在线提取研究相结合，本章所提出的子空间正交基底调整算法需要满足如下要求：①在线式地对特征子空间进行更新；②在子空间 $\mathcal{S}'$ 和 $\mathcal{S}$ 维数可能不一致的情况下，根据 $\mathcal{S}'$ 对 $\mathcal{S}$ 进行更新；③自动确定更新后 $\mathcal{S}$ 的维数，且令更新后的 $\mathcal{S}$ 仍以其一组标准正交基表示；④给定子空间对 $\mathcal{S}'$ 和 $\mathcal{S}$，且学习率确定的情况下，保证更新后的子空间 $\mathcal{S}$ 唯一确定。

利用子空间 $\mathcal{S}'$ 对 $\mathcal{S}$ 进行更新的问题，可以被直观地转换为将 $\mathcal{S}$ 向 $\mathcal{S}'$ 进行"旋转"的问题。这样，如何对 $\mathcal{S}$ 进行"旋转"以及如何保证"旋转"后的 $\mathcal{S}$ 的唯一性将是本研究的重点。

当信息由单个高维向量的形式表示时，如果已掌握的信息由 $\boldsymbol{b}_1$ 表示，在某一时候获得了新的信息 $\boldsymbol{b}_2$ 并想用它来对 $\boldsymbol{b}_1$ 进行更新，希望生成包含了新旧信息的 $\boldsymbol{b}_1^{(\text{new})}$，一个直接的做法就是令 $\boldsymbol{b}_1^{(\text{new})} = (1-\eta)\boldsymbol{b}_1 + \eta\boldsymbol{b}_2$ $(0 < \eta < 1$ 为学习率)。因为 $\boldsymbol{b}_1^{(\text{new})}$ 位于 $\boldsymbol{b}_1$ 与 $\boldsymbol{b}_2$ 之间，所以它包含了 $\boldsymbol{b}_1$ 与 $\boldsymbol{b}_2$ 这两者各自的一部分信息。

上述思想固然可以借鉴到含有新旧信息的两个子空间 $\mathcal{S}$ 和 $\mathcal{S}'$ 的重组更新中。但是，由于非零维子空间的基底表示并不唯一，在以子空间为单位的基底调整中如果直接照搬上述向量调整的过程，那么生成的 $\mathcal{S}^{(\text{new})}$ 的唯一性并不能被保证：比如，设 $\mathcal{S}' = \text{span}\{\boldsymbol{b}_{2,1}\}$ 和 $\mathcal{S} = \text{span}\{\boldsymbol{b}_{1,1}\}$ 均为 1 维的线性子空间。即使在规定 $\mathcal{S}'$ 基底向量的 ℓ_2 范数必须等于 1 的情况下，$\text{span}\{\boldsymbol{b}_{2,1}\}$ 和 $\text{span}\{-\boldsymbol{b}_{2,1}\}$ 均可作为 $\mathcal{S}'$ 的表示，显然当 $\boldsymbol{b}_{1,1}$ 与 $\boldsymbol{b}_{2,1}$ 线性不相关时，子空间 $\text{span}\{(1-\eta)\boldsymbol{b}_{1,1} + \eta\boldsymbol{b}_{2,1}\}$ 与 $\text{span}\{(1-\eta)\boldsymbol{b}_{1,1} - \eta\boldsymbol{b}_{2,1}\}$ 并不相同。

因此，在利用线性子空间 $\mathcal{S}'$ 对另一线性子空间 $\mathcal{S}$ 进行基底更新时，首先必须对这两个子空间进行"对齐"操作，明确这两者之间的对应关系，然后才能展开对基底的调整。

在基于本征空间 (eigenspace) 进行子空间表示和更新方法中，对于每一个子空间，其所对应的样本数，根据这些样本计算得到的特征向量矩阵 (基底矩阵) 与特征值矩阵都被记录。其中，特征值矩阵被用来反映数据在各基底方向的变化情况。在它的帮助下，这些方法能够进行基底对齐操作，进而确定更新后的基底。

但是，在前文的特征子空间正交成分提取研究中，所获取的各个基底向量是被看作同等重要的，直接套用上述基于本征空间的调整方法并不十分合适。因此本章提出了一种新的子空间正交基底调整算法，它以一种更符合直觉的方式进行特征子空间的更新：通过子空间对齐操作确定两个子空间基底组中各基底对的一一对应关系，然后根据这些配对关系确定更新后的结果。

7.2.1 子空间的“对齐”

给定 k_1 维线性子空间 $\mathcal{S}$ 与 k_2 维线性子空间 $\mathcal{S}'$，令矩阵 $\boldsymbol{B}_1 = [\boldsymbol{b}_{1,1},\cdots,\boldsymbol{b}_{1,k_1}] \in \mathbb{R}^{d\times k_1}$ 和 $\boldsymbol{B}_2 = [\boldsymbol{b}_{2,1},\cdots,\boldsymbol{b}_{2,k_1}] \in \mathbb{R}^{d\times k_2}$ 的各列分别为 $\mathcal{S}$ 与 $\mathcal{S}'$ 的标准正交基，目标是对 $\mathcal{S}$ 和 $\mathcal{S}'$ 进行整合，得到更新后的 k 维子空间 $\mathcal{S}^{(\text{new})}$，其同样以一组标准正交基 $\boldsymbol{b}_1,\cdots,\boldsymbol{b}_k$ 表示。进而 $\mathcal{S}$ 利用 $\mathcal{S}'$ 进行更新得到 $\mathcal{S}^{(\text{new})}$ 的过程可以被看作是 $\mathcal{S}$ 向 $\mathcal{S}'$ 方向进行旋转，并可能发生维数改变的过程。

直觉地，我们希望能够将两个线性空间中信息整合的过程直接地拆分为一系列向量对各自分别进行相应调整的过程。即对 $\mathcal{S}$ 和 $\mathcal{S}'$ 的基底表达形式分别进行调整，分别得到 $\mathcal{S} = \text{span}\{\boldsymbol{w}_{1,1},\cdots,\boldsymbol{w}_{1,k_1}\}$ 和 $\mathcal{S}' = \text{span}\{\boldsymbol{w}_{2,1},\cdots,\boldsymbol{w}_{2,k_2}\}$。其中，$\{\boldsymbol{w}_{1,1},\cdots,\boldsymbol{w}_{1,k_1}\}$ 和 $\{\boldsymbol{w}_{2,1},\cdots,\boldsymbol{w}_{2,k_1}\}$ 也均仍为标准正交基。令 $k_{\min} = \min\{k_1,k_2\}$，当 $i = 1,\cdots,k_{\min}$ 时，$\boldsymbol{w}_{1,i}$ 和 $\boldsymbol{w}_{2,i}$ 呈配对关系，每次令 $\boldsymbol{w}_{1,i}$ 向 $\boldsymbol{w}_{2,i}$ 的方向进行旋转以确定 $\mathcal{S}^{(\text{new})}$ 的一个基底。

如前文所介绍，给定 k_1 维线性子空间 $\mathcal{S}$ 与 k_2 维线性子空间 $\mathcal{S}'$，无论它们的基底表示形式如何，它们间的 $k_{\min}$ 个主角度是唯一确定的。在对 $\mathcal{S}$ 和 $\mathcal{S}'$ 基底表达形式进行调整以实现基底向量间的“对齐”时，可以利用上述“主角度”的概念：对于 $i = 1,\cdots,k_{\min}$ 时，寻找 $\boldsymbol{u}_{1,i}$ 与 $\boldsymbol{u}_{2,i}$，令 $\boldsymbol{w}_{1,i} = \boldsymbol{B}_1\boldsymbol{u}_{1,i}$ 和 $\boldsymbol{w}_{2,i} = \boldsymbol{B}_2\boldsymbol{u}_{2,i}$ 之间的角度为子空间 $\mathcal{S}$ 和 $\mathcal{S}'$ 之间的第 i 个主角度 θ_i $\left(0 \leqslant \theta_i \leqslant \dfrac{\pi}{2}\right)$。换句话说，要令 $\boldsymbol{w}_{1,i}^{\mathrm{T}}\boldsymbol{w}_{2,i} = \cos\theta_i$。

根据主角度的定义，对于第一个主角度 θ_1，有

$$\cos\theta_1 = \max_{\boldsymbol{w}_{1,1}\in\mathcal{S},\boldsymbol{w}_{2,1}\in\mathcal{S}'} \boldsymbol{w}_{1,1}^{\mathrm{T}}\boldsymbol{w}_{2,1} = \max \boldsymbol{u}_{1,1}^{\mathrm{T}}\boldsymbol{B}_1^{\mathrm{T}}\boldsymbol{B}_2\boldsymbol{u}_{2,1} \tag{163}$$

$\boldsymbol{u}_{1,1}$ 与 $\boldsymbol{u}_{2,1}$ 便是要求取的向量。在 $\|\boldsymbol{u}_{1,1}\|_2 = \|\boldsymbol{u}_{2,1}\|_2 = 1$ 的限制下，利用拉格朗日乘子法，可将求解 $\boldsymbol{u}_{1,1}$ 和 $\boldsymbol{u}_{2,1}$ 的问题转化为求解如下最优化问题：

$$\max \boldsymbol{u}_{1,1}^{\mathrm{T}}\boldsymbol{B}_1^{\mathrm{T}}\boldsymbol{B}_2\boldsymbol{u}_{2,1} + \lambda_{1,1}(1-\boldsymbol{u}_{1,1}^{\mathrm{T}}\boldsymbol{u}_{1,1}) + \lambda_{2,1}(1-\boldsymbol{u}_{2,1}^{\mathrm{T}}\boldsymbol{u}_{2,1}) \tag{164}$$

对其求导可得

$$\boldsymbol{B}_1^{\mathrm{T}}\boldsymbol{B}_2\boldsymbol{u}_{2,1} = 2\lambda_{1,1}\boldsymbol{u}_{1,1}, \quad \boldsymbol{B}_2^{\mathrm{T}}\boldsymbol{B}_1\boldsymbol{u}_{1,1} = 2\lambda_{2,1}\boldsymbol{v}_{2,1} \tag{165}$$

便有

$$u_{1,1}^{\mathrm{T}}B_1^{\mathrm{T}}B_2u_{2,1}=2\lambda_{1,1}=2\lambda_{2,1} \tag{166}$$

令 $2\lambda_{1,1}=2\lambda_{2,1}=\sigma_1$，最大化式 (164) 的问题便又转化为求解 $k_1\times k_2$ 矩阵 $B_1^{\mathrm{T}}B_2$ 的最大奇异值 σ_1 的问题，而 $u_{1,1}$ 和 $v_{2,1}$ 则分别为与 σ_1 所对应的左、右奇异向量。

与上述求解过程类似，可以依次计算出其他各对基底的配对方式。于是，便可得到如下结论：如果令 $u_{1,i}$ 和 $u_{2,i}$ 分别为 $k_1\times k_2$ 矩阵 $B_1^{\mathrm{T}}B_2$ 第 i 大的奇异值 σ_i 所对应的左、右奇异向量，那么，$w_{1,i}=B_1u_{1,i}$ 和 $w_{2,i}=B_2u_{2,i}$ 间的夹角正是 $\mathcal{S}_1$ 和 $\mathcal{S}_2$ 间的第 i 主角度 ($i=1,\cdots,k_{\min}$)，即 $\cos\theta_i=w_{1,i}^{\mathrm{T}}w_{2,i}=\sigma_i$。上述利用 SVD 分解进行的对齐操作与典型相关分析 (canonical correlation analysis，CCA) 十分类似[64]，但 CCA 处理的是两数据集中的各数据，而上述基底的配对计算处理的对象为两子空间的标准正交基底组。

在进行子空间基底对齐操作时，可以通过 SVD 分解，令 $B_1^{\mathrm{T}}B_2=U_1\Sigma U_2^{\mathrm{T}}$，其中，$U_1=[u_{1,1},\cdots,u_{1,k_1}]$ 和 $U_2=[u_{2,1},\cdots,u_{2,k_2}]$ 分别为 $k_1\times k_1$ 和 $k_2\times k_2$ 大小的单位矩阵；Σ 为除了前 $k_{\min}$ 个位于对角线上的元素可能为非负实数值，其余位置元素均为 0 的 $k_1\times k_2$ 大小的矩形对角矩阵。令 $W_1=B_1U_1$，$W_2=B_2U_2$，得到 $W_1=[w_{1,i},\cdots,w_{1,k_1}]\in\mathbb{R}^{d\times k_1}$，$W_2=[w_{2,i},\cdots,w_{2,k_2}]\in\mathbb{R}^{d\times k_2}$。$W_1$ 和 W_2 各列具有如下性质：

$$w_{1,i}^{\mathrm{T}}w_{1,j}=u_{1,i}^{\mathrm{T}}(B_1^{\mathrm{T}}B_1)u_{1,j}=u_{1,i}^{\mathrm{T}}u_{1,j}=\begin{cases}1, & i=j\\0, & i\neq j\end{cases} \tag{167}$$

$$w_{2,i}^{\mathrm{T}}w_{2,j}=u_{2,i}^{\mathrm{T}}(B_2^{\mathrm{T}}B_2)u_{2,j}=u_{2,i}^{\mathrm{T}}v_{2,j}=\begin{cases}1, & i=j\\0, & i\neq j\end{cases} \tag{168}$$

$$w_{1,i}^{\mathrm{T}}w_{2,j}=u_{1,i}^{\mathrm{T}}(B_1^{\mathrm{T}}B_2)u_{2,j}=(u_{1,i}^{\mathrm{T}}U_1)\Sigma(u_{2,j}^{\mathrm{T}}U_2)^{\mathrm{T}}=\begin{cases}\sigma_i, & i=j\\0, & i\neq j\end{cases} \tag{169}$$

根据上述性质，可以看出两组基底 $\{w_{1,1},\cdots,w_{1,k_1}\}$ 和 $\{w_{2,1},\cdots,w_{2,k_2}\}$ 中对应向量呈一一配对关系，且当 $i\neq j$ 时，$w_{1,i}$ 与 $w_{2,j}$ 相互正交，因此在接下来进行的子空间的基底调整中，可以将各基底对分别进行处理。

7.2.2 子空间的基底的更新

在利用主角度实现子空间基底的"对齐"后，便可以根据上述操作的结果，利用 $\mathcal{S}'$ 对 $\mathcal{S}$ 更新，通过整合两子空间中的信息得到一个新的子空间 $\mathcal{S}^{(\text{new})}$。

假设子空间 $\mathcal{S}$ 和 $\mathcal{S}'$ 都是经过处理一定数量的数据后生成的，它们能够表示出各自所处理数据的分布信息。基于每一个数据重要性程度相等的假设，可以规定子空间的重要程度正比于其生成时所学习的数据数目。

当 $\sigma_i = \boldsymbol{w}_{1,i}^{\mathrm{T}}\boldsymbol{w}_{2,i} > 0$ 时，即 $\boldsymbol{w}_{1,i}$ 和 $\boldsymbol{w}_{2,i}$ 之间呈锐角时，根据

$$\boldsymbol{w}_i = \eta\boldsymbol{w}_{1,i} + (1-\eta)\boldsymbol{w}_{2,i} \tag{170}$$

确定 $\boldsymbol{w}_i$ 作为新的子空间 $\mathcal{S}$ 的基底，其中 $0 \leqslant \eta \leqslant 1$ 为学习率，其决定了 $\boldsymbol{w}_{1,i}$ 和 $\boldsymbol{w}_{2,i}$ 对新生成的 $\boldsymbol{w}_i$ 影响的情况。根据前面子空间重要程度的假设，默认地令 $\eta = \dfrac{N_1}{N_1+N_2}$。而根据式 (167)~ 式 (169) 中总结的性质，可以知道利用式 (170) 求得的 $\boldsymbol{w}_i$ 和 $\boldsymbol{w}_j$ 具有如下性质：

$$\begin{aligned}\boldsymbol{w}_i^{\mathrm{T}}\boldsymbol{w}_j &= (\eta\boldsymbol{w}_{1,i} + (1-\eta)\boldsymbol{w}_{2,i})^{\mathrm{T}}(\eta\boldsymbol{w}_{1,j} + (1-\eta)\boldsymbol{w}_{2,j}) \\ &= \begin{cases} \eta^2 + 2\eta(1-\eta)\sigma_i + (1-\eta)^2, & i = j \\ 0, & i \neq j \end{cases}\end{aligned} \tag{171}$$

也就是说，当 $i \neq j$ 时，$\boldsymbol{w}_i$ 和 $\boldsymbol{w}_j$ 相互正交。另外，由于 η^2 与 $(1-\eta)^2$ 中至少有一个大于 0，且 $\eta(1-\eta)\sigma_i \geqslant 0$，可得 $\|\boldsymbol{w}_i\|_2 > 0$，也就是说，可以直接对 $\boldsymbol{w}_i$ 进行标准化，得到 $\boldsymbol{b}_i = \dfrac{\boldsymbol{w}_i}{\|\boldsymbol{w}_i\|_2}$，并将其作为新生成子空间 $\mathcal{S}^{(\text{new})}$ 的一个标准正交基底向量。

当 $\sigma_i = \boldsymbol{w}_{1,i}^{\mathrm{T}}\boldsymbol{w}_{2,i} = 0$ 时，$\boldsymbol{w}_{1,i}$ 和 $\boldsymbol{w}_{2,i}$ 相互正交，通过下一节关于新子空间唯一性的讨论可以发现，此时直接利用式 (170) 计算生成的基底并不唯一。可以选择同时抛弃这两个基底，或同时接受它们作为调整后子空间的基底。从保留信息的角度考虑，本研究选择把 $\boldsymbol{w}_{1,i}$ 和 $\boldsymbol{w}_{2,i}$ 均加入 $\mathcal{S}^{(\text{new})}$ 的基底中。在实际运算中，由于计算精度问题，σ_i 的值精确地为 0 的情况较为少见。因此可以选择当 $\sigma_i < 10^{-8}$ 时，就将 $\boldsymbol{w}_{1,i}$ 和 $\boldsymbol{w}_{2,i}$ 的信息均加入 $\mathcal{S}$。不过在此时，为了保证 $\mathcal{S}$ 基底的数值正交性，在将两个基底向量加入新子空间基底组前需要额外地进行一次正交标准化操作，即令 $\boldsymbol{w}_{2,i} = \boldsymbol{w}_{2,i} - \boldsymbol{w}_{1,i}\boldsymbol{w}_{1,i}^{\mathrm{T}}\boldsymbol{w}_{2,i}$，$\boldsymbol{w}_{2,i} = \dfrac{\boldsymbol{w}_{2,i}}{\|\boldsymbol{w}_{2,i}\|_2}$。

同样从保留信息的角度考虑，当 $k_1 > k_{\min}$ 时，$\mathcal{S}$ 的 $k_1 - k_{\min}$ 个基底向量 $\boldsymbol{w}_{1,k_{\min}+1},\cdots,\boldsymbol{w}_{1,k_1}$ 直接被加入 $\mathcal{S}^{(\text{new})}$ 的基底中；同样，当 $k_2 > k_{\min}$ 时，$\mathcal{S}'$ 的 $k_2 - k_{\min}$ 个基底向量 $\boldsymbol{w}_{2,k_{\min}+1},\cdots,\boldsymbol{w}_{2,k_2}$ 直接被加入 $\mathcal{S}^{(\text{new})}$ 的基底中。

算法 4 为本章所介绍子空间正交基底调整算法的总结。给定 k_1 维子空间 $\mathcal{S}$ 与 k_2 维子空间 $\mathcal{S}'$，分别由其标准正交基底矩阵 $\boldsymbol{B}_1$ 和 $\boldsymbol{B}_2$ 表示，算法 4 通过子空间整合生成一个新的 k 维子空间 $\mathcal{S}$，$\mathcal{S}$ 同样通过其标准正交基底矩阵 $\boldsymbol{B}$ 表示。关于子空间更新前后的维数，有 $\max\{k_1,k_2\} \leqslant k \leqslant k_1+k_2$，$k$ 的上限 k_1+k_2 在两子空间 $\mathcal{S}$ 与 $\mathcal{S}'$ 正交时取得。算法复杂度方面，进行 SVD 分解计算复杂度为 $O(k^3)$，SVD 分解结果为基础的基底对齐及更新操作复杂度为 $O(dk^2)$，因此该算法的整体复杂度为 $O(dk^2)$。

算法 4　子空间正交基底调整算法

输入： 基底矩阵 $\boldsymbol{B}_1 \in \mathbb{R}^{d\times k_1}$ 与 $\boldsymbol{B}_2 \in \mathbb{R}^{d\times k_2}$，以及生成它们分别所使用的数据数目 N_1 和 N_2

$[\boldsymbol{U}_1,\boldsymbol{\Sigma},\boldsymbol{U}_2] = \text{svd}(\boldsymbol{B}_1^{\mathrm{T}}\boldsymbol{B}_2)$

$k=0$，$N=N_1+N_2$

for $i=1,\cdots,k_{\min}$ **do**

　if $[\boldsymbol{\Sigma}]_{i,i} > 0$ **then**

　　$\boldsymbol{w}_{k+1} = \dfrac{N_1}{N}\boldsymbol{B}_1\boldsymbol{U}_1(:,i) + \dfrac{N_2}{N}\boldsymbol{B}_2\boldsymbol{U}_2(:,i)$；$\boldsymbol{B}(:,k+1) = \dfrac{\boldsymbol{w}_{k+1}}{\|\boldsymbol{w}_{k+1}\|_2}$

　　$k=k+1$

　else

　　$\boldsymbol{B}(:,k+1) = \boldsymbol{B}_1\boldsymbol{U}_1(:,i)$；$\boldsymbol{B}(:,k+2) = \boldsymbol{B}_2\boldsymbol{U}_2(:,i)$

　　$k=k+2$

　end if

end for

if $k_1 > k_{\min}$ **then**

　$\boldsymbol{B}(:,k_{\min}+1:k_1) = \boldsymbol{B}_1\boldsymbol{U}_1(:,k_{\min}+1:k_1)$

　$k=k+k_1-k_{\min}$

else if $k_2 > k_{\min}$ **then**

　$\boldsymbol{B}(:,k_{\min}+1:k_2) = \boldsymbol{B}_2\boldsymbol{U}_2(:,k_{\min}+1:k_2)$

　$k=k+k_2-k_{\min}$

end if

输出： 基底矩阵 $\boldsymbol{B} \in \mathbb{R}^{d\times k}$，以及生成它所使用的数据数目 N

7.2.3 新子空间唯一性的证明

线性子空间 $\mathcal{S}^{(\text{new})}$ 是通过两个线性子空间 $\mathcal{S}$ 与 $\mathcal{S}'$ 调整合并而来。根据上文的子空间基底调整算法，可以证明：当 $\mathcal{S}$ 与 $\mathcal{S}'$ 给定时，生成的 $\mathcal{S}^{(\text{new})}$ 是唯一的。

在进行子空间基底调整时的关键步骤为对矩阵 $\boldsymbol{B}_1^{\mathrm{T}}\boldsymbol{B}_2$ 的 SVD 分解，而上述命题的证明则需要根据 SVD 的性质来进行。也就是说，需要证明，即使对于 $\boldsymbol{B}_1^{\mathrm{T}}\boldsymbol{B}_2$ 进行 SVD 分解的结果有多种，但是根据这些结果进行运算得到的子空间 $\mathcal{S}$ 是唯一的。

首先，假设给定 $k_1 \times k_2$ 矩阵 $\boldsymbol{B}_1^{\mathrm{T}}\boldsymbol{B}_2$，对其进行 SVD 分解可得到两种结果 $\boldsymbol{U}_1\boldsymbol{\Sigma}\boldsymbol{U}_2^{\mathrm{T}}$ 和 $\hat{\boldsymbol{U}}_1\boldsymbol{\Sigma}\hat{\boldsymbol{U}}_2^{\mathrm{T}}$。$\boldsymbol{\Sigma}$ 为矩形对角矩阵，其对角线上元素为从大到小排列的 $\boldsymbol{B}_1^{\mathrm{T}}\boldsymbol{B}_2$ 的奇异值，因此 $\boldsymbol{\Sigma}$ 唯一确定。$k_1 \times k_1$ 正交矩阵 $\boldsymbol{U}_1 = [\boldsymbol{u}_{1,1}, \cdots, \boldsymbol{u}_{1,k_1}]$ 和 $\hat{\boldsymbol{U}}_1 = [\hat{\boldsymbol{u}}_{1,1}, \cdots, \hat{\boldsymbol{u}}_{1,k_1}]$ 各列为 SVD 分解后得到的左奇异向量；$k_2 \times k_2$ 正交矩阵 $\boldsymbol{U}_2 = [\boldsymbol{u}_{2,1}, \cdots, \boldsymbol{u}_{2,k_2}]$ 和 $\hat{\boldsymbol{U}}_2 = [\hat{\boldsymbol{u}}_{2,1}, \cdots, \hat{\boldsymbol{u}}_{2,k_2}]$ 各列为 SVD 分解后得到的右奇异向量。根据正交矩阵的性质，对于 $\hat{\boldsymbol{u}}_{1,i}$，可以找到 $\boldsymbol{\alpha}_{\hat{\boldsymbol{u}}_{1,i}} = (\alpha_{\hat{\boldsymbol{u}}_{1,i},1}, \cdots, \alpha_{\hat{\boldsymbol{u}}_{1,i},k_1})^{\mathrm{T}} \in \mathbb{R}^{k_1}$，且 $\|\boldsymbol{\alpha}_{\hat{\boldsymbol{u}}_{1,i}}\|_2 = 1$，令 $\hat{\boldsymbol{u}}_{1,i} = \sum_{l=1}^{k_1} \alpha_{\hat{\boldsymbol{u}}_{1,i},l}\boldsymbol{u}_{1,l} = \boldsymbol{U}_1\boldsymbol{\alpha}_{\hat{\boldsymbol{u}}_{1,i}}$；对于 $\hat{\boldsymbol{u}}_{2,i}$，也可以找到 $\boldsymbol{\alpha}_{\hat{\boldsymbol{u}}_{2,i}} = (\alpha_{\hat{\boldsymbol{u}}_{2,i},1}, \cdots, \alpha_{\hat{\boldsymbol{u}}_{2,i},k_2})^{\mathrm{T}} \in \mathbb{R}^{k_2}$，且 $\|\boldsymbol{\alpha}_{\hat{\boldsymbol{u}}_{2,i}}\|_2 = 1$，令 $\hat{\boldsymbol{u}}_{2,i} = \sum_{l=1}^{k_2} \alpha_{\hat{\boldsymbol{u}}_{2,i},l}\boldsymbol{u}_{2,l} = \boldsymbol{U}_2\boldsymbol{\alpha}_{\hat{\boldsymbol{u}}_{2,i}}$。

假设 $\boldsymbol{B}_1^{\mathrm{T}}\boldsymbol{B}_2$ 存在非零奇异值，σ_1 是它最大的奇异值，有

$$
\begin{aligned}
\sigma_1 &= \hat{\boldsymbol{u}}_{1,1}^{\mathrm{T}}\boldsymbol{B}_1^{\mathrm{T}}\boldsymbol{B}_2\hat{\boldsymbol{u}}_{2,1} \\
&= \sum_{i=1}^{\min\{k_1,k_2\}} \sigma_i \hat{\boldsymbol{u}}_{1,1}^{\mathrm{T}}\boldsymbol{u}_{1,i}\boldsymbol{u}_{2,i}^{\mathrm{T}}\hat{\boldsymbol{u}}_{2,1} \\
&= \sum_{i=1}^{\min\{k_1,k_2\}} \sigma_i \left(\sum_{l_1=1}^{k_1} \alpha_{\hat{\boldsymbol{u}}_{1,1},l_1}\boldsymbol{u}_{1,l_1}^{\mathrm{T}}\boldsymbol{u}_{1,i}\right)\left(\sum_{l_2=1}^{k_2} \alpha_{\hat{\boldsymbol{u}}_{2,1},l_2}\boldsymbol{u}_{2,l_2}^{\mathrm{T}}\boldsymbol{u}_{2,i}\right) \\
&= \sum_{i=1}^{\min\{k_1,k_2\}} \sigma_i \alpha_{\hat{\boldsymbol{u}}_{1,1},i}\alpha_{\hat{\boldsymbol{u}}_{2,1},i}
\end{aligned} \tag{172}
$$

由于 $\|\boldsymbol{\alpha}_{\hat{\boldsymbol{u}}_{1,1}}\|_2 = \|\boldsymbol{\alpha}_{\hat{\boldsymbol{u}}_{2,1}}\|_2 = 1$，所以 $\sum_{i=1}^{\min\{k_1,k_2\}} \alpha_{\hat{\boldsymbol{u}}_{1,1},i}\alpha_{\hat{\boldsymbol{u}}_{2,1},i} = \boldsymbol{\alpha}_{\hat{\boldsymbol{u}}_{1,1}}^{\mathrm{T}}\boldsymbol{\alpha}_{\hat{\boldsymbol{u}}_{2,1}} \leqslant 1$。于是，$\sum_{i=1}^{\min\{k_1,k_2\}} \sigma_i\alpha_{\hat{\boldsymbol{u}}_{1,1},i}\alpha_{\hat{\boldsymbol{u}}_{2,1},i} \leqslant \sum_{i=1}^{\min\{k_1,k_2\}} \sigma_1\alpha_{\hat{\boldsymbol{u}}_{1,1},i}\alpha_{\hat{\boldsymbol{u}}_{2,1},i} \leqslant \sigma_1$。

如果 σ_1 不等于 $\boldsymbol{B}_1^{\mathrm{T}}\boldsymbol{B}_2$ 的其他任意奇异值 (σ_1 是非退化的)，那么要想使上式的等号成立，必定有 $\alpha_{\hat{\boldsymbol{u}}_{1,1},1}\alpha_{\hat{\boldsymbol{u}}_{2,1},1} = 1$；而当 $i > 1$ 时，$\alpha_{\hat{\boldsymbol{u}}_{1,1},i} = \alpha_{\hat{\boldsymbol{u}}_{2,1},i} = 0$。于是

可以得到 $\hat{\boldsymbol{u}}_{1,1}=\alpha_{\hat{\boldsymbol{u}}_{1,1},1}\boldsymbol{u}_{1,1}$，$\hat{\boldsymbol{u}}_{2,1}=\alpha_{\hat{\boldsymbol{u}}_{2,1},1}\boldsymbol{u}_{2,1}$。由于 $\alpha_{\hat{\boldsymbol{u}}_{1,1},1}\alpha_{\hat{\boldsymbol{u}}_{2,1},1}=1$，可知 σ_1 所对应的左右奇异向量在不考虑单位相位因子 $e^{i\varphi}$ 的前提下是唯一确定的。由于本书中只考虑所有数据均为实数的情况，因此有 $\alpha_{\hat{\boldsymbol{u}}_{1,1},1}=\alpha_{\hat{\boldsymbol{u}}_{2,1},1}$，且 $|\alpha_{\hat{\boldsymbol{u}}_{1,1},1}|=1$。根据式 (170)，有

$$
\begin{aligned}
\hat{\boldsymbol{w}}_1 &= \eta\hat{\boldsymbol{w}}_{1,1}+(1-\eta)\hat{\boldsymbol{w}}_{2,1}\\
&= \eta\boldsymbol{B}_1\hat{\boldsymbol{u}}_{1,1}+(1-\eta)\boldsymbol{B}_2\hat{\boldsymbol{u}}_{2,1}\\
&= \eta\boldsymbol{B}_1(\alpha_{\hat{\boldsymbol{u}}_{1,1},1}\boldsymbol{u}_{1,1})+(1-\eta)\boldsymbol{B}_2(\alpha_{\hat{\boldsymbol{u}}_{1,1},1}\boldsymbol{u}_{2,1})\\
&= \alpha_{\hat{\boldsymbol{u}}_{1,1},1}(\eta\boldsymbol{B}_1\boldsymbol{u}_{1,1}+(1-\eta)\boldsymbol{B}_2\boldsymbol{u}_{2,1})\\
&= \alpha_{\hat{\boldsymbol{u}}_{1},1}\boldsymbol{w}_1
\end{aligned}
\tag{173}
$$

因为 $\alpha_{\hat{\boldsymbol{u}}_{1,1},1}$ 为 $+1$ 或 -1，所以 $\hat{\boldsymbol{w}}_1$ 与 $\boldsymbol{w}_1$ 最多只相差一个标号 $\pm$。图 23 描绘了基底向量间夹角为锐角时，调整中可能出现的两种情况。显然，作为线性子空间的基底，标号 $\pm$ 并无实质影响，因而可以认为两种可能情况下的基底 $\boldsymbol{w}_1$ 与 $-\boldsymbol{w}_1$ 是等价的。

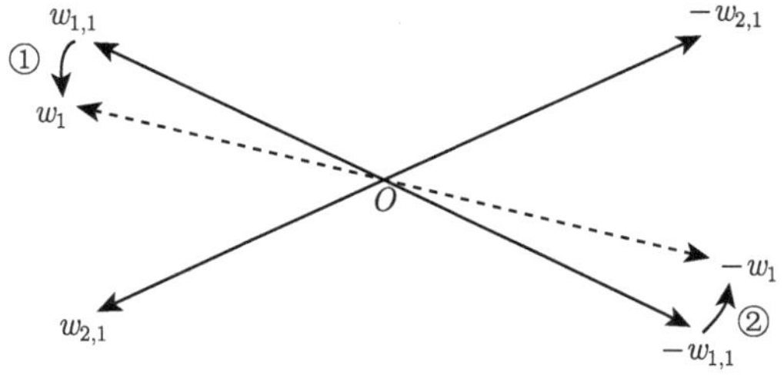

图 23　基底向量间夹角为锐角时，调整中可能出现的两种情况

当最大的非零奇异值为 $\sigma_1=\cdots=\sigma_{c_1}$ $(c_1\geqslant 2)$ 时，奇异值 σ_1 是退化的，设 $\boldsymbol{u}_{1,1},\cdots,\boldsymbol{u}_{1,c_1}$ 和 $\hat{\boldsymbol{u}}_{1,1},\cdots,\hat{\boldsymbol{u}}_{1,c_1}$ $(\boldsymbol{u}_{2,1},\cdots,\boldsymbol{u}_{2,c_1}$ 和 $\hat{\boldsymbol{u}}_{2,1},\cdots,\hat{\boldsymbol{u}}_{2,c_1})$ 为 σ_1 所对应的两组左 (右) 奇异向量。虽然此时关于 $\boldsymbol{B}_1^{\mathrm{T}}\boldsymbol{B}_2$ 的 SVD 分解显然不唯一，但是对于 $i=1,\cdots,c_1$，$\hat{\boldsymbol{u}}_{1,i}=\sum_{l=1}^{k_1}\alpha_{\hat{\boldsymbol{u}}_{1,i},l}\boldsymbol{u}_{1,l}$，$\hat{\boldsymbol{u}}_{2,i}=\sum_{l=1}^{k_2}\alpha_{\hat{\boldsymbol{u}}_{2,i},l}\boldsymbol{u}_{2,l}$，根据式 (172) 可以得到：$\sum_{l=1}^{c_1}\alpha_{\hat{\boldsymbol{u}}_{1,i},l}\alpha_{\hat{\boldsymbol{u}}_{2,i},l}=1$，且当 $l>c_1$ 时，$\alpha_{\hat{\boldsymbol{u}}_{1,i},l}=\alpha_{\hat{\boldsymbol{u}}_{2,i},l}=0$。可以进一步推出，$\boldsymbol{\alpha}_{\hat{\boldsymbol{u}}_{1,i}}^{\mathrm{T}}\boldsymbol{\alpha}_{\hat{\boldsymbol{u}}_{2,i}}=1$，且 $l=1,\cdots,c_1$ 时，$\alpha_{\hat{\boldsymbol{u}}_{1,1},l}=\alpha_{\hat{\boldsymbol{u}}_{2,1},l}$。因此，有 $\hat{\boldsymbol{u}}_{1,i}=\sum_{l=1}^{c_1}\alpha_{\hat{\boldsymbol{u}}_{1,i},l}\boldsymbol{u}_{1,l}$，$\hat{\boldsymbol{u}}_{2,i}=\sum_{l=1}^{c_1}\alpha_{\hat{\boldsymbol{u}}_{2,i},l}\boldsymbol{u}_{2,l}$。类似于式 (173)，可得

$$
\hat{\boldsymbol{w}}_i = \eta\hat{\boldsymbol{w}}_{1,1}+(1-\eta)\hat{\boldsymbol{w}}_{2,1}
$$

$$
\begin{aligned}
&=\eta \boldsymbol{B}_1\hat{\boldsymbol{u}}_{1,1}+(1-\eta)\boldsymbol{B}_2\hat{\boldsymbol{u}}_{2,1}\\
&=\eta \boldsymbol{B}_1\Big(\sum_{l=1}^{c_1}\alpha_{\hat{\boldsymbol{u}}_{1,i,l}}\boldsymbol{u}_{1,l}\Big)+(1-\eta)\boldsymbol{B}_2\Big(\sum_{l=1}^{c_1}\alpha_{\hat{\boldsymbol{u}}_{1,i,l}}\boldsymbol{u}_{2,l}\Big)\\
&=\sum_{l=1}^{c_1}\alpha_{\hat{\boldsymbol{u}}_{1,i,l}}(\eta \boldsymbol{B}_1\boldsymbol{u}_{1,l}+(1-\eta)\boldsymbol{B}_2\boldsymbol{u}_{2,l})\\
&=\sum_{l=1}^{c_1}\alpha_{\hat{\boldsymbol{u}}_{1,i,l}}\boldsymbol{w}_l
\end{aligned} \tag{174}
$$

显然，$\boldsymbol{w}_1,\cdots,\boldsymbol{w}_{c_1}$ 彼此正交，可以作为一组基底；$\hat{\boldsymbol{w}}_1,\cdots,\hat{\boldsymbol{w}}_{c_1}$ 也彼此正交，可以作为一组基底，而且可以通过前面一组基底的线性组合得到后面一组基底。所以 $\mathrm{span}\{\boldsymbol{w}_1,\cdots,\boldsymbol{w}_{c_1}\}=\mathrm{span}\{\hat{\boldsymbol{w}}_1,\cdots,\hat{\boldsymbol{w}}_{c_1}\}$。也就说，无论 $\sigma_1,\cdots,\sigma_{c_1}$ 对应的左右奇异向量如何选择，进行子空间调整后得到的基底总是等价的。

上述讨论表明，对于最大的奇异值 σ_1，无论其是否是退化的，根据它所对应的左右奇异向量确定的新的基底所张成的子空间是相同的。

当 $\sigma_{c_1+1}=\cdots=\sigma_{c_2}$ 为 $\boldsymbol{B}_1^{\mathrm{T}}\boldsymbol{B}_2$ 的第二大非零奇异值 $(c_2\geqslant c_1)$，同样可以假设 $\boldsymbol{u}_{1,c_1+1},\cdots,\boldsymbol{u}_{1,c_2}$ 和 $\hat{\boldsymbol{u}}_{1,c_1+1},\cdots,\hat{\boldsymbol{u}}_{1,c_2}$ $(\boldsymbol{u}_{2,c_1+1},\cdots,\boldsymbol{u}_{2,c_2}$ 和 $\hat{\boldsymbol{u}}_{2,c_1+1},\cdots,\hat{\boldsymbol{u}}_{2,c_2})$ 为 σ_{c_1+1} 所对应的两组左 (右) 奇异向量。当 $i=c_{1+1},\cdots,c_2$ 时，有 $\hat{\boldsymbol{u}}_{1,i}=\sum_{l=1}^{k_1}\alpha_{\hat{\boldsymbol{u}}_{1,i,l}}\boldsymbol{u}_{1,l}$，$\hat{\boldsymbol{u}}_{2,i}=\sum_{l=1}^{k_2}\alpha_{\hat{\boldsymbol{u}}_{2,i,l}}\boldsymbol{u}_{2,l}$。由于同一矩阵不同奇异值所对应的左 (右) 奇异向量必定正交，通过与上文类似的证明过程，可以得到当 $l\leqslant c_1$ 或 $l>c_2$ 时，$\alpha_{\hat{\boldsymbol{u}}_{1,i,l}}=\alpha_{\hat{\boldsymbol{u}}_{2,i,l}}=0$，于是有 $\sum_{l=c_1+1}^{c_2}\alpha_{\hat{\boldsymbol{u}}_{1,i,l}}\alpha_{\hat{\boldsymbol{u}}_{2,i,l}}=1$。从而，根据式 (170) 计算得到的两组基底满足 $\mathrm{span}\{\boldsymbol{w}_{c_1+1},\cdots,\boldsymbol{w}_{c_2}\}=\mathrm{span}\{\hat{\boldsymbol{w}}_{c_1+1},\cdots,\hat{\boldsymbol{w}}_{c_2}\}$。

以此类推，可以得到如下结论：针对每一个非零的奇异值 σ_i，无论它是否是退化的，根据它所对应的左右奇异向量确定的新的基底所张成的子空间是相同的。

上述讨论的都是第 i 主角度为锐角 $(\sigma_i>0)$ 的情况，但是当第 i 主角度为直角 $(\sigma_i=0)$ 时，对应向量的对齐方式并不唯一。图 24 描绘了基底向量间夹角为直角时，调整中可能出现的四种情况。可以发现，如果利用式 (170) 进行新子空间基底的生成，会出现两种不等价的结果：由于 $\boldsymbol{w}_{1,i}^{\mathrm{T}}\boldsymbol{w}_{2,i}=-(\boldsymbol{w}_{1,i})^{\mathrm{T}}\boldsymbol{w}_{2,i}=0$，$\pm(\eta\boldsymbol{w}_{1,i}+(1-\eta)\boldsymbol{w}_{2,i})$ 与 $\pm(\eta\boldsymbol{w}_{1,i}-(1-\eta)\boldsymbol{w}_{2,i})$ 均可作为更新后的基底方向。但是如上一节所描述，如果在此时保留了 $\boldsymbol{w}_{1,i}$ 和 $\boldsymbol{w}_{2,i}$ 的全部信息，将它们均作为新子空间的基底，在没有信息损失的情况下，根据 σ_i 对应的左右奇异向量计算得到的基底所张成的子空间仍旧是唯一的。

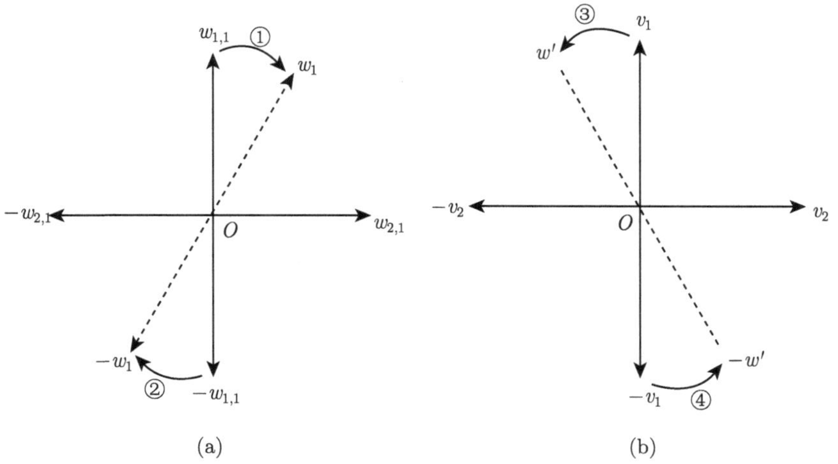

图 24　基底向量间夹角为直角时，调整中可能出现的四种情况

另外，假设矩阵 $\boldsymbol{B}_1 \in \mathbb{R}^{d\times k_1}$ 和 $\hat{\boldsymbol{B}}_1 \in \mathbb{R}^{d\times k_1}$ 的列向量均可作为 k_1 维子空间 $\mathcal{S}$ 的标准正交基，矩阵 $\boldsymbol{B}_2 \in \mathbb{R}^{d\times k_2}$ 和 $\hat{\boldsymbol{B}}_2 \in \mathbb{R}^{d\times k_2}$ 的列向量均可作为 k_2 维子空间 $\mathcal{S}'$ 的标准正交基，则肯定存在正交矩阵 $\boldsymbol{R}_1 \in \mathbb{R}^{k_1\times k_1}$ 和 $\boldsymbol{R}_2 \in \mathbb{R}^{k_2\times k_2}$，令 $\hat{\boldsymbol{B}}_1 = \boldsymbol{B}_1\boldsymbol{R}_1$，$\hat{\boldsymbol{B}}_2 = \boldsymbol{B}_2\boldsymbol{R}_2$。如果 $k_1 \times k_2$ 矩阵 $\boldsymbol{B}_1^{\mathrm{T}}\boldsymbol{B}_2 \in \mathbb{R}^{k_1\times k_2}$ 的 SVD 分解结果为 $\boldsymbol{U}_1\boldsymbol{\Sigma}\boldsymbol{U}_2^{\mathrm{T}}$，那么，有 $\hat{\boldsymbol{B}}_1^{\mathrm{T}}\hat{\boldsymbol{B}}_2 = \boldsymbol{R}_1^{\mathrm{T}}\boldsymbol{U}_1\boldsymbol{\Sigma}\boldsymbol{U}_2^{\mathrm{T}}\boldsymbol{R}_2$。因为 $\boldsymbol{R}_1$ 和 $\boldsymbol{U}_1$ 均为 $k_1 \times k_1$ 大小的正交矩阵，所以 $\boldsymbol{R}_1^{\mathrm{T}}\boldsymbol{U}_1$ 依旧是 $k_1 \times k_1$ 大小的正交矩阵。同理，$\boldsymbol{R}_2^{\mathrm{T}}\boldsymbol{U}_2$ 也是 $k_2 \times k_2$ 大小的正交矩阵。不妨令 $\hat{\boldsymbol{U}}_1 = \boldsymbol{R}_1^{\mathrm{T}}\boldsymbol{U}_1$，$\hat{\boldsymbol{U}}_2 = \boldsymbol{R}_2^{\mathrm{T}}\boldsymbol{U}_2$，于是 $\hat{\boldsymbol{U}}_1\boldsymbol{\Sigma}\hat{\boldsymbol{U}}_2^{\mathrm{T}}$ 便可作为对 $\hat{\boldsymbol{B}}_1^{\mathrm{T}}\hat{\boldsymbol{B}}_2$ 进行 SVD 分解的结果。进而，$\hat{\boldsymbol{U}}_1 = \boldsymbol{U}_1(\boldsymbol{U}_1^{\mathrm{T}}\hat{\boldsymbol{U}}_1)$，$\hat{\boldsymbol{U}}_2 = \boldsymbol{U}_2(\boldsymbol{U}_2^{\mathrm{T}}\hat{\boldsymbol{U}}_2)$，且可知 $\boldsymbol{U}_1^{\mathrm{T}}\hat{\boldsymbol{U}}_1$ 和 $\boldsymbol{U}_2^{\mathrm{T}}\hat{\boldsymbol{U}}_2$ 均为正交矩阵。这样，根据 $\boldsymbol{U}_1$ 与 $\hat{\boldsymbol{U}}_1$，以及 $\boldsymbol{U}_2$ 与 $\hat{\boldsymbol{U}}_2$ 之间的关系，由上文的讨论可知，无论输入的是 $\boldsymbol{B}_1$ 和 $\boldsymbol{B}_2$，还是 $\hat{\boldsymbol{B}}_1$ 和 $\hat{\boldsymbol{B}}_2$，根据它们进行基底调整得到的子空间是唯一的。

综上所述，在给定 $\mathcal{S}$ 与 $\mathcal{S}'$ 的情况下，由于在基底调整中，根据各奇异值对应的左右奇异向量确定的新基底所张成的子空间均是相同的，更新后的子空间 $\mathcal{S}^{(\mathrm{new})}$ 是唯一确定的 (尽管实际计算出的基底表示可能不同)。因此算法 4 可以用来进行子空间正交基底调整，且可被用于在线环境下对子空间序列的学习。

7.3　EOCA 算法

将本章的子空间正交基底更新算法研究与前文关于增量式正交基底提取算法

研究相结合，本书提出了一种新的在线子空间学习算法 EOCA。

EOCA 算法的最终目的为从输入数据流中增量式地习得特征子空间 $\mathcal{S}$，$\mathcal{S}$ 通过以其标准正交基底为列向量的基底矩阵 $\boldsymbol{B}_1$ 进行表示。在学习过程中，算法并非直接地从数据中提取 $\mathcal{S}$ 的基底并对它们进行更新，而是通过先从数据中提取以标准正交基底矩阵 $\boldsymbol{B}_2$ 进行表示的子空间 $\mathcal{S}'$，再利用 $\mathcal{S}'$ 对已有 $\mathcal{S}$ 进行更新的间接方式实现对 $\mathcal{S}$ 的增量式学习。如图 25 所示，EOCA 的学习过程可以理解为下述过程：算法将在线输入的数据流自适应地切分为多个子序列，并从每个子序列中习得一个子空间，得到子空间序列 $\mathcal{S}'_{(1)},\mathcal{S}'_{(2)},\cdots$ ($\mathcal{S}'_{(i)}$ 为根据第 i 个数据子序列习得的子空间)，随后依次利用上述序列中的 $\mathcal{S}'_{(i)}$ 对所要求特征子空间 $\mathcal{S}$ 进行更新，直至数据流处理完毕。

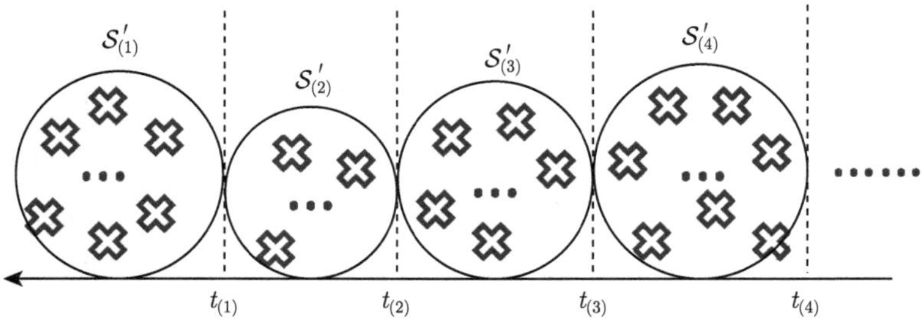

图 25　EOCA 利用根据在线输入数据流习得的子空间序列 $\mathcal{S}'_{(1)},\mathcal{S}'_{(2)},\cdots$ 实现对 $\mathcal{S}$ 的更新，即在 $t_{(i)}$ 时刻利用 $\mathcal{S}'_{(i)}$ 对 $\mathcal{S}$ 进行基底调整

算法 5 描述了 EOCA 算法的具体流程。在学习开始时，子空间 $\mathcal{S}$ 与 $\mathcal{S}'$ 的维数均被设置为 0。随着数据的输入，EOCA 依靠前文所采用的自适应阈值机制，增量式地提取正交成分加入子空间 $\mathcal{S}'$ 的基底组。如果在连续处理 t_0 个数据后子空间 $\mathcal{S}'$ 都没有发生改变 (它的维数没有发生增长)，EOCA 便认为 $\mathcal{S}'$ 已经达到较为稳定的状态，于是根据算法 4，利用 $\mathcal{S}'$ 对已有的 $\mathcal{S}$ 进行基底更新。当完成更新后，EOCA 将 $\mathcal{S}'$ 再次初始化为 0 维空间，并令其继续从输入数据中学习正交基底，如此往复。当所有数据全部处理完毕后，EOCA 最后一次利用 $\mathcal{S}'$ 对 $\mathcal{S}$ 进行基底更新，得到最终 $\mathcal{S}$ 的子空间基底矩阵。在上述过程中，h 为总共进行的基底更新次数。关于判断子空间 $\mathcal{S}'$ 是否达到稳定状态的参数 t_0，在本研究中，将其默认设置为数据原始维数 d。

EOCA 算法的计算复杂度取决于两个方面：对输入数据的正交基底提取和子空间正交基底的调整。设 N 为所处理的数据个数，d 为数据维数，k 为 EOCA 最终确定的特征子空间维数，EOCA 在正交基底提取方面的总的计算量为 $O(Ndk)$，另一方面，每次子空间基底调整的计算量为 $O(dk^2)$，一共进行 $O\left(\frac{N}{t_0}\right)$ 次基底调

算法 5 EOCA 算法

输入： 数据 $\boldsymbol{x}_1,\cdots,\boldsymbol{x}_N(\boldsymbol{x}_t\in\mathbb{R}^d,\ t=1,\cdots,N)$，参数 t_0

初始化基底矩阵 $\boldsymbol{B}_1=[\,]$，$\boldsymbol{B}_2=[\,]$。令 $N_1=0$，$N_2=0$，$k_2=0$，$t'=0$，$L_{\max}=0$，$h=0$
for $t=1,\cdots,N$ **do**
  输入 $\boldsymbol{x}_t\in\mathbb{R}^d$
  if $t-t'>t_0$ **then**
    if $N_1==0$ **then**
      令 $\boldsymbol{B}_1=\boldsymbol{B}_2$，$N_1=N_2$
    else
      将 $\boldsymbol{B}_1$、$\boldsymbol{B}_2$、N_1 和 N_2 输入算法 4，将其输出结果作为更新后的 $\boldsymbol{B}_1$ 与 N_1
    end if
    $h=h+1$，令 $\boldsymbol{B}_2=[\,]$，$N_2=0$，$k_2=0$，$L_{\max}=0$
  end if
  更新 $N_2=N_2+1$
  if $\|\boldsymbol{x}_t\|_2>L_{\max}$ **then**
    $L_{\max}=\|\boldsymbol{x}_t\|_2$
  end if
  令 $\boldsymbol{r}_t=\boldsymbol{x}_t$
  for $i=1:k$ **do**
    计算 $\alpha_{t,i}=\boldsymbol{r}_t{}^{\mathrm{T}}\boldsymbol{b}_i$，$\boldsymbol{r}_t=\boldsymbol{r}_t-\alpha_{t,i}\boldsymbol{b}_i$
  end for
  计算 $\boldsymbol{b}_{k_2+1}=\dfrac{\boldsymbol{r}_t}{\|\boldsymbol{r}_t\|_2}$
  if $\dfrac{\|\boldsymbol{r}_t\|_2}{L_{\max}}\geqslant f\left(\dfrac{k_2}{d}\right)$ **then**
    接受 $\boldsymbol{b}_{k_2+1}$，令 $\boldsymbol{B}_2=[\boldsymbol{B}_2,\boldsymbol{b}_{k_2+1}]$
    更新 $k_2=k_2+1$，$t'=t$
  end if
end for
将 $\boldsymbol{B}_1$、$\boldsymbol{B}_2$、N_1 和 N_2 输入算法 4，将其输出结果作为更新后的 $\boldsymbol{B}_1$ 与 N_1

输出： 基底矩阵 $\boldsymbol{B}_1$

整。如果采用默认设置 $t_0 = d$，算法在子空间基底调整方面计算量为 $O(Nk^2)$，因而总的计算量为 $O(Ndk)$。

与 IOCA 相比，EOCA 在继承了在线子空间正交基底提取和目标维数自动估计两大能力的同时，具有了对已获取的基底进行增量式调整的能力。虽然作为实现正交基底在线调整的代价，EOCA 无法在处理在线输入数据 $\boldsymbol{x}_t$ 的同时获取其低维表示，但由于其进行特征子空间基底学习时 $O(Ndk)$ 的计算复杂度，其依旧是一种快速的增量式线性降维算法。

7.4 实验

7.4.1 在人工数据集上的实验

在本章节中，我们在人工数据集上进行了实验，以评估 EOCA 算法的表现。人工数据集的生成方式与之前章节所描述的相同：首先生成包含 N 个 d 维数据的数据集 $\mathcal{X}$，其内在维数为 d_0；随后加入通过参数 λ 控制的离群点。根据 6.4.1 中 IOCA 的实验结果来看，当离群点 $\boldsymbol{x}_0$ 作为第一个数据输入时，它对算法的影响最为明显。因为 IOCA 一定会从 $\boldsymbol{x}_0$ 中提取第一个正交基底 $\boldsymbol{b}_1$，而与其他数据线性独立程度极高的 $\boldsymbol{b}_1$ 在随后的学习过程中根本不会发生改变，并且上述行为在 $\lambda > 1$ 时往往会令 IOCA 在随后的基底提取中阈值变得更加严格，导致算法估计出过小的目标维数。EOCA 引入子空间调整算法正是为了解决上述问题，因此在本章节实验中，如果数据集中存在离群点，那么它总是第一个被输入。

首先我们在 $N = 200$ 的设置下进行实验，表 13 报告了实验的结果。在本章实验中，若 λ 项取值拦为“–”，则说明输入的数据集中不存在离群点，h 为 EOCA 进行子空间基底调整的次数 (h 的值至少为 1)。

将表 13 中 EOCA 的运行结果与表 8 中运行结果相对比，可以发现通过正交基底调整，在 λ 较大时，EOCA 受到的离群点的影响明显小于 IOCA，并且，EOCA 进行子空间基底调整的次数越多，单个离群点对其的影响越为微弱。除了所有数据均处理完毕，EOCA 进行基底调整的条件为连续输入 d 个数据后没有提取新的基底，如果不计最后一次基底调整的话，EOCA 进行基底调整的间隔显然至少为 d。当 $\dfrac{N}{d}$ 较小时，EOCA 进行基底调整的次数也会很少。如果某次运行中 EOCA 基底调整的次数为 1，那么在这次运行中它等价于 IOCA。根据表 8，当 $d=100$ 时，$N=200$ 的数据数量对于 EOCA 进行调整往往略显不足，因此我们加大 N 的设置并再次进行了实验。

表 13　$N=200$ 时，EOCA 算法人工数据集上的实验结果

条件	λ	$f(\omega)=\sqrt{\omega}$			$f(\omega)=\omega$			$f(\omega)=\omega^2$		
		k	$\text{dist}^2(\mathcal{S}_0,\mathcal{S})$	h	k	$\text{dist}^2(\mathcal{S}_0,\mathcal{S})$	h	k	$\text{dist}^2(\mathcal{S}_0,\mathcal{S})$	h
$d_0=10$ $d=30$	–	9.74	0.26	4.26	10	3.9×10^{-3}	4.94	10.86	4.1×10^{-3}	4.96
	2	9.7	0.58	4.2	10.3	0.09	4.7	11.1	4.5×10^{-3}	5
	3	9.8	0.39	4.3	10.1	0.19	4.9	11.1	4.7×10^{-3}	5
	5	9.6	0.51	4.6	10	0.21	5	11.1	0.025	5
	10	9.7	0.36	4.6	10	0.10	5	10.9	0.058	5
$d_0=10$ $d=30$	–	9.74	0.26	4.26	10	3.9×10^{-3}	4.94	10.86	4.1×10^{-3}	4.96
	2	10.9	0.11	2	11.2	11×10^{-3}	2	16.6	1.8×10^{-3}	2
	3	10.1	0.86	1.8	11	14×10^{-3}	2	16.4	2.3×10^{-3}	2
	5	8.4	2.52	1.9	11	8.5×10^{-3}	2	16.2	3.0×10^{-3}	2
	10	9.5	1.33	1.9	11	8.4×10^{-3}	2	16	5.3×10^{-3}	2
$d_0=30$ $d=100$	–	26.44	3.58	1.56	29.99	0.06	1.91	31.63	0.042	1.93
	2	20.9	10.11	1.4	29.6	1.43	1.7	31.4	0.062	2
	3	22.2	8.71	1.3	27.2	3.80	1.4	31.3	0.065	2
	5	22.4	8.46	2	25.1	5.83	1.4	31	0.15	1.9
	10	25.3	5.34	2	26.1	4.80	1.8	28.1	2.92	1.6

表 14 报告了当 $N=2000$ 时，EOCA 与 IOCA 在上述人工数据集上的实验结果。在本次实验中，两种算法均采用 $f(\omega)=\omega$ 作为阈值函数。另外，如果存在离群点，那么它第一个被输入。

表 14　$N=2000$ 时，EOCA 与 IOCA 在人工数据集上的实验结果

条件	λ	EOCA			IOCA	
		k	$\text{dist}^2(\mathcal{S}_0,\mathcal{S})$	h	k	$\text{dist}^2(\mathcal{S}_0,\mathcal{S})$
$d_0=10$ $d=30$	–	10	3.8×10^{-4}	43.67	10	0.017
	2	10.5	1.2×10^{-3}	43.5	11	0.0081
	3	10	2.2×10^{-3}	43.3	10.3	0.70
	5	10	2.3×10^{-3}	43.4	8.9	2.10
	10	10	1.8×10^{-3}	43.8	5.6	5.40

续表

条件	λ	EOCA			IOCA	
		k	$\mathrm{dist}^2(\mathcal{S}_0,\mathcal{S})$	h	k	$\mathrm{dist}^2(\mathcal{S}_0,\mathcal{S})$
$d_0=10$ $d=100$	–	11.4	1.0×10^{-3}	16.31	10.7	0.017
	2	11.9	1.1×10^{-3}	16.4	11.2	0.023
	3	11.8	1.2×10^{-3}	16.4	11.2	0.020
	5	11.9	1.0×10^{-3}	16.3	11	0.017
	10	11.5	3.0×10^{-3}	16	10.2	0.80
$d_0=30$ $d=100$	–	30	6.1×10^{-3}	11.98	30	0.075
	2	30.1	0.028	12	30.6	0.43
	3	30	0.044	11.8	28.3	2.72
	5	30	0.027	12	21.3	9.71
	10	30	0.027	11.9	12.6	18.40

根据表 14 中结果，可以明显看出此时 EOCA 的表现优于 IOCA：EOCA 所估计的数据内在维数 k 更接近 d_0，同时 EOCA 所对应的 $\mathrm{dist}^2(\mathcal{S}_0,\mathcal{S})$ 的值也更小。因此，在上述实验中，EOCA 所采用的在线基底调整策略有效地改善了算法的运行结果。

7.4.2 在真实数据集上的实验

为了验证 EOCA 在真实数据集上的表现，我们在表 1 与表 5 中所列出的 12 个数据集上进行了实验。由于 IOCA 已经在前面实验中验证了其有效性和高效性，因此，本章节中我们仍旧将 EOCA 与 IOCA 进行对比，主要验证如下两点：①在一般情况下，EOCA 的表现能否与 IOCA 进行竞争；②在初期输入的数据质量糟糕的情况下，EOCA 能否克服 IOCA 的弱点，得到较好的输出结果。

首先，我们直接通过 12 个数据集对 EOCA 与 IOCA 在所估计的目标维数、识别率、平均相对重构误差以及运行时间方面进行了比较。表 15 报告了这两种算法在输入数据顺序随机的情况下运行 10 次的平均结果。总的来说，在所估计的目标维数和识别率方面，两算法表现相近。而在平均相对重构误差指标上，EOCA 略优于 IOCA。另一方面，由于 EOCA 相对于 IOCA 增加了子空间基底调整功能，所以它的运行时间会多于 IOCA，特别是在学习过程中基底调整次数 h 较多的情况下。但根据表 15 中的结果，EOCA 的运行时间依旧维持在一个较低的水平。因此，可以认为，虽然 EOCA 在一般情况下比 IOCA 略慢，但它仍不失为一种高效的增量式线性降维算法。

表 15　EOCA 算法与 IOCA 算法在真实数据集上的实验结果

数据集	EOCA					IOCA			
	k	识别率/%	E	h	运行时间/s	k	识别率/%	E	运行时间/s
Hill	8.9	100	0.02	4.7	0.01	9.2	100	0.03	0.01
Ionosphere	21	84.50	0.23	1.1	0.003	21	84.46	0.24	0.002
Musk	36.4	65.79	0.21	2.1	0.03	37.1	65.96	0.21	0.03
OptDigits	23.8	97.77	0.17	29.5	0.15	24	97.67	0.23	0.15
Sonar	16	92.69	0.14	2	0.003	16	92.69	0.15	0.003
Waveform	10	79.03	0.29	8	0.006	9.6	77.69	0.32	0.006
IJCNN1	16.1	94.73	0.19	970.9	0.46	15.3	95.16	0.31	0.26
SensIT Vehicle	13	66.88	0.04	805.7	0.64	16.6	66.74	0.05	0.52
USPS	60.2	95.03	0.09	11.6	0.26	61.2	94.92	0.12	0.22
ISOLET	187.4	88.24	0.20	2.8	1.10	191.6	88.02	0.21	1.05
MNIST	192.2	96.96	0.17	23.5	38.63	190.2	97.05	0.24	11.25
Protein	214.5	49.21	0.46	9.8	2.40	221.6	48.74	0.50	2.31

IOCA 算法在处理在线输入的数据流时，如果较早输入的数据为离群点且其 ℓ_2 范数远大于其他正常数据，那么 IOCA 的阈值机制就会过早地变得过于严格，进而导致 IOCA 无法在最后的操作中提取合适的基底。在上一个实验中，EOCA 算法与 IOCA 算法运行结果的差异，特别是所得基底的质量方面的差异并不明显。但是如果在数据集中加入了与正常数据线性独立性极强的离群点，那么 IOCA 的表现往往会受到严重影响。EOCA 算法通过引入子空间正交基底调整功能正是为了弥补上述缺陷。因此在下面的实验中，对于每个数据训练集，我们以如下方式生成离群点：设某数据集包含 $\boldsymbol{x}_1,\cdots,\boldsymbol{x}_N$ 共 N 个数据，令 $L=\dfrac{1}{N}\sum_{i=1}^{N}\|\boldsymbol{x}_i\|_2$，我们将每一个离群点设置为 $20L\boldsymbol{z}$ 的形式，$\boldsymbol{z}$ 为随机生成的单位向量。以上述方式在每一个数据集中各生成 5 个离群点，然后在实验中将它们在正常数据之前输入。我们将上述相同的数据流分别输入 EOCA 与 IOCA 算法，表 16 报告的结果为 10 次执行的平均结果。

对比表 16 和表 15 中的结果可以看出，由于离群点存在，IOCA 算法受到的影响十分明显：IOCA 所提取的正交基底数目明显减少，甚至在 7 个数据集上 IOCA 只提取了 5 个正交基底，这意味着 IOCA 算法非常可能由于过严的阈值，根本没有从正常数据中进行基底提取。另外，在多个数据集上，IOCA 的识别率表现出明显下滑。但是也可以发现，在 Hill、Ionosphere、SensIT Vehicle、IJCNN1 和 MNIST 数据集上，IOCA 的识别率下降幅度有限，而在 Musk 数据集上，其识别率甚至出现了略微的上升。根据图 13 与图 14 中结果显示，在这些数据集上，随机正交投影算法 (ROP) 在 k 取值很小的时候就获得了不错的识别率结果。而 IOCA 在提取基底维数很小且与数据关联较小或基本无关的情况下取得与 ROP 类似的结果也在情理之中。

表 16　EOCA 算法与 IOCA 算法在添加离群点后的真实数据集上的实验结果

数据集	EOCA					IOCA			
	k	识别率/%	E	h	运行时间/s	k	识别率/%	E	运行时间/s
Hill	8.9	100	0.05	4.8	0.01	5	96.93	0.25	0.01
Ionosphere	19.2	85.14	0.27	2	0.001	5	82.23	0.76	0.001
Musk	37.6	66.25	0.23	2.2	0.01	8.7	67.28	0.57	0.006
OptDigits	23.7	97.28	0.17	30.6	0.06	5	47.72	0.75	0.03
Sonar	15.4	91.06	0.36	2	0.002	5	75.58	0.67	0.001
Waveform	10	78.43	0.29	9	0.004	5	55.72	0.65	0.003
IJCNN1	16.1	94.78	0.2	971	0.49	5	90.04	0.87	0.28
SensIT Vehicle	13	66.91	0.04	805.9	0.68	5	61.92	0.27	0.46
USPS	59.9	95.04	0.09	12.3	0.28	11.3	84.15	0.5	0.09
ISOLET	188.1	88.35	0.20	3.3	1.03	23.4	78.92	0.48	0.19
MNIST	191.8	96.96	0.17	24.2	39.71	34.2	96.09	0.55	3.16
Protein	213.5	49.14	0.47	10.5	2.53	25	38.5	0.9	0.38

对于 EOCA，ℓ_2 范数过大的离群点会导致算法较早地开始新一轮的特征子空间基底提取，本研究希望通过多轮子空间的学习进而将各轮获取的结果加以整合以减轻离群点的影响。而通过对表 15 与表 16 中 EOCA 获取结果的对比，可以发现在第二次实验中，EOCA 在获取的基底维数、识别率、平均相对重构误差以及运行时间方面均未出现明显的变化。因此可以认为通过对已有基底的调整，EOCA 能够克服 IOCA 受初期输入数据影响过深的不足。

综上所述，实际世界数据集上的实验表明，EOCA 能够在实现在线学习的同时，克服初期输入的不理想数据的影响，能够对数据实现有效的降维。另外，作为一种增量式算法，EOCA 具有较低的计算复杂度，且实际运行时间较短，因此 EOCA 是一种有竞争力的快速增量式降维算法。

7.5 本章小结

本章提出了一种新的子空间调整算法以解决在线正交成分 (基底) 调整问题。依据子空间之间的主角度关系，该算法每次执行时能够实现对两个维数并不一致的子空间中信息的整合，进而可以实现对依次输入的子空间的增量式学习。

在此基础上，通过将前文介绍的正交基底在线提取算法与上述子空间调整算法进行结合，本章提出了名为 EOCA 的增量式线性降维算法，其成功地以较低计算复杂度实现了对输入数据的正交基底学习与调整，能够被应用于在线数据的快速线性降维。

通过上文一系列基于数据选择的特征子空间基底学习的研究，实现了对具有线性结构的数据的快速和增量式降维。在下一章中，研究的问题将由线性降维拓展至非线性降维，由线性特征空间学习拓展至流形学习 —— 通过对输入数据集的分布结构的在线学习，实现快速和增量式的非线性降维。

第8章

经典非线性降维算法

相对于线性降维算法，非线性降维算法的优势在于其更适于处理具有非线性结构的数据。本章对一些经典非线性降维算法进行介绍，主要包括：

- 基于局部信息，致力于保持数据邻近关系的拉普拉斯特征映射算法。
- 以保持数据彼此间全局性欧氏距离关系为目标的经典多维尺度变换算法。
- 以 MDS 的思想为基础，采用测地线距离衡量数据间关系的等距特征映射算法。
- 以数据能根据其近邻直接线性重构的假设为基础的局部线性嵌入算法。
- 利用局部切空间对数据进行重构的局部切空间规整算法。
- 利用数据间欧氏距离表示重构数据相似度的随机近邻嵌入及对称随机近邻嵌入算法。
- 采用核技术，先数据转换到另一空间随后再进行降维操作的核方法。
- 基于神经网络技术的自编码器与自组织映射。

8.1　拉普拉斯特征映射

拉普拉斯特征映射(Laplacian eigenmaps，LE) 是一种典型的基于局部信息的非线性降维算法，LE 的基本思想与第 2 章所介绍的 LPP 一样 (令具有相邻关系的原始数据在降维后的空间中尽可能地靠近)。需要说明的是，LE 的诞生要早于 LPP，因此后者可以认为是前者的线性版本，而本书由于按先线性降维后非线性降维的顺序介绍，将对后者的介绍放在了对前者的介绍之前。

假设大小为 N 的数据集中任意原始 $\boldsymbol{x}_i$ 降到 1 维后的表示为 y_i，LE 的目标即为令下列目标函数最小化：

$$J=\sum_{i=1}^{N}\sum_{j=1}^{N}(y_i-y_j)^2[\boldsymbol{M}]_{i,j} \tag{175}$$

与前文 LPP 的推导过程类似，LE 利用对角矩阵 $\boldsymbol{D}$ 和拉普拉斯矩阵 $\boldsymbol{L}$，通过引入限制 $\boldsymbol{y'Dy'}^{\mathrm{T}}$ ($\boldsymbol{y}'=(y_1,y_2,\cdots,y_n)^{\mathrm{T}}\in\mathbb{R}^N$)，将最小化式 (175) 的问题转化为求解广义特征值问题：

$$\boldsymbol{L}\boldsymbol{y}'=\lambda\boldsymbol{D}\boldsymbol{y}' \tag{176}$$

可以发现，LE 与 LPP 的区别在于前者直接计算 $\boldsymbol{y}'$，而后者令 $\boldsymbol{y}'=\boldsymbol{X}^{\mathrm{T}}\boldsymbol{w}$，通过计算 $\boldsymbol{w}$，再利用 $\boldsymbol{w}$ 对数据进行线性变换的方式实现了降维算法的线性化。而式 (176)

同时也是谱聚类算法进行最小化计算时所用的公式，同时，它的结果也等价于规范化谱聚类的结果 (特征值相同，特征向量各分量需要进行相应缩放)。

根据广义特征值的性质，式 (176) 解出的特征值都是非负的实数。需要指出的是，式 (176) 中零特征值的个数等同于矩阵 $\boldsymbol{M}$ 中连通区域的数量。设某个连通区域中数据的下标为 $i_1, \cdots, i_{N_i}$，则这个连通区域对应一个零特征值以及一个在第 $i_1, \cdots, i_{N_i}$ 个分量为常数，其他分量为零的 N 维特征向量。LE 最终便是选择非零的 k 个最小特征值对应的特征向量作为降维的结果。

8.2 经典多维尺度变换

经典多维尺度变换(multi-dimensional scaling，MDS) 是一种历史相当悠久的降维算法，其核心思想为保持数据集中每一对数据在降维前后的距离信息。

具体来说，给定 N 个数据 $\boldsymbol{x}_1, \cdots, \boldsymbol{x}_N$，经典 MDS 需要首先建立一个 $N \times N$ 的距离矩阵 $\boldsymbol{M}$ 来记录每一对数据间的距离关系：$[\boldsymbol{M}]_{i,j}$ 记录了 $\boldsymbol{x}_i$ 和 $\boldsymbol{x}_j$ 间的距离。算法的目标是在低维空间找到 N 个数据点 $\boldsymbol{y}_1, \cdots, \boldsymbol{y}_N$，通过计算这些数据间的距离，得到一个 $N \times N$ 的距离矩阵 $\tilde{\boldsymbol{M}}$ ($[\tilde{\boldsymbol{M}}]_{i,j}$ 记录了 $\boldsymbol{y}_i$ 和 $\boldsymbol{y}_j$ 间的距离)，令两个距离矩阵 $\boldsymbol{M}$ 与 $\tilde{\boldsymbol{M}}$ 尽量相近，形式化表述为

$$\min \sum_{i=1}^{N} \sum_{j=1}^{N} \left([\boldsymbol{M}]_{i,j} - \tilde{\boldsymbol{M}}]_{i,j}\right)^2 \tag{177}$$

经典 MDS 直接利用欧氏距离计算任意两个数据间的距离。需要注意的是，正因为经典 MDS 采用欧氏距离作为距离度量，它经常被归为线性降维算法，但是由于其采用的模型并非如式 (1) 或式 (2) 的形式，且降维映射函数不是显式的，本书将其归为非线性算法。

在采用欧氏距离的前提下，距离矩阵 $\boldsymbol{M}$ 的每一项可以写作 $[\boldsymbol{M}]_{i,j} = \|\hat{\boldsymbol{x}}_i - \hat{\boldsymbol{x}}_j\|_2$，而 $\hat{\boldsymbol{x}}_i$ 则是数据 $\boldsymbol{x}_i$ 在其所处的流形 $\mathcal{M}$ 上的 “真实” 坐标表示。同样，有 $[\tilde{\boldsymbol{M}}]_{i,j} = \|\boldsymbol{y}_i - \boldsymbol{y}_j\|_2$。而 $\boldsymbol{M} = \tilde{\boldsymbol{M}}$ 成立的充分条件是：$\tilde{\boldsymbol{\Phi}} = \boldsymbol{\Phi}$，其中 $\tilde{\boldsymbol{\Phi}}$ 和 $\boldsymbol{\Phi}$ 均为 $N \times N$ 大小，且 $[\tilde{\boldsymbol{\Phi}}]_{i,j} = \hat{\boldsymbol{x}}_i^{\mathrm{T}} \hat{\boldsymbol{x}}_j$ 以及 $[\boldsymbol{\Phi}]_{i,j} = \boldsymbol{y}_i^{\mathrm{T}} \boldsymbol{y}_j$。

因此，要让 $\tilde{\boldsymbol{M}}$ 近似于 $\boldsymbol{M}$，可以构造 $\tilde{\boldsymbol{\Phi}}$ 和 $\boldsymbol{\Phi}$，有 $[\tilde{\boldsymbol{\Phi}}]_{i,j} = \hat{\boldsymbol{x}}_i^{\mathrm{T}} \hat{\boldsymbol{x}}_j$ 以及 $[\boldsymbol{\Phi}]_{i,j} = \boldsymbol{y}_i^{\mathrm{T}} \boldsymbol{y}_j$，然后令 $\tilde{\boldsymbol{\Phi}} = \boldsymbol{Y}^{\mathrm{T}} \boldsymbol{Y}$ 近似于 $\boldsymbol{\Phi}$，$\boldsymbol{Y} = [\boldsymbol{y}_1, \boldsymbol{y}_2, \cdots, \boldsymbol{y}_N]$。

在 $\sum_{i=1}^{N}\hat{\boldsymbol{x}}_i=\boldsymbol{0}$ 的假设下，$\boldsymbol{\Phi}$ 可以通过下式获得

$$\boldsymbol{\Phi}=-\frac{1}{2}\boldsymbol{H}\Delta\boldsymbol{H} \tag{178}$$

其中，$[\boldsymbol{\Phi}]_{i,j}=[\boldsymbol{W}_G]_{i,j}^2$，$[\boldsymbol{H}]_{i,j}=1-\delta_{i,j}$ (如果 $i=j$，$\delta_{i,j}=1$；否则，$\delta_{i,j}=0$)。

上述过程将保留每一对数据间的距离关系的问题等价地转换为保留每一对的数据在降维前后的内积关系的问题。为了达成上述转换，MDS 在进行降维运算时，首先对数据进行了去均值的预处理工作。这样，MDS 的目标变为了

$$\min\|\boldsymbol{\Phi}-\boldsymbol{Y}^{\mathrm{T}}\boldsymbol{Y}\|_{\mathrm{F}}^2 \tag{179}$$

在目标维数 k 确定的情况下，可以解出

$$\boldsymbol{Y}=\begin{bmatrix}\sqrt{\lambda_1}\boldsymbol{v}_1^{\mathrm{T}}\\ \sqrt{\lambda_2}\boldsymbol{v}_2^{\mathrm{T}}\\ \vdots\\ \sqrt{\lambda_k}\boldsymbol{v}_k^{\mathrm{T}}\end{bmatrix} \tag{180}$$

其中，λ_j 和 $\boldsymbol{v}_j$ 分别为 $\boldsymbol{\Phi}$ 第 j 大的特征向量及其对应的特征向量，则 $\boldsymbol{Y}$ 的第 i 列即为 $\boldsymbol{x}_i$ 对应的 k 维表示 $\boldsymbol{y}_i$。

需要注意的是，PCA 与经典 MDS 的求解过程基本类似：先令数据集均值为 0，随后求解同样的特征值问题 (在均值为 0 的情况下，数据内积矩阵 $\boldsymbol{\Phi}$ 与协方差矩阵 $\boldsymbol{S}$ 仅相差一个常数倍，即 $\boldsymbol{\Phi}=N\boldsymbol{S}$，因此它们的各特征值与特征向量完全相同)，并且同样求出最大的 k 个特征值及其对应的特征向量用于降维。虽然在上述过程中，经典 MDS 算法和 PCA 算法在数学上是完全一致的，但这两种算法在关于利用上述解的方式达到降维效果的方式是不同的。线性算法 PCA 将特征向量组成投影矩阵，对数据进行线性变换；经典 MDS 算法则并没有给出显式的降维映射，而是直接根据式 (180)，写出了数据的低维表示。

8.3 等距特征映射

等距特征映射(Isomap) 和经典 MDS 具有相同的基本思想：尽量保持数据降维前后的距离关系。但是，与采用欧氏距离的经典 MDS 不同，Isomap 采用了测地线

距离用于近似流形上数据间的距离，数据 $\boldsymbol{x}_i$ 和 $\boldsymbol{x}_j$ 间的测地线距离计算方式如下：寻找两者间所有形如 $\boldsymbol{x}_i=\boldsymbol{x}_{p,0}\rightarrow\boldsymbol{x}_{p,1}\rightarrow\boldsymbol{x}_{p,2}\rightarrow\cdots\rightarrow\boldsymbol{x}_{p,L_p}=\boldsymbol{x}_j$ 的路径，每条路径上任意相邻两点必须保证足够相近，相邻节点间距离即为欧氏距离，而每条路径的长度即为其各段欧氏距离的累加，而 $\boldsymbol{x}_i$ 和 $\boldsymbol{x}_j$ 间长度最短的路径的长度值即为它们间的测地线距离。与欧氏距离一样，测地线距离也是双向的。在 Isomap 的实际运算中，数据间的测地线距离通常使用 Floyd 或 Dijkstra 算法进行计算。

给定高维空间的 N 个待降维数据点，Isomap 算法一共分为三步：①在高维空间中将每个数据点与邻居点 (预先确定邻域范围或邻居个数) 相连，从而构造近邻图 G；②使用 Floyd 或 Dijkstra 算法在 G 上计算两两之间数据的近似测地线距离；③ 在测地线距离矩阵上运行 MDS 算法，计算 N 个数据点的 d 维映射。由于 MDS 算法保距映射的性质，因此映射得到的数据点的欧氏距离能够保持在原始高维空间中的测地线距离。

Isomap 结合了数据的全局与局部信息，因此很多时候能取得比经典 MDS 算法更好的结果。但计算消耗大是 Isomap 的一个显著缺陷。在复杂度方面，Isomap 算法首先需要计算全数据集上的 $N\times N$ 欧氏距离矩阵 $\boldsymbol{D}$，计算复杂度为 $O(N^2)$。然后使用 Dijkstra 算法计算全数据集上两两最短路径 (测地线距离) 矩阵 $\boldsymbol{D}_N$，计算复杂度为 $O(kN^2\log N)$，其中邻域 k 是超参数，需要用户根据经验自定义。最后在 $\boldsymbol{D}_N$ 上使用 MDS 算法降维映射，需要计算特征值特征向量，计算复杂度为 $O(N^3)$。Isomap 算法需要保存 $\boldsymbol{D}$ 和 $\boldsymbol{D}_N$，因此空间复杂度为 $O(N^2)$。

8.4　局部线性嵌入

局部线性嵌入(locally linear embedding，LLE) 认为对于数据集中任意 $\boldsymbol{x}_i$，能够直接利用其近邻的线性组合对其进行重构，且这种线性重构关系在对数据进行降维后依旧能够保留。

作为一种基于局部的非线性流形学习算法，第一步依旧是确定数据间的邻居关系。随后，根据每个数据用其近邻近似后的误差的累加

$$J(\mathcal{X})=\sum_{i=1}^{N}\left\|\boldsymbol{x}_i-\sum_{j=1}^{K_i}w_{i,j}\boldsymbol{x}_{i,j}\right\|_2^2 \tag{181}$$

确定整个数据集在原始空间中的重构误差。其中，K_i 为 $\boldsymbol{x}_i$ 的邻居个数，$\boldsymbol{x}_{i,j}$ 和 $w_{i,j}$

分别为 $\boldsymbol{x}_i$ 的第 j 个邻居与其对应的重构系数。随后，LLE 令 $J(\mathcal{X})$ 最小化。在求解过程中，需要对每一个 $\boldsymbol{x}_i$ 构造一个协方差矩阵 $\boldsymbol{C}_i$，令 $[\boldsymbol{C}_i]_{p,q} = (\boldsymbol{x}_i - \boldsymbol{x}_{i,p})^{\mathrm{T}}(\boldsymbol{x}_i - \boldsymbol{x}_{i,q})$。在 $\sum_{p=1}^{K_i} w_{i,p} = 1$ 的限制下，采用拉格朗日乘子法，即可求出局部最优化的重构权重：

$$w_{i,j} = \frac{\sum_{m=1}^{K_i} [\boldsymbol{C}_i^{-1}]_{j,m}}{\sum_{p=1}^{K_i} \sum_{q=1}^{K_i} [\boldsymbol{C}_i^{-1}]_{p,q}} \tag{182}$$

有时为了避免 $\boldsymbol{C}_i$ 奇异，需要先令 $\boldsymbol{C}_i = \boldsymbol{C}_i + a\boldsymbol{I}_{K_i}$，$a$ 为事先设定的参数，$\boldsymbol{I}_{K_i}$ 为 $K_i \times K_i$ 的单位矩阵。

接着，设 $\boldsymbol{y}_i$ 为 $\boldsymbol{x}_i$ 的低维表示，将数据降维前的重构关系保留，可得降维后整个数据集的重构误差函数为

$$J(\mathcal{Y}) = \sum_{i=1}^{N} \left\| \boldsymbol{y}_i - \sum_{j=1}^{K_i} w_{i,j} \boldsymbol{y}_{i,j} \right\|_2^2 \tag{183}$$

LLE 的目标便是令式 (183) 最小化。构造权重矩阵 $\boldsymbol{W} \in \mathbb{R}^{N\times N}$：若 $\boldsymbol{x}_j$ 是 $\boldsymbol{x}_i$ 的邻居，则令 $[\boldsymbol{W}]_{i,j} = w_{i,j}$；否则，$[\boldsymbol{W}]_{i,j} = 0$。令 $\boldsymbol{M} = (\boldsymbol{I}_N - \boldsymbol{W})^{\mathrm{T}}(\boldsymbol{I}_N - \boldsymbol{W})$。于是式 (183) 转化为

$$J(\mathcal{Y}) = \sum_{i=1}^{N} \sum_{j=1}^{N} [\boldsymbol{M}]_{i,j} \boldsymbol{y}_i^{\mathrm{T}} \boldsymbol{y}_j \tag{184}$$

LLE 假设数据的低维表示满足：$\sum_{i=1}^{N} \boldsymbol{y}_i = \boldsymbol{0}$ 且 $\frac{1}{N} \sum_{i=1}^{N} \boldsymbol{y}_i \boldsymbol{y}_i^{\mathrm{T}} = \boldsymbol{I}_k$。于是最小化式 (184) 的问题被转化为特征值问题

$$\boldsymbol{M}\boldsymbol{y}' = \lambda \boldsymbol{y}' \tag{185}$$

显然，$\boldsymbol{M}$ 为半正定的实对称矩阵，所以它的特征值均非负。而当 $\boldsymbol{y}'$ 各分量均为 $\frac{1}{N}$ 时，有特征值 0。LLE 取 $\boldsymbol{M}$ 最小的 k 个非零特征值所对应的特征向量转置后作为行向量组成 $k \times N$ 的矩阵 $\boldsymbol{Y}$，$\boldsymbol{Y}$ 的第 i 列即为 $\boldsymbol{x}_i$ 对应的 k 维表示 $\boldsymbol{y}_i$。

8.5 局部切空间规整

和 LLE 一样，局部切空间规整(local tangent space alignment，LTSA) 也认为数据的局部区域内存在线性重构关系，且这种关系在降维前后能够保持。与 LLE

不同的是，在 LTSA 中，线性重构关系是通过切空间实现的。在算法执行时，LTSA 先利用 $\boldsymbol{x}_i$ 和它的近邻计算出一个切空间，然后利用这个切空间对 $\boldsymbol{x}_i$ 和它的近邻进行重构。

对于每个 $\boldsymbol{x}_i$，LTSA 找出包含 $\boldsymbol{x}_i$ 自身的 K_i 个邻居，并以它们为列向量构成矩阵 $\boldsymbol{X}_i=[\boldsymbol{x}_{i,1},\boldsymbol{x}_{i,2},\cdots,\boldsymbol{x}_{i,K_i}]\in\mathbb{R}^{d\times K_i}$。对于这 K_i 个数据的最优近似可通过下式计算：

$$\min_{\boldsymbol{\Theta}_i,\boldsymbol{Q}_i}\sum_{j=1}^{K_i}\left\|\boldsymbol{x}_{i,j}-(\bar{\boldsymbol{x}}_i+\boldsymbol{Q}_i\boldsymbol{\theta}_{i,j})\right\|_2^2=\min_{\boldsymbol{\Theta}_i,\boldsymbol{Q}_i}\left\|\boldsymbol{X}_i-(\bar{\boldsymbol{x}}_i\boldsymbol{e}^{\mathrm{T}}+\boldsymbol{Q}_i\boldsymbol{\Theta}_i)\right\|_2^2 \tag{186}$$

$\bar{\boldsymbol{x}}_i$ 为这 K_i 个数据的均值，而 $\boldsymbol{e}$ 为各分量均为 1 的 K_i 维向量。$\boldsymbol{Q}_i\in\mathbb{R}^{d\times k}$ 的各列通过计算 $\boldsymbol{X}_i\left(\boldsymbol{I}_{K_i}-\dfrac{1}{K_i}\boldsymbol{e}\boldsymbol{e}^{\mathrm{T}}\right)$ 最大的 k 个奇异值所对应的左奇异向量确定，可以理解为 $\boldsymbol{x}_i$ 处切空间的基。系数矩阵 $\boldsymbol{\Theta}_i$ 则被定义为

$$\boldsymbol{\Theta}_i=\boldsymbol{Q}_i^{\mathrm{T}}\boldsymbol{X}_i\left(\boldsymbol{I}_{K_i}-\frac{1}{K_i}\boldsymbol{e}\boldsymbol{e}^{\mathrm{T}}\right) \tag{187}$$

为了保持每一个 $\boldsymbol{x}_i$ 在低维空间中的局部几何性质，LTSA 通过最小化下列损失函数来确定 $\boldsymbol{x}_i$ 的低维表示 $\boldsymbol{y}_i$ 及低维空间中的基底 $\boldsymbol{L}_i$：

$$\sum_{i=1}^{N}\|\boldsymbol{E}_i\|_{\mathrm{F}}^2\equiv\sum_{i=1}^{N}\left\|\boldsymbol{Y}_i\left(\boldsymbol{I}_{K_i}-\frac{1}{K_i}\boldsymbol{e}\boldsymbol{e}^{\mathrm{T}}\right)-\boldsymbol{L}_i\boldsymbol{\Theta}_i\right\|_{\mathrm{F}}^2 \tag{188}$$

其中，$\boldsymbol{Y}_i=[\boldsymbol{y}_{i,1},\boldsymbol{y}_{i,2},\cdots,\boldsymbol{y}_{i,K_i}]$，各列即为 $\boldsymbol{X}_i$ 各列对应的低维表示；$\boldsymbol{E}_i$ 为重构误差矩阵。令 $\boldsymbol{Y}=[\boldsymbol{y}_1,\boldsymbol{y}_2,\cdots,\boldsymbol{y}_N]$，$\boldsymbol{S}_i$ 为 $0\sim1$ 选择矩阵，有 $\boldsymbol{Y}\boldsymbol{S}_i=\boldsymbol{Y}_i$。式 (188) 能够被写成：

$$\sum_{i=1}^{N}\|\boldsymbol{E}_i\|_{\mathrm{F}}^2=\|\boldsymbol{Y}\boldsymbol{S}\boldsymbol{W}\|_{\mathrm{F}}^2 \tag{189}$$

其中，$\boldsymbol{S}=[\boldsymbol{S}_1,\boldsymbol{S}_2,\cdots,\boldsymbol{S}_N]$，$\boldsymbol{W}=\mathrm{diag}(\boldsymbol{W}_1,\boldsymbol{W}_2,\cdots,\boldsymbol{W}_N)$，而

$$\boldsymbol{W}_i=\left(\boldsymbol{I}_{K_i}-\frac{1}{K_i}\boldsymbol{e}\boldsymbol{e}^{\mathrm{T}}\right)\left(\boldsymbol{I}_{K_i}-\boldsymbol{\Theta}_i^{+}\boldsymbol{\Theta}_i^{\mathrm{T}}\right) \tag{190}$$

$\boldsymbol{\Theta}_i^{+}$ 为 $\boldsymbol{\Theta}_i$ 的 Moor-Penrose 广义逆。在 $\boldsymbol{Y}\boldsymbol{Y}^{\mathrm{T}}=\boldsymbol{I}_N$ 的限制下，令 $\boldsymbol{\varPhi}=\boldsymbol{S}\boldsymbol{W}\boldsymbol{W}^{\mathrm{T}}\boldsymbol{S}^{\mathrm{T}}$，$\boldsymbol{Y}$ 可通过求解特征值问题

$$\boldsymbol{\varPhi}\boldsymbol{y}'=\lambda\boldsymbol{y}' \tag{191}$$

获得。因为根据矩阵 $\boldsymbol{S}\boldsymbol{W}\boldsymbol{W}^{\mathrm{T}}\boldsymbol{S}^{\mathrm{T}}$ 的构成，它一定有一个等于 0 的特征值且对应一个各分量均相等的特征向量。所以，$\boldsymbol{Y}$ 根据 $\boldsymbol{\Phi}$ 的最小的 k 个非零特征值对应的特征向量确定。

8.6 随机近邻嵌入与对称随机近邻嵌入

随机近邻嵌入(stochastic neighbor embedding，SNE)[84] 的基本思想依旧是尽量保留降维前后数据间的相似性。不过，SNE 将数据间的欧氏距离转换为条件概率来表示相似度。

具体来说，数据 $\boldsymbol{x}_j$ 到数据 $\boldsymbol{x}_i$ 的相似度可以通过条件概率 $p_{j|i}$ 来描述。假设 $\boldsymbol{x}_j$ 属于以 $\boldsymbol{x}_i$ 为中心的多维高斯分布，$p_{j|i}$ 被定义为

$$p_{j|i} = \frac{\exp(-\|\boldsymbol{x}_i - \boldsymbol{x}_j\|_2^2/2\sigma_i^2)}{\sum\limits_{k\neq i}\exp(-\|\boldsymbol{x}_i - \boldsymbol{x}_k\|_2^2/2\sigma_i^2)} \tag{192}$$

其中，σ_i 为以 $\boldsymbol{x}_i$ 为中心的高斯分布的标准差。由于只关心两两不同数据间的相似度关系，SNE 规定 $p_{i|i} = 0$。

关于 σ_i 的设置，SNE 使用了困惑度 (perplexity) 的概念，P_i 的困惑度定义为

$$\mathrm{perp}(P_i) = 2^{-\sum_j p_{j|i}\log_2 p_{j|i}} \tag{193}$$

给定一个由用户指定的 $\mathrm{perp}(P_i)$ 后，SNE 用二分搜索法寻找合适的 σ_i。需要指出的是，SNE 对困惑度的调整比较鲁棒，其值一般选择在 $5\sim 50$。

设 $\boldsymbol{y}_i$ 和 $\boldsymbol{y}_j$ 分别为 $\boldsymbol{x}_i$ 和 $\boldsymbol{x}_j$ 对应的低维表示，相似地，可以利用另一个条件概率 $q_{j|i}$ 来描述 $\boldsymbol{y}_i$ 到 $\boldsymbol{y}_j$ 的相似度。假设以 $\boldsymbol{y}_i$ 为中心的高斯分布的标准差为 $\dfrac{1}{\sqrt{2}}$，那么 $q_{j|i}$ 被定义为

$$q_{j|i} = \frac{\exp(-\|\boldsymbol{y}_i - \boldsymbol{y}_j\|_2^2)}{\sum\limits_{k\neq i}\exp(-\|\boldsymbol{y}_i - \boldsymbol{y}_k\|_2^2)} \tag{194}$$

同样，规定 $q_{i|i} = 0$。

如果 $\boldsymbol{y}_i$ 和 $\boldsymbol{y}_j$ 完美地反映了 $\boldsymbol{x}_i$ 和 $\boldsymbol{x}_j$ 之间的相似关系，那么 $p_{j|i} = q_{j|i}$ 应当成立。因此，SNE 的目标便是令 $p_{j|i}$ 与 $q_{j|i}$ 尽可能的相似，其使用 K-L 散度描述

$q_{j|i}$ 对 $p_{j|i}$ 的近似程度。SNE 试图最小化所有点对之间 K-L 散度之和，其优化的目标函数 C 即为

$$C = \sum_i \mathrm{KL}(P_i||Q_i) = \sum_i \sum_j p_{j|i} \log \frac{p_{j|i}}{q_{j|i}} \tag{195}$$

其中，P_i 表示给定 $\boldsymbol{x}_i$，其他所有数据所对应的条件概率分布；P_i 表示给定 $\boldsymbol{y}_i$，其他所有数据所对应的条件概率分布。需要注意的是，K-L 散度并不是对称的。而 SNE 倾向于当将相距较近的原始数据 $\boldsymbol{x}_i$ 和 $\boldsymbol{x}_j$ 映射到相距较远的 $\boldsymbol{y}_i$ 和 $\boldsymbol{y}_j$ 时产生较大惩罚。换句话说，SNE 中，如果用较小的 $q_{j|i}$ 对应较大的 $p_{j|i}$ 时，产生的损失相对较小；而用较大的 $q_{j|i}$ 对应较小的 $p_{j|i}$ 时，产生的损失相对较大。采用这样的策略是为了保证原始空间中的近邻关系在映射到低维空间中依旧能够保持。

SNE 采用梯度下降法对式 (195) 进行优化，可以发现

$$\frac{\partial C}{\partial \boldsymbol{y}_i} = 2\sum_j (p_{j|i} - q_{j|i} + p_{i|j} - q_{i|j})(\boldsymbol{y}_i - \boldsymbol{y}_j) \tag{196}$$

为了加速优化过程和避免陷入局部最优解，SNE 引入了一个相对较大的动量 (momentum)，于是更新公式被写作

$$\boldsymbol{Y}^{(t)} = \boldsymbol{Y}^{(t-1)} + \eta \frac{\partial C}{\partial \boldsymbol{Y}} + \alpha(t)(\boldsymbol{Y}^{(t-1)} - \boldsymbol{Y}^{(t-2)}) \tag{197}$$

其中，$\boldsymbol{Y}^{(t)} = [\boldsymbol{y}_1^{(t)}, \cdots, \boldsymbol{y}_N^{(t)}]$ 表示第 t 次迭代的解；η 为学习率；$\alpha(t)$ 表示在第 t 次迭代中的动量。避免陷入局部最优解，SNE 还可以在初始优化阶段的迭代中引入一些高斯噪声，这些噪声以模拟退火的方式逐渐减小。

SNE 在执行时，需要设置多种参数，其往往需要在给定数据上运行多次才能确定这些参数的最优设置。给定数据 $\boldsymbol{x}_1, \cdots, \boldsymbol{x}_N$，其基本执行流程如下：首先，确定困惑度 $\mathrm{perp}(P_i)$、迭代轮数 T、学习率 η、动量 $\alpha(t)$ 等参数；接着利用 $\mathrm{perp}(P_i)$ 计算每一对数据所对应的 $p_{j|i}$，并随机初始化 $\boldsymbol{y}_1, \cdots, \boldsymbol{y}_N$；在每一轮迭代中，先利用式 (194) 计算 $q_{j|i}$，再根据式 (196) 进行梯度 $\dfrac{\partial C}{\partial \boldsymbol{Y}}$ 的计算，然后通过式 (197) 对 $\boldsymbol{Y}$ 进行更新；迭代完成后输出结果 $\boldsymbol{Y}$。

尽管 SNE 提供了很好的可视化方法，但是其目标函数很难优化。为了简化梯度公式，出现了对称 SNE (symmetric SNE)。

在对称 SNE 中，可以使用联合概率分布来替换条件概率分布，令 P 和 Q 分别为高维空间和低维空间中的联合概率分布，它们间的 K-L 散度定义为

$$C = \mathrm{KL}(P\|Q) = \sum_i \sum_j p_{ij} \log \frac{p_{ij}}{q_{ij}} \tag{198}$$

对于任意的 i 与 j，有 $p_{ij} = p_{ji}$，$q_{ij} = q_{ji}$，而 $p_{ii} = 0$ 且 $q_{ii} = 0$。在高维空间中，一对数据间的相似度 p_{ij} 通过下式计算：

$$p_{ij} = \frac{\exp(-\|\boldsymbol{x}_i - \boldsymbol{x}_j\|_2^2/2\sigma_i^2)}{\sum\limits_{k \neq l} \exp(-\|\boldsymbol{x}_k - \boldsymbol{x}_l\|_2^2/2\sigma_i^2)} \tag{199}$$

在低维空间中，一对数据间的相似度 q_{ij} 通过下式计算：

$$q_{ij} = \frac{\exp(-\|\boldsymbol{y}_i - \boldsymbol{y}_j\|_2^2)}{\sum\limits_{k \neq l} \exp(-\|\boldsymbol{y}_k - \boldsymbol{y}_l\|_2^2)} \tag{200}$$

然而，式 (199) 和式 (200) 定义的相似度公式在出现离群点 (outlier) 的时候会出现问题。设 $\boldsymbol{x}_i$ 是离群点，那么对于任意的其他数据 $\boldsymbol{x}_j$，$\|\boldsymbol{x}_i - \boldsymbol{x}_j\|_2^2$ 就会很大，进而对应的 p_{ij} 就会很小，这导致其低维表示 $\boldsymbol{y}_j$ 的具体取值对目标函数的影响很小。

为了解决这个问题，可以将 p_{ij} 改写为

$$p_{ij} = \frac{p_{j|i} + p_{i|j}}{2} \tag{201}$$

式 (201) 保证了对于任意 i，有 $\sum_j p_{ij} > \dfrac{1}{2n}$。这样就保证了每一个数据对目标函数的贡献都达到了一定的程度。而在低维空间中，依然利用式 (200) 计算 q_{ij}。于是，对称 SNE 中的梯度计算公式可由下式给出：

$$\frac{\partial C}{\partial \boldsymbol{y}_i} = 4\sum_j (p_{ij} - q_{ij})(\boldsymbol{y}_i - \boldsymbol{y}_j) \tag{202}$$

显然，对称 SNE 的梯度计算公式更加简洁。实验中发现，对称 SNE 的表现和 SNE 差不多，有时甚至略好一点。

不幸的是，无论是 SNE 还是对称 SNE，都没法很好地解决“拥挤问题”(the crowding problem)：将数据映射到低维后，与能够容纳十分接近的数据点的空间区域相比，能够容纳中等距离的数据点的空间区域会不够大。简单地说，数据降维后会聚集在一起，无法区分。如果在降维后想精确地保留数据间的短距离关系，那么彼此间距离中等的原始数据在降维映射后就又会离得过远。比如，10 维空间中可

能有 11 个点之间是两两等距离的，但将这些点映射到 2 维空间后就难以保留这种等距关系，如果强制近似的话，很可能会让这些点彼此间距离都非常小。假设数据分布在 10 维空间中，如果试图直接在 2 维空间保留这些数据的距离，就会出现上述拥挤问题。

对称 SNE 在高维和低维空间中匹配是数据间的联合概率分布，而非它们之间的距离。这样就产生了减轻“拥挤问题”的一种思路：在高维空间下依旧使用高斯分布将距离转换为概率分布；但在低维空间下，使用更加偏重长尾分布的方式来将距离转换为概率分布，使得高维度下中等距离的数据对在映射后间距变得较大，如此以避免那些在映射过程中中等距离的数据被拉近的现象。

于是，t 分布随机近邻嵌入(t-distributed stochastic neighbor embedding，t-SNE)[85] 根据 t 分布计算 q_{ij}。

$$q_{ij}=\frac{(1+\|\boldsymbol{y}_i-\boldsymbol{y}_j\|_2^2)^{-1}}{\sum\limits_{k\neq l}(1+\|\boldsymbol{y}_k-\boldsymbol{y}_l\|_2^2)^{-1}} \tag{203}$$

t 分布是多个高斯分布的叠加，相比高斯分布，t 分布受异常值影响更小。使用 t 分布后，t-SNE 的梯度计算也相对比较方便：

$$\frac{\partial C}{\partial \boldsymbol{y}_i}=4\sum_j(p_{ij}-q_{ij})(\boldsymbol{y}_i-\boldsymbol{y}_j)(1+\|\boldsymbol{y}_i-\boldsymbol{y}_j\|_2^2)^{-1} \tag{204}$$

SNE 与 t-SNE 适于对高维数据进行可视化。虽然 t-SNE 对 SNE 进行了改良，但它们都有训练耗时过长这一共同的缺陷。

8.7 基于核方法的数据降维

核方法是模式识别领域的一类算法，它们因为使用了核函数(kernel function)而获得了这个名字。利用核函数，核方法能够隐式地将数据转换到另一个 (一般是更高维的) 空间 $\mathcal{H}$ 中，然后通过计算各数据对间的内积关系，实现在 $\mathcal{H}$ 中对这些数据的操作。相对于显式地将数据转换为 $\mathcal{H}$ 空间中的坐标形式再对它们进行操作，上述做法的优势在于计算代价更小。设函数 ψ 能够将输入空间 $\mathcal{X}$ 中的数据映射到另一个空间 $\mathcal{H}$ 中，对于 $\mathcal{X}$ 中的任意 $\boldsymbol{x}_i$ 和 $\boldsymbol{x}_j$，核函数 K 满足 $K(\boldsymbol{x}_i,\boldsymbol{x}_j)=\psi(\boldsymbol{x}_i)^{\mathrm{T}}\psi(\boldsymbol{x}_j)\in\mathbb{R}$。

通过假设数据在更高维的空间 $\mathcal{H}$ 中具有线性结构，线性降维算法能够在核函数的帮助下实现对在原始空间中具有非线性结构的数据的降维。许多线性降维算法的关键步骤为根据 $\boldsymbol{x}_1,\cdots,\boldsymbol{x}_N$ 获取投影方向 $\boldsymbol{u}_i$，并以此计算 $\boldsymbol{u}_i^{\mathrm{T}}\boldsymbol{x}$，$\boldsymbol{x}$ 为待降维数据。通过核函数，上述过程变为，获取 $\psi(\boldsymbol{u}_i)=\sum_{i=1}^N \alpha_i\psi(\boldsymbol{x}_i)$，并计算 $\psi(\boldsymbol{u}_i)^{\mathrm{T}}\psi(\boldsymbol{x})=\sum_{i=1}^N \alpha_i K(\boldsymbol{x}_i,\boldsymbol{x})$。于是对 $\psi(\boldsymbol{u}_i)$ 求解便转换为对系数 $\boldsymbol{\alpha}=(\alpha_1,\cdots,\alpha_N)$ 的求解。典型的此类方法有 KPCA 和 KLDA。

下面我们就以典型的基于核方法的数据降维算法 KPCA为例，简述线性降维算法和核方法的结合方式。

假设经过去均值操作的数据 $\boldsymbol{x}_1,\boldsymbol{x}_2,\cdots,\boldsymbol{x}_N$ 被映射到高维空间后的表示为 $\varphi(\boldsymbol{x}_1),\varphi(\boldsymbol{x}_2),\cdots,\varphi(\boldsymbol{x}_N)$。令 $\boldsymbol{\Phi_X}=[\varphi(\boldsymbol{x}_1),\varphi(\boldsymbol{x}_2),\cdots,\varphi(\boldsymbol{x}_N)]$，按照 PCA 算法的流程，通过计算协方差矩阵 $\boldsymbol{C}=\frac{1}{N}\boldsymbol{\Phi_X}\boldsymbol{\Phi_X}^{\mathrm{T}}$，问题便转换为求解特征值问题：

$$\frac{1}{N}\boldsymbol{\Phi_X}\boldsymbol{\Phi_X}^{\mathrm{T}}\boldsymbol{v}=\lambda\boldsymbol{v} \tag{205}$$

因为特征值 $\boldsymbol{v}\in\mathrm{span}\{\varphi(\boldsymbol{x}_1),\varphi(\boldsymbol{x}_2),\cdots,\varphi(\boldsymbol{x}_N)\}$，所以不妨令 $\boldsymbol{v}=\sum_{j=1}^n \alpha_i\varphi(\boldsymbol{x}_i)=\boldsymbol{\Phi_X}\boldsymbol{\alpha}$。其中 $\boldsymbol{\alpha}=(\alpha_1,\alpha_2,\cdots,\alpha_N)^{\mathrm{T}}$。设 $\boldsymbol{\Phi_X}^{\mathrm{T}}\boldsymbol{\Phi_X}=\boldsymbol{K}$，于是有 $[\boldsymbol{K}]_{i,j}=\varphi(\boldsymbol{x}_i)^{\mathrm{T}}\varphi(\boldsymbol{x}_j)=K(\boldsymbol{x}_i,\boldsymbol{x}_j)$。式 (205) 两边左乘 $\boldsymbol{\Phi_X}^{\mathrm{T}}$，得

$$\frac{1}{N}\boldsymbol{K}\boldsymbol{K}\boldsymbol{\alpha}=\lambda\boldsymbol{K}\boldsymbol{\alpha} \tag{206}$$

因为 $\boldsymbol{K}$ 是实对称矩阵，所以

$$\frac{1}{N}\boldsymbol{K}\boldsymbol{\alpha}=\lambda\boldsymbol{\alpha} \tag{207}$$

能找到一组特征向量构成 $\mathcal{H}$ 的基底。进而，通过式 (207) 能够给出式 (206) 中所有关于 $\boldsymbol{\alpha}$ 的解。$\boldsymbol{\alpha}$ 一旦确定，任意 $\boldsymbol{x}$ 降维后的分量 $\boldsymbol{v}^{\mathrm{T}}\boldsymbol{x}=\sum_{i=1}^N \boldsymbol{\alpha}K(\boldsymbol{x}_i,\boldsymbol{x})$ 便也确定了。

需要注意的是，将数据转换到的 $\mathcal{H}$ 空间往往维数要高于原始数据空间，这样在计算中基于核方法的降维算法的计算消耗很可能明显大于未曾使用核技巧的原始算法。

8.8 基于神经网络的数据降维

神经网络具有非线性与自学习的特点，因此神经网络技术常常被用于复杂数据的降维。

自编码器(autoencoder) 是最常见的用于无监督降维的神经网络技术之一。简单地说，自编码器可以看作是一个类似于多层感知器的前馈神经网络，包括一个输入层和一个输出层，在输入和输出层之间存在一个或多个隐藏层，但是自编码器输出层的节点数与输入层的节点数相等，并且它学习的目标是使输入与输出尽可能相似。如图 26 所示，自编码器包含两个部分：编码器和解码器。编码器可以看作是通过映射 ϕ 将数据映射到它们的低维表示，而解码器则是利用映射 ψ 将数据从低维转回其原始表示。给定数据矩阵 $\boldsymbol{X}$，在进行训练时，自编码器的目标是通过令 $\boldsymbol{X}$ 和 $(\psi \circ \phi)\boldsymbol{X}$ 差异最小从而找出这两个映射 ϕ 和 ψ。由于衡量指标一般是平方误差，于是优化函数可以写作

$$\arg\min_{\phi,\psi} \|\boldsymbol{X} - (\psi \circ \phi)\boldsymbol{X}\|^2 \tag{208}$$

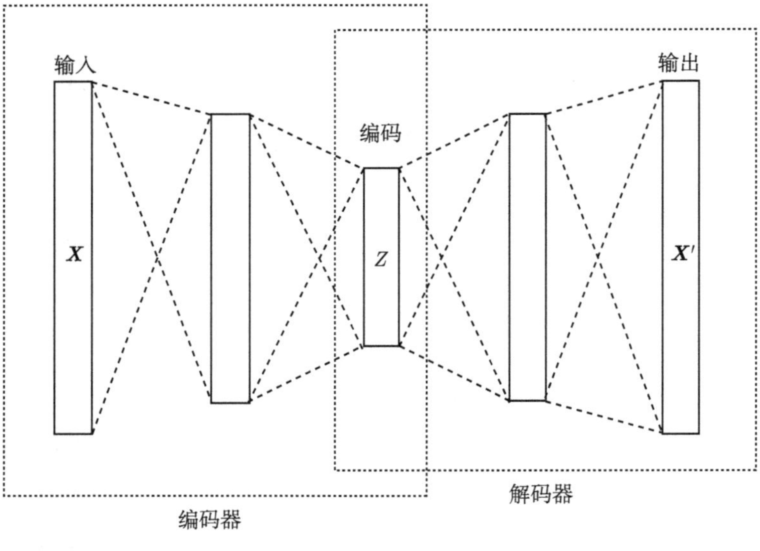

图 26　自编码器结构图

随后自编码器通过误差反向传播对各层节点之间的权重进行调整。一旦训练完成，自编码器中的编码器部分就会被用于降维：给定数据 $\boldsymbol{x}$，其低维表示即为 $\boldsymbol{y} = \phi(\boldsymbol{x})$。

自组织映射(self-organizing map，SOM) 是另一种可用于数据降维的神经网络。SOM 通过事先确定的低维 (一般是 2 维或 3 维) 网络结构，利用竞争学习对节点 (神经元) 的权重进行调整，进而将数据从原始空间映射到这些离散的节点

来实现降维。SOM 比较擅于获取高维数据的低维可视化表示，但是这些低维表示都是离散的，会出现类似的高维数据映射到同一节点的现象，因此 SOM 的输出也可以看作是聚类的结果。SOM 的训练过程如图 27 所示，其中阴影区域为训练数据的分布，白点为当前处理的数据 $\boldsymbol{x}_i$，网格表示 SOM 的网络结构，各节点的权重处于数据所处空间中。初始化时，SOM 各节点权重一般随机初始化生成 (左图)。进行训练时，SOM 每次选择权重与当前处理的数据最近的节点 s_{i^*}(图中以圆形区域标出)，并令 s_{i^*} 的权重以及与 s_{i^*} 相连节点的权重向 $\boldsymbol{x}_i$ 的坐标方向进行调整，这个过程可以用如下公式表示：

$$\boldsymbol{\mu}_{i^*,l}^{(t+1)} = \boldsymbol{\mu}_{i^*,l}^{(t)} + \theta(\boldsymbol{\mu}_{i^*,l}, \boldsymbol{\mu}_{i^*})\alpha(t)(\boldsymbol{x}_i - \boldsymbol{\mu}_{i^*,l}^{(t)}) \tag{209}$$

其中，$\boldsymbol{\mu}_{i^*,l}$ 表示与 s_{i^*} 相连节点 (包含 s_{i^*} 自身) 的权重；t 为其更新次数；$\theta(\boldsymbol{\mu}_{i^*,l}, \boldsymbol{\mu}_{i^*})$ 确定当前更新节点与获胜节点之间的相邻关系；$\alpha(t)$ 为单调递减函数。如上反复，直至 SOM 的网络结构近似于数据的原始分布。

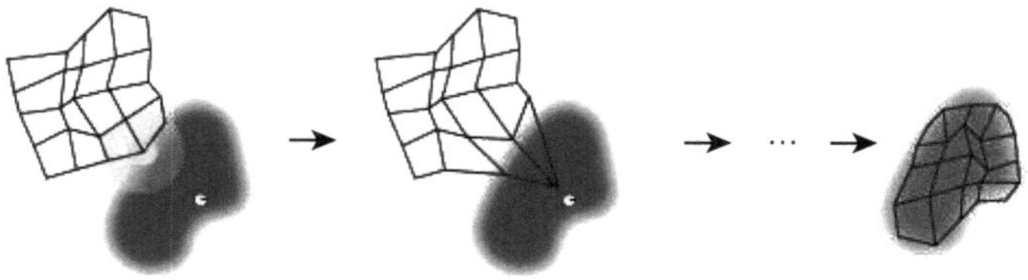

图 27　SOM 训练过程

8.9　本章小结

本章介绍了包括拉普拉斯特征映射算法、经典多维尺度变换算法、等距特征映射算法、局部线性嵌入算法、局部切空间规整算法、随机近邻嵌入及对称随机近邻嵌入算法、核方法以及基于神经网络技术的自编码器与自组织映射方法在内的多种传统非线性降维算法，并介绍了它们的基本思想和计算方法。相比于线性降维，非线性模型通常使得降维算法的计算更为复杂，开销更大，但其非线性模型能够更好地拟合复杂的数据分布，得到更好的降维效果。在实际应用中，如何在效果和代价之间进行取舍是需要仔细考虑的问题。

第9章

改进的基准点选取SL-Isomap算法

数据降维的关键是学习数据的内在结构，基于流形学习的数据降维更是如此：流形学习强调了对数据局部结构信息的提取。然而，虽然流行学习的设想令人向往，但在实际执行中却困难重重。给定数据集，如何提取局部信息，便是流形学习中的一大难题。通常的做法是对每个已获取数据找出与其相近的其他数据，但是这样做往往会引出新的问题，比如数据间什么情况下才算足够近、大量数据导致的巨大计算消耗如何应对等。L-Isomap 算法为上述第二个问题给出了解决方案，而本章研究计划在其基础上寻找出第一个问题的解决方案，进而同时解决上述两大问题。

本章的结构安排如下：首先在引言部分对研究动机与本章研究内容进行了介绍；其次提出了 SL-Isomap 并对其进行分析；然后通过在人工数据集上的实验对算法进行验证；最后给出了本章小结。

9.1　引言

线性降维算法具有模型简单、计算量相对较小的优势。然而，当面对整体上呈非线性分布的数据时，线性降维算法由于其所采用假设的局限，往往无法准确提取关于数据分布的本质特征，导致不能取得理想的降维效果。在本章中便进行了基于流形学习的非线性降维研究。

在流形学习中，一个关键的问题就是对数据所处的流形结构进行学习。大多数非线性的流形学习算法以一种简单烦琐的方式来提取流形的结构信息：一一计算所有 N 个已有数据间的两两关系，随后根据这些收集到的 $O(N^2)$ 规模的数据关系计算流形的结构信息。存储上述规模的信息需要 $N \times N$ 大小的矩阵，而在这些信息基础上进行的流形结构提取运算以及将数据映射到低维的运算的复杂度一般也会随着数据数目 N 的增大而急速增大。如果算法需处理的 $N \times N$ 矩阵十分巨大且是稠密的，比如 MDS[86] 和 Isomap[10]，那么进行数据降维的存储和运算开销会极其惊人。诚然，如果上述记录数据关系的矩阵是稀疏的，那么算法的空间复杂度和计算复杂度会相对较小，但是当 N 很大时，这些算法的开销仍旧会十分巨大。显然，巨大的存储和计算消耗已经成为非线性流形学习算法在大规模问题上应用的瓶颈。

这一问题显然已经引起了研究者们的重视。其中最著名的工作便是对 MDS 算法的改进。

MDS 算法的计算瓶颈在于基于 $N \times N$ 的矩阵计算前 d 个特征值特征向量。当数据量 N 增大时，$O(N^3)$ 的计算复杂度就会严重影响计算效率。LMDS 算法在 MDS 算法的基础上引入了基准点，从而在一定程度上降低了计算复杂度[87]。

LMDS 算法主要分为两个阶段。第一阶段是用 MDS 算法将预先选取的 n 个基准点映射到低维空间。

给定基准点的高维空间距离矩阵 $\boldsymbol{D}_n(n \times n)$。首先计算内积矩阵 $\boldsymbol{B}_n = -\boldsymbol{H}_n\boldsymbol{\Delta}_n\boldsymbol{H}_n/2$，其中，$\boldsymbol{\Delta}_n$ 是 $\boldsymbol{D}_n$ 中每个元素求平方所得的矩阵，中心化矩阵 $\boldsymbol{H}_n$ 由 $(\boldsymbol{H}_n)_{ij} = \boldsymbol{I}_{ij} - 1/n$ 求得，$\boldsymbol{I}$ 为单位矩阵。然后计算 $\boldsymbol{B}_n$ 的前 d 个特征值 $\lambda_i(i=1,\cdots,d)$ 及对应的特征向量 $\boldsymbol{v}_i(i=1,\cdots,d)$。由此可以得到 n 个基准点在 d 维空间的降维映射：

$$\boldsymbol{L} = \begin{bmatrix} \sqrt{\lambda_1}\cdot\boldsymbol{v}_1{}^{\mathrm{T}} \\ \sqrt{\lambda_2}\cdot\boldsymbol{v}_2{}^{\mathrm{T}} \\ \vdots \\ \sqrt{\lambda_d}\cdot\boldsymbol{v}_d{}^{\mathrm{T}} \end{bmatrix} \tag{210}$$

第二阶段是基于已经映射完成的基准点，将剩余的高维数据点映射到低维空间。

给定基准点与所有数据点的高维空间距离矩阵 $\boldsymbol{D}_{nN}(n \times N)$。记待降维的高维数据点 ξ 对应 $\boldsymbol{D}_{nN}$ 中的第 c 列，可以通过式 (211) 计算出 ξ 与基准点在高维空间中的平方距离向量 $\boldsymbol{\delta}_\xi$：

$$\boldsymbol{\delta}_\xi(i) = \boldsymbol{D}_{nN}(i,c) \times \boldsymbol{D}_{nN}(i,c) \tag{211}$$

其中，$\boldsymbol{\delta}_\xi(i)$ 表示 $\boldsymbol{\delta}_\xi$ 的第 i 个元素。

利用第一阶段计算出的 $\boldsymbol{B}_n$ 的特征值 λ 和特征向量 $\boldsymbol{v}$，计算伪逆转置矩阵 $\boldsymbol{L}^{\#}$：

$$\boldsymbol{L}^{\#} = \begin{bmatrix} \boldsymbol{v}_1{}^{\mathrm{T}}/\sqrt{\lambda_1} \\ \boldsymbol{v}_2{}^{\mathrm{T}}/\sqrt{\lambda_2} \\ \vdots \\ \boldsymbol{v}_d{}^{\mathrm{T}}/\sqrt{\lambda_d} \end{bmatrix} \tag{212}$$

最后，根据式 (213) 对数据点 ξ 进行降维映射：

$$l_\xi = -\frac{1}{2}\boldsymbol{L}^{\#}(\boldsymbol{\delta}_\xi - \boldsymbol{\delta}_\mu) \tag{213}$$

在计算复杂度方面，LMDS 算法仅需要在 $\boldsymbol{D}_n$ 的基准点距离矩阵进行特征值和特征向量的计算，因此第一阶段的计算复杂度为 $O(n^3)$。第二阶段基于 n 个基准点的降维映射复杂度为 $O(dnN)$。在空间复杂度方面，LMDS 算法只需要存储 $\boldsymbol{D}_n$ 和 $\boldsymbol{D}_{nN}$，空间复杂度为 $O(nN)$。显然当数据总量 N 远大于基准点数量 n 时，LMDS 算法将大大降低 MDS 算法的 $O(N^3)$ 的计算复杂度和 $O(N^2)$ 的空间复杂度。

由于 Isomap 算法比 MDS 算法增加了计算 k 近邻图和最短路径，因此加剧了 MDS 算法处理大数据的计算复杂度问题。类比 MDS 算法通过选取基准点降低计算复杂度而产生 LMDS 算法，Isomap 算法也有使用类似的解决方案：L-Isomap 算法[88]。

L-Isomap 算法流程如下。首先是基准点选取。L-Isomap 算法需要选取 n 个基准点 $(n \ll N)$。目前有几种常用的基准点选取方法：第一步随机选取方法的计算复杂度为 $O(1)$，K-means 和 Maxmin 方法的计算复杂度均为 $O(nN)$。第二步计算全数据集上的 $N \times N$ 欧氏距离矩阵 $\boldsymbol{D}_E$，计算复杂度为 $O(N^2)$。第三步，基于 $\boldsymbol{D}_E$ 构造 k 近邻图 G，计算复杂度为 $O(N\text{log}k)$。第四步，L-Isomap 算法不需要计算全数据集上的测地线距离 $N \times N$ 大小的矩阵 $\boldsymbol{D}_N$，而是在 G 上计算每个点与基准点的测地线距离 $n \times N$ 大小的矩阵 $\boldsymbol{D}_{n,N}$，这一步使用 Dijkstra 算法，计算复杂度为 $O(knN\log N)$，其中邻域 k 是超参数，需要用户根据经验自定义。最后，基于 $\boldsymbol{D}_{n,N}$ 的 LMDS 算法的计算复杂度为 $O(n^2N)$。L-Isomap 算法需要保存 $\boldsymbol{D}$ 和 $\boldsymbol{D}_{n,N}$，因此空间复杂度为 $O(N^2)$。

在 L-Isomap 算法中，预先需要在流形表面选取稀疏分布的基准点以代表流形的拓扑结构，因此基准点的数量和位置选取就非常重要。如果选取不当，例如相邻基准点之间的距离拉开过大，使得原始高维空间中距离很远、相似度很低的数据点成为相邻点，造成的结果是映射到低维空间后它们成为邻居。这种误差称为“短路”误差(short-circuit error)，将会破坏流形拓扑结构，严重影响降维效果。

下面用两个对比图具体说明基准点选取的重要性：

图 28 说明了选取合适的基准点位置的重要性。可以看出图 28(a) 与图 28(b) 具有相同数量的基准点，但是很显然图 28(a) 中的基准点 L_1、L_2 和 L_3 能较好表示流形的“弯曲形状”拓扑结构，而图 28(b) 中 L_2 和 L_3 之间的直连关系破坏了流形拓扑结构，使得原本在流形表面距离很远的数据点成为邻居点，造成了严重的

“短路” 误差。

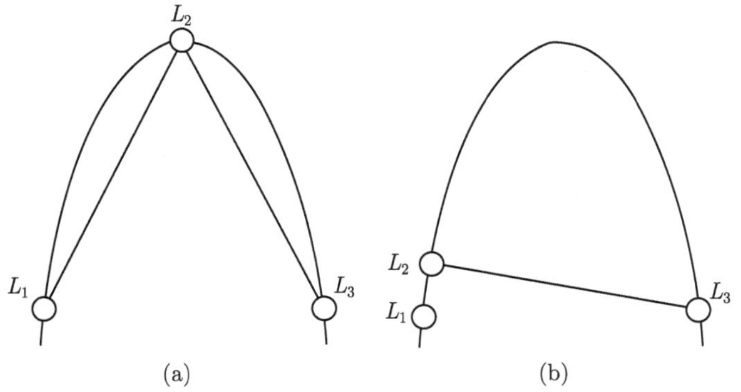

图 28 选取合适基准点位置的重要性

图 29 说明了选取合适的基准点数量的重要性。如果基准点选取过多，极端情况下基准点数量等于原始数据点的数量，那么 L-Isomap 算法就退化成 Isomap 算法，没有起到减小计算量的作用。但是如果选取的基准点数目太少，如图 29(b) 所示，L_1 和 L_2 之间的直连形成了严重的 “短路”，使得原本在流形表面距离很远的数据点成为邻居点，把流形的拓扑结构破坏了。需要通过增加一个基准点来解决这个问题，使得基准点能够表示该流形中的 “弯曲形状” 的拓扑结构，如图 29(a) 所示。

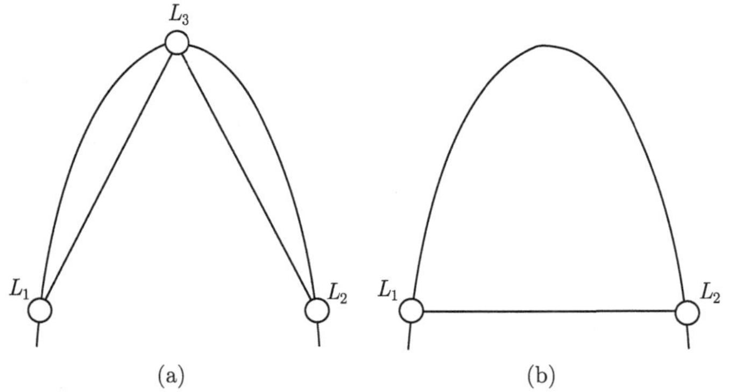

图 29 选取合适基准点数量的重要性

综上所述，选取基准点数量和位置对于 L-Isomap 算法的有效性起到了关键作用。如果选取合适的基准点数量和位置，L-Isomap 算法既实现了 “保测地线距离映射” 的目标，又大大降低了计算和空间复杂度；如果基准点选取不当，将会严重破坏流形拓扑结构，使得降维映射结果不可信，丢弃了算法最本质的目的。在文献 [88] 中随机选取基准点的数量和位置，当数据存在噪声时 (实际应用中通常不可避免有噪声存在)，一旦选取到噪声点作为基准点，就很可能会破坏流形的拓扑结构。近年来有一些工作通过聚类算法更好地选取基准点位置，如 SOM[89] 和 K-means[90]，在一定程度上改善了基准点的选取。然而还没有一种有效的算法能够同时确定基准点的数量和位置。基准点数量仍然作为超参数需要用户来确定，在低维情况下 (如三维降到二维) 可以通过可视化技术来适当增减调优，但是在高维情况下就难以评估基准点数量选取，因此难以进行调优。这个缺点使得 L-Isomap 算法对用户的邻域经验要求太高，并且实际效果也不稳定，对降维映射结果的可靠性也产生影响。

针对现有的 L-Isomap 算法无法同时确定基准点数量和位置的问题，本书提出一种改进的 L-Isomap 算法SoinnLandmark-Isomap (SL-Isomap)。受自组织增量学习神经网络 SOINN[91, 92](SOINN 简介见 9.2 节) 的启发，SL-Isomap 对 SOINN 进行了改进以学习高维流形的拓扑结构，自动确定基准点的数量和位置。此外相比于 L-Isomap 算法，SL-Isomap 算法将基准点降维映射与其余数据点降维映射拆为两个步骤，为本书之后基于基准点来处理在线数据提供了准备。

9.2 SOINN

本章的研究以 SOINN 为基础。SOINN 是一种基于竞争 Hebbian 规则 (competitive Hebbian learning rule) 的神经网络模型，能够实现对数据的在线聚类和拓扑表示学习[91, 93]。如图 30 所示，对于在线输入的数据，SOINN 能够在无需先验知识的情况下自动生成一组神经元节点以及这些节点之间的连接，以拓扑图的方式对这些数据的分布进行表示[94]。与传统的竞争型神经网络不同，SOINN 没有固定的拓扑结构，它根据输入的数据以及若干简单的规则自适应地对神经元节点的数目、权值以及它们之间的连接进行动态调整，在增强网络可塑性的同时，SOINN 又通过删除噪声节点、自适应调整阈值参数等操作来稳定学习的结果。

原始 SOINN[91] 结构如图 31 所示。它是一个两层的竞争型神经网络。SOINN 的第一层从输入数据中生成神经元节点，其分布作为对输入数据的密度分布估计。神经元节点之间的连接构成一个或者多个连通子图，也就是第一层聚类。SOINN

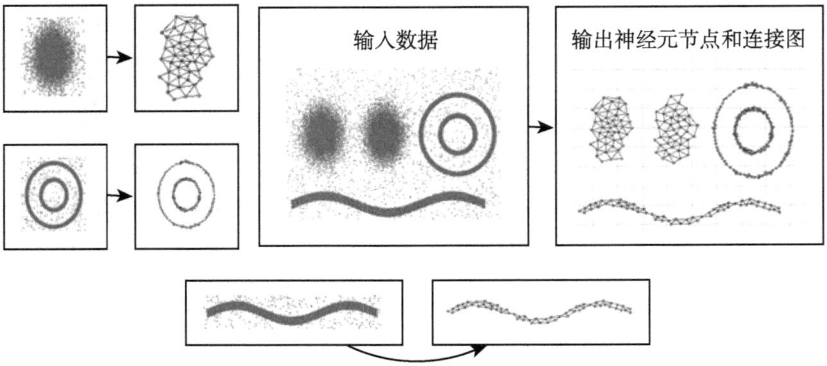

图 30　SOINN 的运行效果演示

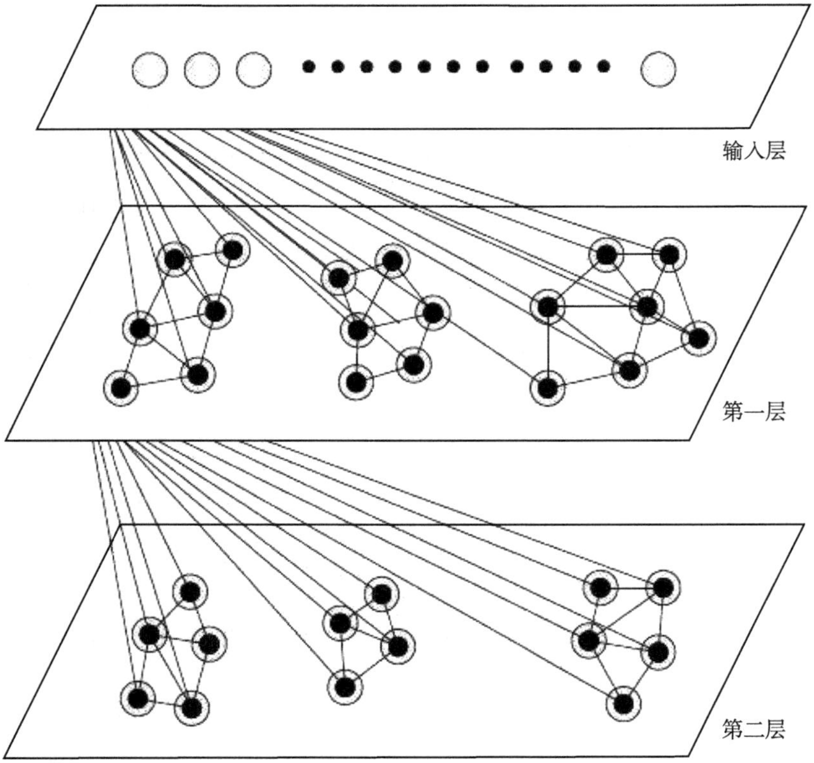

图 31　原始 SOINN 结构图

的第二层首先计算第一层聚类的类内距离和类间距离，然后将计算得到的距离作为参数，并将第一层得到的神经元节点作为输入数据，再次运行 SOINN，从而又得到了一组新的神经元节点以及相互连接关系。生成新的连通子图构成了第二层聚类，代表 SOINN 最终学习到的原始输入数据的拓扑结构。由于 SOINN 是一种在线增量式学习算法，因此随着输入数据的不断进入，两层的神经网络 (包括神经元节点和连接关系) 都会随之动态变化。

由于 SOINN 在无监督学习上的优势，已经在多个领域得到实际应用。包括白血病辅助诊断的医疗诊断系统[95, 96]，基于联想记忆的机器人路径规划[97, 98]，对 if-then 规则进行聚类的推理系统[99]，对颜色纹理特征进行聚类的图像标记[100] 等。

不同于传统的竞争型神经网络，SOINN 没有固定的拓扑结构，它根据输入的数据以及若干简单的规则自适应地调整局部神经元的权值以及神经元之间的连接。SOINN 的学习算法是完全增量式的，这不仅表现在学习过程的在线性上，更为重要的是学习结果的增量性。由于采用了一个自适应调整的相似度阈值 (similarity threshold) 来识别之前没有学习过的输入模式，该网络能够动态地生成新的神经元来表示输入模式，同时不影响之前的学习结果。

网络的初始化阶段，SOINN 生成两个孤立的节点，特别是为它们设置邻接阈值，作为在随后的学习过程中根据输入数据选择网络更新操作方式的主要依据。需要注意的是，在 SOINN 中，邻接阈值以及各节点包含的其他信息是随着在线输入数据不断更新的。

在完成对网络的初始化设置后，SOINN 所进行的在线式学习过程大致可以分为三个部分：新节点的生成、已有节点的更新以及去噪过程。

新节点的生成主要发生在新输入的数据与之前已获取的节点差异性较大的时候。如图 32 所示，ξ 为输入数据，s_1 和 s_2 为所有已获取的 n 个节点中与 ξ 最相似的两个节点，T_{s_1} 与 T_{s_2} 分别是这两个节点的邻接阈值，如果 ξ 与 s_1 间的差异大于 T_{s_1} 或 ξ 与 s_2 间的差异大于 T_{s_2}，那么 SOINN 则根据 ξ 生成一个新的孤立节点 s_{n+1}，将 s_{n+1} 与最近节点之间的距离作为 s_{n+1} 的邻接阈值[94]。

如果新输入的数据 ξ 与节点 s_1 和 s_2 足够相似，那么如图 33 所示，SOINN 便以如下方式对 s_1 和 s_2 进行更新[94]：①令这两个节点的权重向 ξ 方向调整；②基于竞争 Hebbian 规则建立 s_1 和 s_2 之间的连接，并将这条连接的年龄 age_{s_1,s_2} 设为 0，增加 s_1 的激活次数以及 s_1 所有连接的年龄；③删除 s_1 所有年龄大于一定值的连接；④将 s_1 和 s_2 的邻接阈值分别更新为它们各自与最远相连点的距离。

在实际应用中，输入数据中的噪声或者离群点会导致 SOINN 为它们生成不必要的节点，而数据随机的输入顺序也可能会使得 SOINN 的结果出现不稳定的现象。为了解决上述问题，SOINN 在每处理 t_0 个输入数据之后便会进行一次去噪操作。SOINN 认为密度较低区域的节点很可能不能较好地反映原始数据的分布信息，因此在每次去噪中，如果一个节点没有或者只有一个邻居节点，而且其激活的次数低于当前所有节点的平均激活次数一定比例，那么它就会被删除，同时与它相关联的边也会被移除。

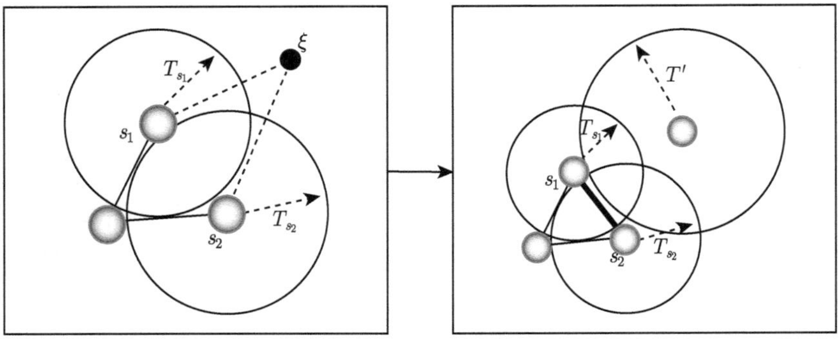

图 32　SOINN 中新节点的插入

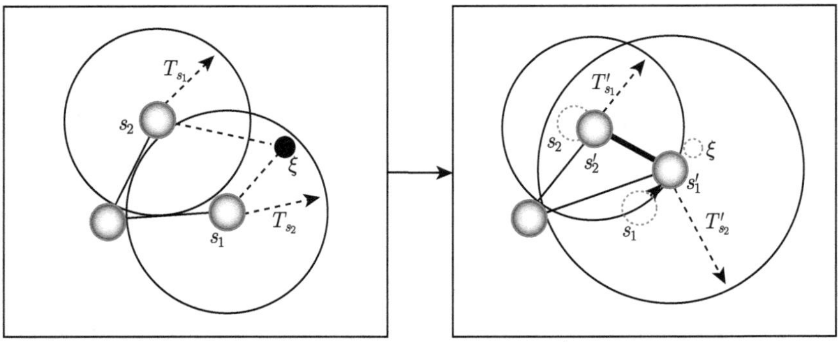

图 33　SOINN 中已有节点的更新

9.3　SL-Isomap 算法描述

给定包含 N 个高维数据点的待降维数据集 Data $= \{x_1, x_2, \cdots, x_N\}$。SL-Isomap 算法包含四个步骤，如算法 6 所示，并输出降维后的 Data 数据集在低维空间中的坐标。

算法 6 基于 SOINN 基准点的 SL-Isomap 算法

1: **基准点选取**

使用 SOINN 以在线方式从高维数据集 Data 中选取基准点 LM $= \{x_{l_1}, x_{l_2}, \cdots, x_{l_n}\}$。其中基准点的数量 n 和位置由 SOINN 自动确定，不需要用户提供先验知识。

2: **测地线距离计算**

计算全数据集 Data 的欧氏距离矩阵 $\boldsymbol{D}_E(N \times N)$，基于 $\boldsymbol{D}_E$ 构建 k 近邻图 G。然后在 G 上计算每个点与基准点集合 LM 的测地线距离矩阵 $\boldsymbol{D}_{n,N}(n \times N)$。

3: **基准点降维映射**

从 $\boldsymbol{D}_{n,N}$ 中抽取基准点 LM 的测地线距离矩阵 $\boldsymbol{D}_n$ $(n \times n)$。在 $\boldsymbol{D}_n$ 上使用 MDS 算法对基准点集合 LM 进行降维映射，得到 n 个基准点的低维坐标。

4: **基于基准点对数据降维映射**

从 $\boldsymbol{D}_{n,N}$ 中抽取剩余点与基准点的测地线距离矩阵 $\boldsymbol{D}_{n,N-n}$ $(n \times (N-n))$。在 $\boldsymbol{D}_{n,N-n}$ 上使用 LMDS 算法得到剩余 $N-n$ 数据点的低维映射坐标。

5: **坐标标准化**

使用 PCA 算法将低维数据的坐标进行校准，使得低维数据分布符合 N 个原始高维数据点的分布，而不是 n 个基准点的分布。

9.3.1 基准点选取

假设高维数据集 Data 分布在一个高维流形 $\mathcal{M}$ 上，在这一步骤学习数据点的分布，学习隐藏其中的流形 $\mathcal{M}$ 的拓扑结构，并且构造拓扑保持的神经网络 G_M。G_M 由基准点集合 A 和连接集合 C 组成。A 初始化为仅包含随机选取的两个基准点：$A = \{L_1, L_2\}$。C 表示基准点之间的邻接关系，初始化为空集，即 L_1, L_2 之间没有连接。激活次数 M_{L_i} 用来记录基准点 L_i 被输入数据点激活的次数。初始化 $M_{L_1} = M_{L_2} = 0$，即 L_1, L_2 没有被激活过。T_{L_i} 表示基准点 L_i 的邻接阈值，即在 T_{L_i} 的欧氏距离范围内 L_i 将被激活。初始化 $T_{L_1} = T_{L_2} = \|L_1 - L_2\|$，即 L_1, L_2 之间的欧氏距离。此外连接年龄参数 $\text{age}_{(L_i,L_j)}$ 表示 L_i,L_j 之间连接的时长。

算法以在线方式构造基准点集合 A 和连接集合 C。输入数据点 $x_i(i = 1, 2, \cdots, N)$，算法在基准点集合 A 中找出获胜基准点 s_1 和第二获胜基准点 s_2：

$$s_1 = \mathop{\arg\min}_{x \in A} \|x_i - x\| \tag{214}$$

$$s_2 = \mathop{\arg\min}_{x \in A \setminus \{s_1\}} \|x_i - x\| \tag{215}$$

其中，$\|\cdot\|$ 表示高维空间中的欧氏距离。

如果 x_i 距离两个获胜基准点 s_1 和 s_2 超过了它们的邻接阈值：

$$\|x_i - s_1\| > T_{s_1} \quad \text{或} \quad \|x_i - s_2\| > T_{s_2} \tag{216}$$

则表示 x_i 是一个新的基准点，将 x_i 加入 A，然后处理下一个输入数据点 x_{i+1}。

如果式 (216) 不满足，说明 x_i 不是一个新的基准点。则基于竞争 Hebbian 规则 (competitive Hebbian learning rule) 建立相应连接。如果 s_1 和 s_2 之间不存在连接，则建立连接 (s_1, s_2)，将连接年龄 $\text{age}_{(s_1,s_2)}$ 设为 0，并加入连接集合 C：

$$\text{age}_{(s_1,s_2)} = 0 \quad \text{和} \quad C = C \cup (s_1,s_2) \tag{217}$$

此时需要对 s_1 的激活次数 M_{s_1} 加 1，并且增加 s_1 所有连接的年龄：

$$M_{s_1} = M_{s_1} + 1 \quad \text{和} \quad \text{age}_{(s_1,L_i)} = \text{age}_{(s_1,L_i)} + 1 \tag{218}$$

为了学习流形 $\mathcal{M}$ 的拓扑结构，两个获胜基准点需要往输入数据方向移动：

$$s_1 = s_1 + \varepsilon(t)\, \|x_i - s_1\| \tag{219}$$

$$s_2 = s_2 + \varepsilon'(t)\, \|x_i - s_2\| \tag{220}$$

其中，$\varepsilon(t) = \dfrac{1}{t}$，$\varepsilon'(t) = \dfrac{1}{100t}$。

经过一段时间的学习，刚开始相连的基准点之间的距离可能会越来越远。为了保证连接对于相邻关系的可靠性，我们删除年龄大于阈值 $\text{age}_{\max}$ 的连接，从而更新神经网络 G_M。

邻接阈值 T_{s_1} 和 T_{s_2} 分别更新为相应最远相连点的距离：

$$T_{s_1} = \mathop{\arg\max}_{(x,s_1)\in C} \|x - s_1\| \tag{221}$$

$$T_{s_2} = \mathop{\arg\max}_{(x,s_2)\in C} \|x - s_2\| \tag{222}$$

这一步保证每个基准点距离相连的点都在相应的邻接阈值之内。然后处理下一个输入数据点 x_{i+1}。

为了处理实际数据中的噪声，算法在每处理 λ 个输入数据点之后，删除 A 中的孤异基准点。孤异基准点的判断标准为如果 L_i 只有一个相连点并且激活次数 M_{L_i} 小于预设的阈值 $M_{\min}$，则认为 L_i 为孤异基准点。

当所有输入数据点都学习完成，我们得到由基准点集合 $A=\{L_i(i=1,\cdots,n)\}$ 和连接集合 C 组成的神经网络 G_M。为了保证基准点集合是原始数据点的子集，算法对基准点做了微调，最终的基准点集合记为 $\mathrm{LM}=\{x_{l_1},x_{l_2},\cdots,x_{l_n}\}$。其中

$$x_{l_i}=\underset{x_c\in\mathrm{Data}}{\arg\min}\|n_i-x_c\| \tag{223}$$

9.3.2 测地线距离计算

这一步骤需要计算基准点集合 LM 与所有数据点 Data 的相似度。沿用 Isomap 算法的思想，使用测地线距离来度量高维空间中数据点之间的相似度。测地线距离使用单源最短路径进行计算。

首先计算全数据集的欧氏距离矩阵 $\boldsymbol{D}_E(N\times N)$：

$$\boldsymbol{D}_E(i,j)=\|x_i-x_j\| \tag{224}$$

然后基于 $\boldsymbol{D}_E$ 在高维数据集上构建 k 近邻图 G，其中 k 是用户定义的邻域超参数。G 上的点即为全数据集，G 上的连接通过如下方式建立：如果 x_j 是距离 x_i 最近的 k 个数据点之一，那么在 G 中建立连接 (x_i,x_j)；否则 x_i 与 x_j 不相连。

最后对每个基准点 $x_{l_i}(i=1,\cdots,n)$ 计算与 N 个高维数据点的测地线距离，过程如下：

初始化两个集合：

$$S=\{x_{l_i}\}\quad 和\quad U=\mathrm{Data}-\{x_{l_i}\} \tag{225}$$

其中，S 集合用于保存已经计算完成相对于 x_{l_i} 的测地线距离的数据点；U 集合用于保存其余数据点。

测地线距离矩阵使用 $\boldsymbol{D}_{n,N}$ 来表示，显然每个基准点与自己的距离为 0。记 x_{l_i} 在 Data 中为第 c 个数据，则 $\boldsymbol{D}_{n,N}(i,c)=0$。对 U 中的每个数据点 x_j，如果与 x_{l_i} 在 k 近邻图 G 中是邻居，即 $(x_j,x_{l_i})\in C$，那么两点之间的测地线距离即为连线距离 $\boldsymbol{D}_{n,N}(i,j)=\|x_{l_i}-x_j\|$，否则暂时设为无穷大 $\boldsymbol{D}_{n,N}(i,j)=\infty$。

基于 $\boldsymbol{D}_{n,N}$ 在 U 中选出与 x_{l_i} 最近的数据点 x_j，即 $x_j=\arg\min\boldsymbol{D}_{n,N}(i,j)$，将 x_j 从 U 加入 S，更新 S 和 U：

$$S=S\cup\{x_j\}\quad 和\quad U=U-\{x_j\} \tag{226}$$

对于 U 中剩余的每个数据点 x_k，如果上述最近点 x_j 和 x_k 是邻居，并且 x_k 通过 x_j 到达 x_{l_i} 的距离小于当前 x_k 与 x_{l_i} 的距离，即 $\boldsymbol{D}_{n,N}(i,j)+\|x_j-x_k\|<$

$\boldsymbol{D}_{n,N}(i,k)$，那么更新从 x_{l_i} 到 x_k 的测地线距离：

$$\boldsymbol{D}_{n,N}(i,k) = \boldsymbol{D}_{n,N}(i,j) + \|x_j - x_k\| \tag{227}$$

重复上述距离更新过程，直到 $S = \text{Data}, U = \varnothing$。至此，$x_{l_i}$ 距离 Data 所有数据点的测地线距离计算完成，即 $\boldsymbol{D}_{n,N}$ 的第 i 行计算完成。接着像 x_{l_i} 一样处理下一个源基准点 x_{l_i+1}。当所有基准点都计算完成时，我们就得到了所需的测地线距离矩阵 $\boldsymbol{D}_{n,N}(n \times N)$。

9.3.3 基准点降维映射

这一步使用 MDS 算法对 9.3.1 节中产生的基准点集合 LM 进行降维映射。MDS 算法需要输入距离矩阵，因此从 9.3.2 节产生的 $\boldsymbol{D}_{n,N}$ 中抽取出基准点测地线矩阵 $\boldsymbol{D}_n(n \times n)$。

构造矩阵 $\boldsymbol{B}_n = -\boldsymbol{H}_n\boldsymbol{\Delta}_n\boldsymbol{H}_n/2$，其中 $\boldsymbol{\Delta}_n$ 是矩阵 $\boldsymbol{D}_n$ 每个值求平方所得的矩阵，中心化矩阵 $\boldsymbol{H}_n$ 由 $(\boldsymbol{H}_n)_{ij} = \boldsymbol{I}_{ij} - 1/n$ 求得，$\boldsymbol{I}$ 为单位矩阵。将 $\boldsymbol{B}_n$ 的特征值从大到小排列，其中第 i 个的特征值记为 λ_i，对应的特征向量记为 $\boldsymbol{v}_i$。假设需要映射到 d 维空间，则取出前 d 个特征值 $\lambda_i(i = 1, \cdots, d)$ 和对应的特征向量 $\boldsymbol{v}_i(i = 1, \cdots, d)$，基准点的映射矩阵 $\boldsymbol{L}$ 可以通过式 (228) 求得

$$\boldsymbol{L} = \begin{bmatrix} \sqrt{\lambda_1} \cdot \boldsymbol{v}_1{}^{\mathrm{T}} \\ \sqrt{\lambda_2} \cdot \boldsymbol{v}_2{}^{\mathrm{T}} \\ \vdots \\ \sqrt{\lambda_d} \cdot \boldsymbol{v}_d{}^{\mathrm{T}} \end{bmatrix} \tag{228}$$

其中，$\boldsymbol{L}$ 是 d 行 n 列的矩阵；$\boldsymbol{L}$ 的第 i 列代表基准点 x_{l_i} 在低维空间的坐标值。

9.3.4 基于基准点对数据降维映射

这一步使用 LMDS 算法，基于基准点集合 LM 对剩余 $N-n$ 个数据点进行降维映射。LMDS 算法需要输入基准点与其他数据点的距离矩阵，因此从 9.3.2 节产生的 $\boldsymbol{D}_{n,N}$ 中抽取出基准点与其他数据点的测地线距离矩阵 $\boldsymbol{D}_{n,N-n}(n \times (N-n))$。

记 $\boldsymbol{\Delta}_{\boldsymbol{x}_i}$ 为数据点 $\boldsymbol{x}_i$ 与 n 个基准点的距离向量 (即 $\boldsymbol{D}_{n,N-n}$ 中的第 i 列，$\overline{\boldsymbol{\Delta}_n}$ 是 $\boldsymbol{\Delta}_n$ 矩阵的列平均向量。则 $\boldsymbol{x}_i$ 的低维坐标可以通过式 (229) 求得

$$\boldsymbol{x}_i = \frac{1}{2}\boldsymbol{L}^{\#}(\overline{\boldsymbol{\Delta}_n} - \boldsymbol{\Delta}_{x_i}) \tag{229}$$

式 (229) 中 $\boldsymbol{L}^{\#}$ 通过式 (230) 求得，需要用到 9.3.3 节中计算得到的特征值 $\lambda_i(i=1,\cdots,d)$ 和特征向量 $\boldsymbol{v}_i(i=1,\cdots,d)$：

$$\boldsymbol{L}^{\#}=\begin{bmatrix}\boldsymbol{v}_1{}^{\mathrm{T}}/\sqrt{\lambda_1}\\ \boldsymbol{v}_2{}^{\mathrm{T}}/\sqrt{\lambda_2}\\ \vdots\\ \boldsymbol{v}_d{}^{\mathrm{T}}/\sqrt{\lambda_d}\end{bmatrix} \tag{230}$$

9.3.5 坐标标准化

由于 MDS 算法的中心化特性，9.3.3 节中基准点降维映射到低维空间的坐标均值为 0，所以 9.3.4 节中基于基准点得到的数据点低维映射坐标反映的是 n 个基准点的低维分布，不能表示所有 N 个数据点的低维分布。因此需要在降维之后使用 PCA 算法对所有低维数据进行坐标的校准。

9.4 拓扑保持分析

9.4.1 算法分析

根据文献 [101] 中的详细证明，由于 9.3.1 节使用的是基于竞争 Hebbian 规则的自组织神经网络，因此在给定流形 $\mathcal{M}$ 上学习得到的图 $G_{\mathcal{M}}$ 是德洛内三角剖分(Delaunay triangulation)。如果 $G_{\mathcal{M}}$ 的基准点在 $\mathcal{M}$ 上分布密集，那么 $G_{\mathcal{M}}$ 是诱导德洛内三角剖分(induced Delaunay triangulation)。因此 $G_{\mathcal{M}}$ 构成了 $\mathcal{M}$ 的拓扑保持图。

9.4.2 计算与空间复杂度分析

步骤一是基准点选取：在数据集上运行 SOINN 自动确定 n 个基准点。由于每个数据点都要以在线方式计算与已确定的基准点的欧氏距离，因此这一步的计算复杂度为 $O(nN)$。步骤二是测地线距离计算：在全数据集 Data 上计算欧氏距离矩阵 $\boldsymbol{D}_E(N\times N)$，计算复杂度为 $O(N^2)$。然后基于 $\boldsymbol{D}_E$ 构造 k 近邻图 G，计算复杂度为 $O(N\mathrm{log}k)$。最后，使用 Dijkstra 算法计算基准点与其他数据点之间的最短路径 (测地线距离) 矩阵 $\boldsymbol{D}_{n,N}(n\times N)$，计算复杂度为 $O(knN\log N)$。步骤三是基准点降维映射：基于 $\boldsymbol{D}_n(n\times n)$ 运行 MDS 算法得到基准点的低维坐标，计算复杂度

为 $O(n^3)$。步骤四是基于基准点对数据降维映射：基于 $\boldsymbol{D}_{n,N-n}$ 运行 LMDS 算法得到 $N-n$ 个数据点的低维映射，计算复杂度为 $O(n^2(N-n))$。由于 SL-Isomap 算法需要存储全数据集上的欧氏距离矩阵 $\boldsymbol{D}_E$，以及基准点与数据点的测地距离矩阵 $\boldsymbol{D}_{n,N}$，因此空间复杂度为 $O(N^2)+O(n\times N)$。

9.5 对比实验分析

我们在三个数据集上与 L-Isomap 算法进行了对比实验，对比实验环境是 MATLAB R2010a。L-Isomap 算法及实现参照 http://isomap.stanford.edu/。需要说明的是，SL-Isomap 算法在学习拓扑保持图 G_M 时使用在线增量式自组织神经网络，因此数据的输入顺序可能会在一定程度上影响最终结果。记包含 N 个高维数据点的数据集为 $\text{Data}=\{x_1,x_2,\cdots,x_N\}$. 我们的对比实验包括以下五个步骤：

(1) 通过 SL-Isomap 算法计算将原始数据降到各低维度产生的剩余方差(residual variance)，将拐点 (knee point) 对应的维度 d 作为高维数据的内在维度。

(2) 在 Data 数据集上运行 SOINN，得到 n 个可信的基准点 (其中 n 自动确定，统一作为对比算法的基准点数量)。

(3) 在 Data 数据集上运行 SL-Isomap 算法，得到 Data 的 d 维嵌入。

(4) 在 Data 数据集上分别运行基于随机/K-means/SOM 基准点的 L-Isomap 算法，将作为超参数的基准点数量设为 n，得到 Data 的 d 维嵌入。

(5) 计算降维误差：

$$\text{DisErr}=\sum_{i}^{N}\sum_{j}^{N}\left|D_{G(i,j)}-D_{LE(i,j)}\right|$$

其中，$D_{G(i,j)}$ 是 x_i 和 x_j 在原始高维空间的测地线距离，$D_{LE(i,j)}$ 是 x_i 和 x_j 在降维后的 d 维空间的欧氏距离。

DisErr 是我们提出的可以更好进行误差估计的函数，它不仅对应于 MDS 算法的代价函数，还能量化降维可能造成的短路误差。而在有些文章 (如文献 [89]) 中使用的误差函数度量的是 L-Isomap 与 Isomap 降维之后的欧氏距离差异，隐含前提是 Isomap 的降维是无损的，但是这个前提一般是不成立的。

9.5.1　Swiss_roll_data 数据集

我们在 Swiss_roll_data 数据集上测试了 SL-Isomap 的效果。Swiss_roll_data 数据集是流形学习领域最常用的测试数据集之一 (图 34)。本实验输入数据 Data 是从 Swiss_roll_data 中随机采样 1000 个数据点。

首先，我们需要计算出合理的基准点数量。在 Data 上运行 500 次 SOINN 后发现基准点数量集中在 90 周围。

如本章开头所述，数据点 Data 的输入顺序可能会在一定程度上影响 SOINN 的结果，因此实验中产生的基准点在 90 ± 20 范围中。图 35 中黑色星号标注的就是 SOINN 产生的基准点，图 35(a) 是原始三维空间中的 Data 数据点和基准点，图 35(b) 是使用 SL-Isomap 降维之后的数据点和基准点。L-Isomap 算法由于需要用户预先定义基准点的数量，在本实验中我们设为 90。

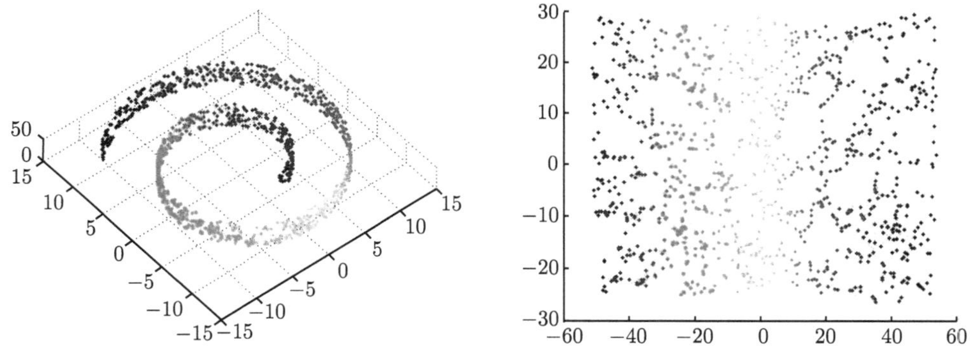

(a)　　　　(b)

图 34　Swiss_roll_data (a) 和使用 Isomap 后的 2 维嵌入 ($k = 7$) (b)

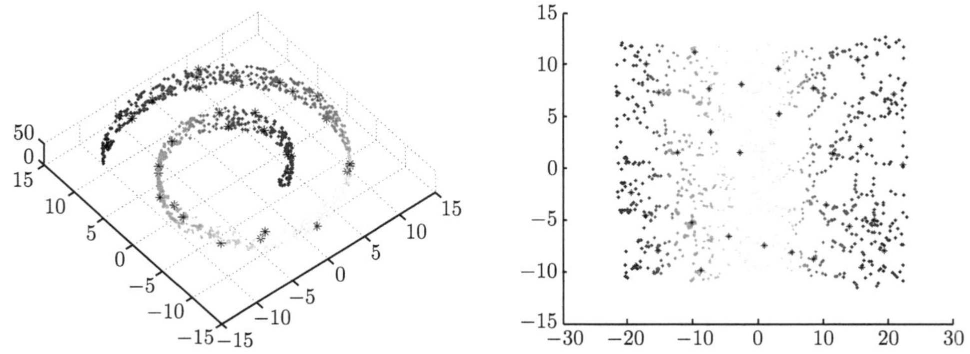

(a)　　　　(b)

图 35　Swiss_roll_data (a) 和使用 SL-Isomap 后的 2 维嵌入 ($k = 7$) (b)

表 17 统计了 SL-Isomap 和所对比的 L-Isomap 算法在 Swiss_roll_data 上运行 100 次的平均误差。从结果可以看出，在保持 Swiss_roll_data 数据点相似性上，SL-Isomap 算法优于 L-Isomap 的多个改进方法，说明 SL-Isomap 可以更好地减少由非线性降维造成的短路误差。

表 17 Swiss_roll_data 数据集上的平均误差 ($k=7$)

降维方法	基准点数量	平均误差
Random Landmark Isomap	90	19.8622
K-means Landmark Isomap	90	19.4859
SOM Landmark Isomap	9×10	19.3545
SOINN Landmark Isomap	90±20	19.3502

9.5.2 含噪声的 Swiss_roll_data 数据集

如文献 [102] 所指出的，当数据点略微偏移流形表面时，Isomap 算法就会造成明显的短路误差。对此 Isomap 算法的原作者 Tenenbaum 给出的解决方案是把邻域参数 k 设小一些 (对于 Swiss_roll_data 数据集将 k 由 7 改为 5)。本实验中我们将测试在噪声环境下，SL-Isomap 算法与对比方法是否也会产生明显的短路误差。输入数据 Data 共包含 1100 个数据点，其中 1000 个数据点从 Swiss_roll_data 中随机采样，另外 100 个数据点在采样后加入了高斯噪声。图 36(a) 是 Data 在原始三维空间的可视化结果，图 36(b) 是依照 Tenenbaum 的建议，将邻域 k 设为 5 之后运行 Isomap 算法的降维结果。

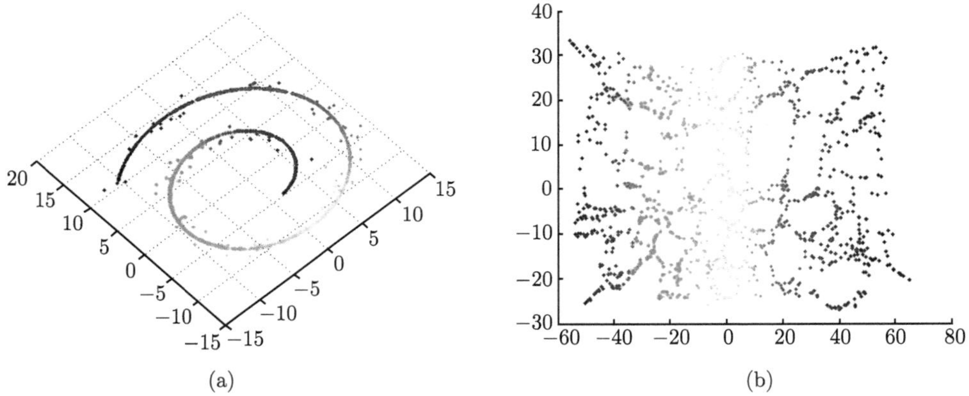

图 36 含高斯噪声的 Swiss_roll_data (a) 和使用 Isomap 后的 2 维嵌入 ($k=5$) (b)

图 37 是运行 SL-Isomap 算法的结果，星号标注的就是 SOINN 产生的基准点，图 37(a) 是原始三维空间中的 Data 数据点和基准点，图 37(b) 是使用 SL-Isomap 降维之后的数据点和基准点。SL-Isomap 算法自动确定基准点的数量为 90 ± 20，因此我们将对比方法的基准点数量设为 90。

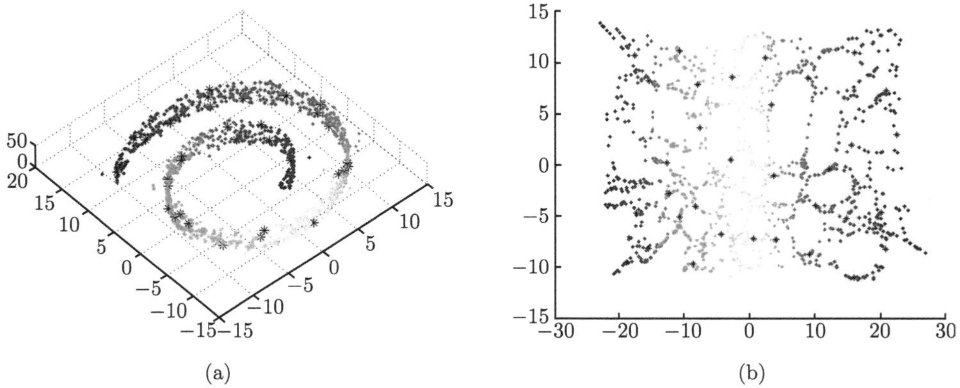

图 37　含高斯噪声的 Swiss_roll_data (a) 和使用 SL-Isomap 后的 2 维嵌入 ($k = 5$) (b)

表 18 统计了 SL-Isomap 和对比方法在有噪声 Swiss_roll_data 上运行 100 次的平均误差，效果最好的仍然是 SL-Isomap 算法。有一个现象引起了我们的高度关注：与上一次实验结果 (表 17) 相比，Random Landmark Isomap 算法结果明显变差，而其他算法结果在噪声环境中反而有提升。经过多次实验去除偶然因素以及比较分析，得出一个比较合理的解释：高斯噪声在流形表面形成了簇 (图 38 中用圆圈圈出)，因此使用聚类算法可以更好地进行基准点选择，而随机挑选基准点有一定概率选中噪声点，就会造成严重的短路误差。

表 18　含高斯噪声的 Swiss_roll_data 数据集上的平均误差 ($k = 5$)

降维方法	基准点数量	平均误差
Random Landmark Isomap	90	22.2251
K-means Landmark Isomap	90	19.2218
SOM Landmark Isomap	9×10	19.2500
SOINN Landmark Isomap	90±20	19.1390

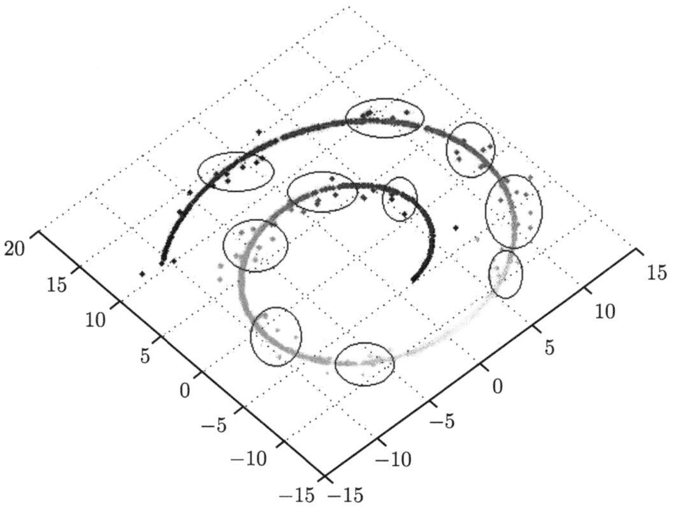

图 38 高斯噪声在流形表面形成簇

9.5.3 AT&T face 数据集

在本实验中我们测试了 SL-Isomap 算法处理实际数据的效果。输入数据 Data 从 AT&T face 中随机选取了来自 10 个拍摄对象的 100 张人脸图片。为了减少实验时间，每张人脸图片降采样成为 23×28 像素格式。

图 39 是在 Data 上分别使用 Isomap 和 SL-Isomap 算法计算得到的剩余方差与目标维度折线图。图中可以看出两条折线的变化几乎是一致的，拐点都在目标维

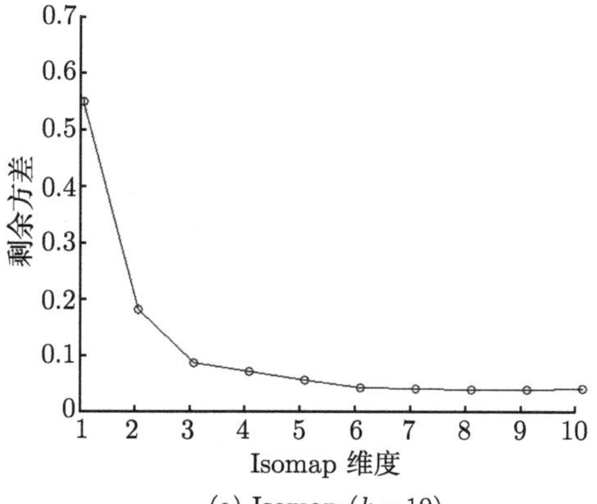

(a) Isomap ($k=10$)

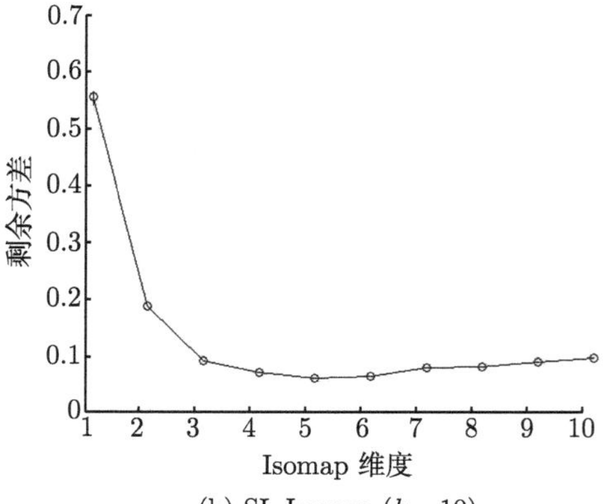

(b) SL-Isomap ($k=10$)

图 39 AT&T face 剩余方差

度 d 取 3 的位置。当 d 取值大于 3 时，剩余方差随着 d 增大而减小的趋势就不明显了。

首先在 Data 上运行 500 次 SOINN，发现节点数量集中在 14 个，这个数字将作为对比方法的基准点数量参数。然后将目标维度 d 设置为 3 进行 100 次重复实验，分别测试 SL-Isomap 和对比方法在 Data 上的平均误差。结果统计在表 19 中，在实际数据集上仍然是 SL-Isomap 取得最好的结果。

表 19　AT&T face 数据集上的平均误差 (k = 10)

降维方法	基准点数量	平均误差
Random Landmark Isomap	14	1113.5
K-means Landmark Isomap	14	1054.6
SOM Landmark Isomap	2×7	1092.5
SOINN Landmark Isomap	14±4	1047.1

为了可视化效果，我们又在 Data 上进行了一组实验，将目标维度 d 设为 2，分别运行 Isomap 和 SL-Isomap 算法。结果如图 40 所示，图 40(b) 中加圆圈的点代表 SOINN 产生的基准点。我们可以看出 SL-Isomap 算法的降维效果与 Isomap 几乎一致，并且产生的 14 个基准点在完全没有先验知识的情况下自动覆盖了所有 10 个拍摄对象。

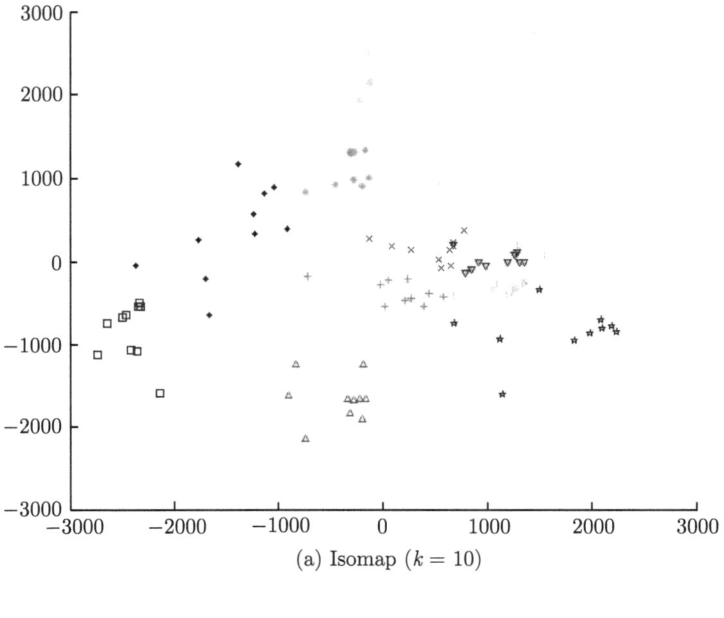

(a) Isomap (k = 10)

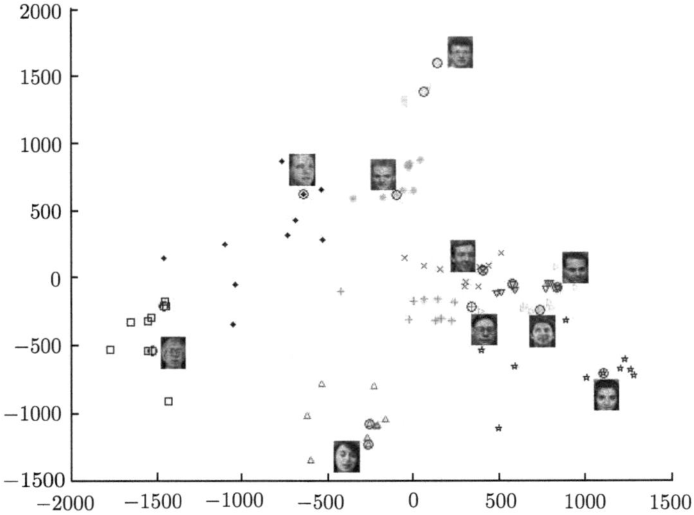

(b) SL-Isomap ($k = 10$)

图 40　AT&T face 2 维嵌入的可视化效果

9.5.4　误差分析

对于 L-Isomap 算法的各类改进版本，短路误差都是不可避免的，根本原因就是相邻基准点之间的直接相邻。图 41 直观解释了短路误差的形成。在 Isomap 算法中，相邻基准点 L_1 和 L_2 之间的测地线距离 $D_{G(L_1,L_2)}$ 通过邻接图 G 的最短路径 (逐段欧氏距离 D_E 之和) 计算而得

$$D_{G(L_1,L_2)}=D_{E(L_1,d_1)}+D_{E(d_1,d_2)}+\cdots+D_{E(d_4,d_5)}+D_{E(d_5,L_2)}$$

但是对于基准点方法，相邻基准点 L_1 和 L_2 直接相连，因此 $D_{G(L_1,L_2)}$ 使用欧氏距离进行估算：$D_{G(L_1,L_2)}\approx D_{E(L_1,L_2)}$。虽然 SL-Isomap 算法可以自动确定合理的基准点数量及位置，但是只能一定程度上减小短路误差，不可能完全消除。从上述三组实验图中也可以发现，使用 SL-Isomap 算法产生的降维结果相比 Isomap 算法而言 “收缩” 了。这里就存在基准点数量和短路误差之间的一个权衡。

L-Isomap 算法及各类改进方法还有一个值得关注的问题，就是邻域 k 如何自动确定。对于低维数据集可以通过可视化近邻图修正 k，对于高维数据难以进行近邻图的可视化，k 就成为一个直接影响效果的敏感参数。此外，同一个数据集上，不同区域也会出现密度分布的不均匀，统一邻域虽然简单可操作，但是也会影响对

原始流形的结构保持。

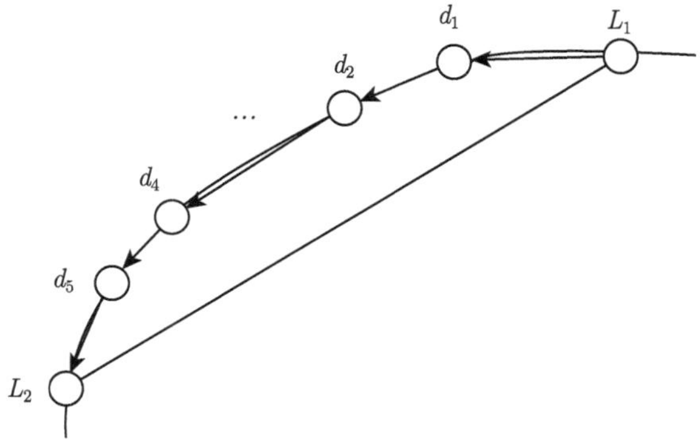

图 41 基准点方法造成短路误差

9.6 本章小结

经典的 Isomap 算法计算效率低，因此产生了基准点 L-Isomap 算法。然而 L-Isomap 算法的缺点在于难以确定合适数量的基准点，这对于降维映射的可靠性会产生严重影响。如果基准点选取过多，极端情况下基准点数量等于原始数据点的数量，那么 L-Isomap 算法就退化成 Isomap 算法，没有起到减小计算量的作用。但是如果选取的基准点数目太少，相邻基准点之间的直连将会形成严重的“短路”，使得原本在流形表面距离很远的数据点成为邻居点，把流形的拓扑结构破坏了。基于上述问题，本章提出了基于自组织增量神经网络 (SOINN) 的改进基准点降维映射算法 SL-Isomap。SL-Isomap 算法使用 SOINN，以在线方式学习流形拓扑结构，自适应地确定合适数量的基准点。通过实验证明，SL-Isomap 算法在保持流形拓扑结构、减少短路误差上胜过已有的 L-Isomap 算法，既实现了“保测地线距离映射”的目标，又大大降低了计算和空间复杂度。此外，实验还证明 SL-Isomap 算法具有很好的抗噪声效果，因此适用于实际场景中的降维映射应用。

第10章

拓扑学习与在线映射算法

在上一章的基础上，本章提出了新的流形学习算法：拓扑学习与在线映射算法(topology learning and out-of-sample embedding, TLOE)，除了应对经典 Isomap 计算效率低和邻域难确定的问题，TLOE 也以实现在线降维为目标，从而试图同时解决 Isomap 的三大主要缺陷。TLOE 利用 SOINN 学习高维数据的拓扑结构，自适应地确定基准点及其邻域关系，通过估算新样本点与基准点的相似度实现了在线降维映射。解决了流形学习的两大普遍问题：计算效率与监督流形学习问题。在经典的人工数据集 Swiss_roll_data 上超过了 L-Isomap 及其改进算法，并且呈现出良好的抗噪声效果。在实际数据集 MNIST 上进行了基于降维结果的分类实验，TLOE 不但在分类准确率上超过了现有的基准点 Isomap 算法，还能对新来样本进行准确的分类。

本章的结构安排如下：首先在引言部分对研究动机和本章内容进行介绍；其次给出了 TLOE 算法的描述与分析；然后通过实验验证了该算法的有效性；最后给出了本章小结。

10.1　引言

虽然 Isomap 算法在许多数据集上取得了很好的效果，但是并没有在实际应用中发挥作用。主要原因在于三个内在的缺点：首先，Isomap 的计算复杂度和空间复杂度都很高。记 N 为数据点的数目，在 Isomap 算法过程中，使用 k 近邻算法计算最短路径的计算复杂度是 $O(kN^2 \log N)$，使用 MDS 进行降维映射的计算复杂度是 $O(N^3)$[87, 88]。数据点距离矩阵的空间复杂度是 $O(N^2)$，这在大数据应用中会导致内存不足。其次，邻域难以确定。设置过大的邻域会导致构造的邻接图加剧短路误差，设置过小的邻域会导致邻接图稀疏甚至碎片化，难以准确计算测地线距离[102]。最后，新数据点无法在线降维。新增数据点时，Isomap 算法需要对整个数据集重新计算，因为原先的邻接图发生了改变[103]。无法处理新数据的缺点导致 Isomap 算法无法执行监督学习任务。上述计算效率和处理新数据点的问题，不仅影响 Isomap 算法的应用，甚至在整个流形学习领域都是普遍存在的问题。

现有许多方法试图分别解决上述三个问题：例如有论文提出了基于基准点的 L-Isomap 算法，提高了计算效率[104, 105]，有论文提出了自适应邻域的方法进行局部邻域的选择[106, 107]，也有论文提出了在线降维方法可以在不重新训练整个数据集的前提下处理新数据点[103, 108, 109]。但是，现在仍然没有一种方法能够同时解决 Isomap 算法的上述三个问题，多数方法在解决其中一个问题时甚至会加剧另外两个问题，这使得现有的 Isomap 及其改进算法很难投入实际应用。

本书提出一种新的拓扑学习与在线映射方法 TLOE，它可以同时解决 Isomap 算法的三个问题，并将流形学习延伸到监督学习领域。

10.2 TLOE 算法描述

TLOE 的算法流程如图 42 所示。给定流形 $\mathcal{M}$ 上的训练数据集 Data，第一步与 SL-Isomap 算法相同，构造拓扑保持神经网络 G_M。与 SL-Isomap 算法不同之处在于，TLOE 算法不仅使用基准点，还使用基准点之间的连接，因此 G_M 就是基准点的近邻图。接着使用最短路径算法计算基准点之间的相似度，得到基准点的测地线距离矩阵 $\boldsymbol{D}_n$。在此基础上运行 MDS 算法得到基准点的低维映射，这些基准点的低维坐标表示了 $\mathcal{M}$ 在低维空间的拓扑结构。当新来数据点 ξ 时，首先估算

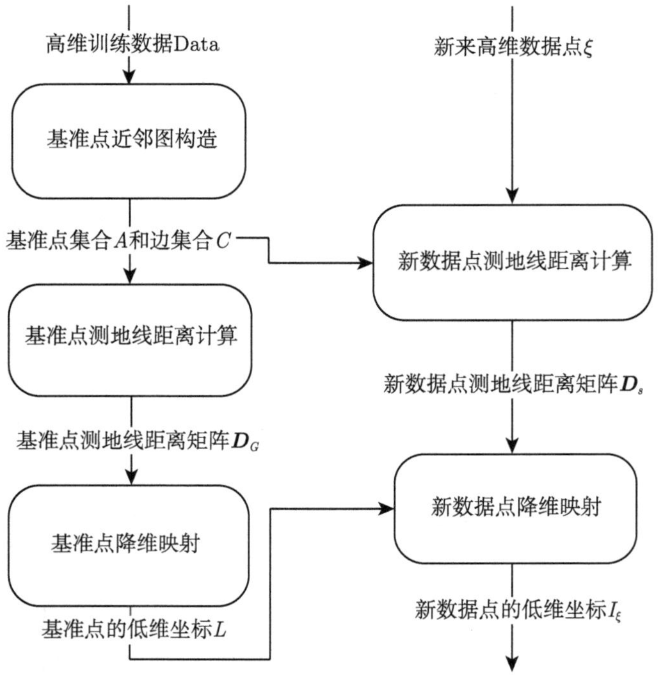

图 42 拓扑学习与在线映射算法 (TLOE) 流程图

ξ 与基准点在高维空间的相似度，得到测地线距离向量 $\boldsymbol{D}_s$。然后使用 LMDS 算法 [87] 将 ξ 映射到低维空间。TLOE 算法描述见算法 7。在 TLOE 算法中，使用测地线距离度量数据点在高维空间的相似度，使用欧氏距离度量数据点在低维空间的相似度。

算法 7　拓扑学习与在线降维算法 TLOE

1: **基准点近邻图构造** 使用 SOINN 以在线方式从高维数据集 Data 中选取基准点 $A=\{L_1,L_2,\cdots,L_n\}$ 及其连接关系 C。
其中基准点的数量、位置及邻域均由 SOINN 自动确定，不需要用户提供先验知识。

2: **基准点测地线距离计算**
基于基准点之间的连接关系 C，使用单源最短路径算法计算基准点之间的测地线距离矩阵 $\boldsymbol{D}_n(n\times n)$。

3: **基准点降维映射**
在 $\boldsymbol{D}_n$ 上使用 MDS 算法对基准点集合 A 进行降维映射，得到 n 个基准点的低维坐标。

4: **新数据点测地线距离计算**
计算距离新数据点 ξ 的最近基准点 L_α。
以 L_α 为中间点，计算 ξ 与其他基准点的测地线距离 $\boldsymbol{D}_s$。

5: **新数据点降维映射**
在 $\boldsymbol{D}_s$ 上使用 LMDS 算法对新数据点 ξ 进行降维映射，得到 ξ 的低维坐标。

10.2.1　基准点近邻图构造

这一步使用与 9.3.1 节相同的 SOINN 构造拓扑保持图 G_M，点集 A 即为基准点，边集 C 即为基准点之间的连接关系。10.3 节将会证明 G_M 中所有边组成的集合 C 保持了流形 $\mathcal{M}$ 的路径。

10.2.2　基准点测地线距离计算

这一步需要计算基准点之间的相似度。根据 10.3 节中的证明，G_M 边集 C 上的路径是拓扑保持路径，因此使用单源最短路径算法计算每个基准点 $L_i(i=1,\cdots,n)$ 与 A 中其他基准点的测地线距离。

首先将基准点初始化为两个集合：

$$S=\{L_i\}\quad 和\quad U=A-\{L_i\} \tag{231}$$

其中，S 集合用于保存已经计算完成相对于 L_i 的测地线距离的基准点；U 集合用于保存其余基准点。

基准点测地线距离矩阵使用 $\boldsymbol{D}_n$ 来表示，显然每个基准点与自己的距离为 0，因此 $\boldsymbol{D}_n(i,i)=0$。对 U 中的每个基准点 L_j，如果与 L_i 在 G 中是邻居，即 $(L_i,L_j)\in C$，那么两点之间的测地线距离即为连线距离 $\boldsymbol{D}_n(i,j)=\|L_i-L_j\|$，否则暂时设为无穷大 $\boldsymbol{D}_n(i,j)=\infty$。

基于 $\boldsymbol{D}_n$ 在 U 中选出与 L_i 最近的基准点 L_j，即 $L_j=\arg\min\boldsymbol{D}_n(i,j)$，将 L_j 从 U 加入 S，更新 S 和 U：

$$S=S\cup\{L_j\}\quad \text{和}\quad U=U-\{L_j\} \tag{232}$$

对于 U 中剩余的每个基准点 L_k，如果上述 L_j 和 L_k 是邻居，并且 L_k 通过 L_j 到达 L_i 的距离小于当前 L_k 与 L_i 的距离，即 $\boldsymbol{D}_n(i,j)+\|L_j-L_k\|<\boldsymbol{D}_n(i,k)$，那么更新从 L_i 到 L_k 的测地线距离：

$$\boldsymbol{D}_n(i,k)=\boldsymbol{D}_n(i,j)+\|L_j-L_k\| \tag{233}$$

重复上述距离更新过程，直到 $S=A,U=\varnothing$。至此，L_i 距离 A 中其他基准点的测地线距离计算完成。接着像 L_i 一样处理下一个源基准点 L_i+1。当所有基准点都计算完成时，我们就得到了所需的基准点测地线距离矩阵 $\boldsymbol{D}_n$。

10.2.3 基准点降维映射

在这一步骤我们基于相似度保持的原则对基准点进行降维映射。在测地线距离矩阵 $\boldsymbol{D}_n$ 上运行 MDS 算法可以得到基准点的低维坐标，具体过程如下：

首先，计算平方距离矩阵 $\boldsymbol{\Delta}_n$ 并计算列平均向量：

$$\boldsymbol{\Delta}_n(i,j)=\boldsymbol{D}_G(i,j)*\boldsymbol{D}_G(i,j),\quad (i,j=1,\cdots,n) \tag{234}$$

$$\boldsymbol{\delta}_\mu=(\boldsymbol{\delta}_1+\boldsymbol{\delta}_2+\cdots+\boldsymbol{\delta}_n)/n \tag{235}$$

其中，$\boldsymbol{\delta}_i$ 表示 $\boldsymbol{\Delta}_n$ 的第 i 列向量。

然后计算出中心化矩阵 $\boldsymbol{H}_n$ 和经过中心化的内积矩阵 $\boldsymbol{B}_n$：

$$\boldsymbol{H}_n(i,j)=\boldsymbol{I}(i,j)-\frac{1}{n} \tag{236}$$

$$\boldsymbol{B}_n=-\frac{1}{2}\boldsymbol{H}_n\boldsymbol{\Delta}_n\boldsymbol{H}_n \tag{237}$$

其中，$\boldsymbol{I}(i,j)$ 在 $i=j$ 时取值为 1，否则取值 0。

在这之后，计算 $\boldsymbol{B}_n$ 的 d 个最大特征值以及对应的正交特征向量集合，分别用 $\lambda_1,\cdots,\lambda_d$ 和 $\boldsymbol{v}_1,\cdots,\boldsymbol{v}_d$ 表示。上述 d 表示低维空间的维度。

最后根据式 (238) 得到基准点的低维映射：

$$\boldsymbol{L}=\begin{bmatrix}\sqrt{\lambda_1}\cdot\boldsymbol{v}_1^{\mathrm{T}}\\ \sqrt{\lambda_2}\cdot\boldsymbol{v}_2^{\mathrm{T}}\\ \vdots\\ \sqrt{\lambda_d}\cdot\boldsymbol{v}_d^{\mathrm{T}}\end{bmatrix}\tag{238}$$

$\boldsymbol{L}$ 的列向量 $\boldsymbol{l}_1,\cdots,\boldsymbol{l}_n$ 就是基准点在 d 维空间的坐标。

10.2.4 新数据点测地线距离计算

TLOE 算法的一个优势是可以用在线方式对新来数据点降维映射，而不需要重新训练整个数据集。当新来数据点 ξ 时，TLOE 算法首先计算它距离其他基准点在高维空间的相似度，将测地线距离向量记为 $\boldsymbol{D}_s$。这一步骤假设 ξ 与最近基准点足够近，可以使用欧氏距离来度量相似度，然后将该最近基准点作为中间点，计算 ξ 与其他基准点的测地线距离。

记最近的基准点 L_α：

$$L_\alpha=\underset{x\in A}{\arg\min}\,\|\xi-x\|\tag{239}$$

然后以 L_α 为中间点，计算 ξ 与其他基准点的测地线距离：

$$\boldsymbol{D}_s(\xi,L_i)=\|\xi-L_\alpha\|+\boldsymbol{D}_G(\alpha,i)\tag{240}$$

10.2.5 新数据点降维映射

到这一步我们已经得到对新数据点 ξ 降维映射所需的所有信息。降维目标是在低维空间保持 ξ 与基准点在高维空间的相似度。其中低维空间的相似度用降维后的 ξ 与基准点的欧氏距离度量，而高维空间的相似度用降维前的 ξ 与基准点的测地线距离度量。

首先，计算新数据点 ξ 距离基准点的测地线平方距离：

$$\boldsymbol{\delta}_\xi(i)=\boldsymbol{D}_s(\xi,L_i)*\boldsymbol{D}_s(\xi,L_i)\tag{241}$$

然后，根据 10.2.3 节中计算得到的 $\boldsymbol{B}_n$ 的特征值 $\lambda_i(i=1,\cdots,d)$ 和特征向量 $\boldsymbol{v}_i(i=1,\cdots,d)$，计算伪逆转置矩阵 $\boldsymbol{L}^{\#}$：

$$L^{\#} = \begin{bmatrix} v_1^{\mathrm{T}}/\sqrt{\lambda_1} \\ v_2^{\mathrm{T}}/\sqrt{\lambda_2} \\ \vdots \\ v_d^{\mathrm{T}}/\sqrt{\lambda_d} \end{bmatrix} \tag{242}$$

最后，根据式 (243) 对新数据点 ξ 进行降维映射：

$$l_\xi = -\frac{1}{2}L^{\#}(\delta_\xi - \delta_\mu) \tag{243}$$

至此我们得到了新数据点 ξ 的低维坐标 l_ξ，整个降维过程只利用了基准点信息，不需要重新训练整个数据集。

10.3 拓扑保持分析

根据文献 [101] 中的详细证明，由于 TLOE 算法使用基于竞争 Hebbian 规则的自组织神经网络，因此在给定流形 $\mathcal{M}$ 上构造的图 G_M 是德洛内三角剖分。如果 G_M 的基准点在 $\mathcal{M}$ 上分布密集，那么 G_M 是诱导德洛内三角剖分。诱导德洛内三角剖分具有一个额外的性质：G_M 中的每一条边都完全嵌入流形 $\mathcal{M}$。因此 G_M 的边集 C 构成了 $\mathcal{M}$ 的路径保持表示图。

10.4 计算与空间复杂度分析

记数据集大小为 N。TLOE 算法首先基于竞争 Hebbian 规则构造拓扑和路径保持神经网络 G_M，自动确定 n 个基准点及其相互连接关系。由于每个数据点都要以在线方式计算与已确定的基准点的欧氏距离，因此这一步的计算复杂度为 $O(nN)$。然后，基于 G_M 计算基准点之间的最短路径 (测地线距离) $n \times n$ 大小的矩阵 D_n，计算复杂度为 $O(mn^2 \log n)$，其中 m 表示基准点的平均邻域大小，这个参数由算法自动确定，而不需要像 Isomap 和 L-Isomap 算法一样由用户指定统一的邻域 k。之后，在 D_n 上运行 MDS 算法得到基准点的低维映射，计算复杂度为 $O(n^3)$。最后使用 LMDS 算法以在线方式对整个 Data 数据集进行降维映射，计算复杂度为 $O(n^2N)$。TLOE 算法需要保存测地线距离矩阵 D_n，因此空间复杂度为 $O(n^2)$。

10.5 对比实验分析

本节展示了 TLOE 算法在两个数据集上的运行结果，作为对比方法的是其他三种 L-Isomap 算法，分别使用随机基准点、Maxmin 基准点和 K-means 基准点。两个数据集为 Swiss_roll_data 和 MNIST。在 Swiss_roll_data 数据集上，我们对二维映射结果做了可视化，从而更直观地比较这四种算法。在 MNIST 数据集上，我们使用分类任务对降维结果进行量化比较。需要说明的是，只有 TLOE 算法能够对新数据进行在线降维映射，然后在低维空间进行分类任务。其他对比方法只能在训练集上批处理降维，无法对新来的测试数据进行低维空间分类。所有的实验都基于 MATLAB R2010a 平台，内存限制为 3GB。

10.5.1 Swiss_roll_data 数据集的降维可视化

1) 实验方法

我们在这个数据集上设计了三组实验，全面比较这些降维方法。第一组实验数据是在 Swiss_roll_data 上随机采样 8000 个数据点。第二组实验数据是在 Swiss_roll_data 上随机采样 15 000 个数据点。第三组实验是在第二组实验产生的基准点以及邻域关系基础上，对 5000 个新数据点进行在线降维映射。第三组实验只有 TLOE 算法可以成功运行，因为其余 L-Isomap 算法都不能处理新数据，它们需要重新构造整个 k 近邻图。在后续实验中，如果不特别说明，统一将 L-Isomap 算法的邻域 k 设为 7(原始 Isomap 文章中的默认设置)。为了公平性，所有四个方法的基准点都控制在相同数量。

2) 实验结果

从表 20 中可以看到，在小数据集上，L-Isomap 算法受到噪声影响非常大，噪声点将高维距离很远的数据点连接起来，造成了严重的短路误差。对于大数据集，运行 L-Isomap 算法会出现“内存溢出”的错误。此外，L-Isomap 算法无法处理新来的数据点。作为对比，TLOE 算法在噪声环境下，不管数据集的大小，都仍然保持了原始高维流形的拓扑结构。对于新来数据集，TLOE 算法也可以以在线方式进行降维映射。

表 20　Swiss_roll_data 数据集上的降维可视化

算法	训练集 (8000)	训练集 (15 000)	测试集 (5000)
Random L-Isomap	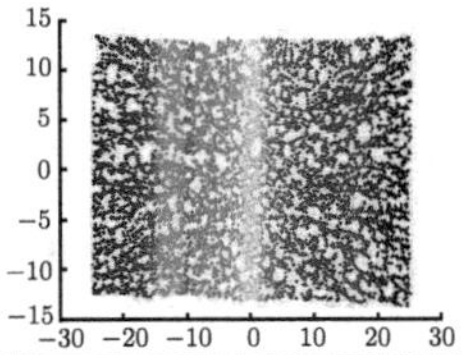	内存溢出	—
Maxmin L-Isomap	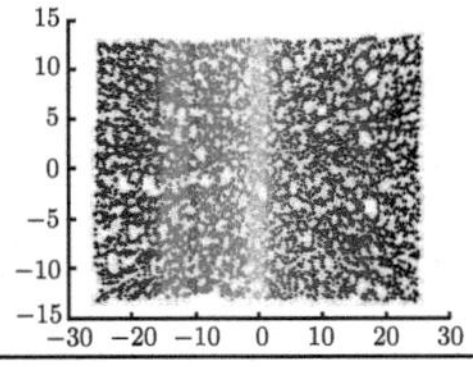	内存溢出	—
K-means L-Isomap	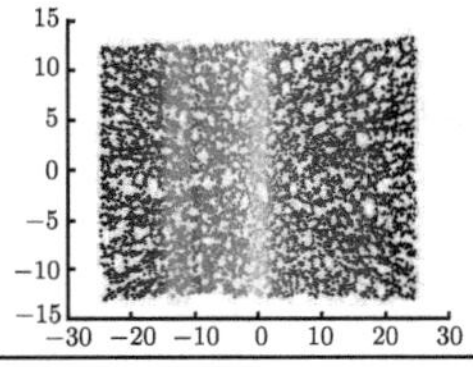	内存溢出	—
TLOE	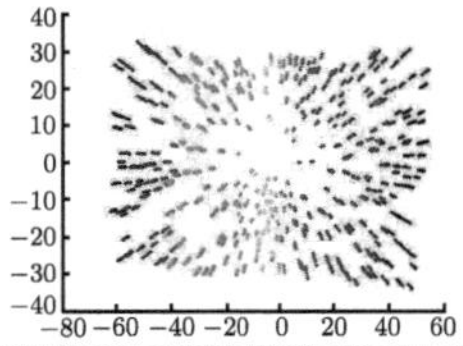	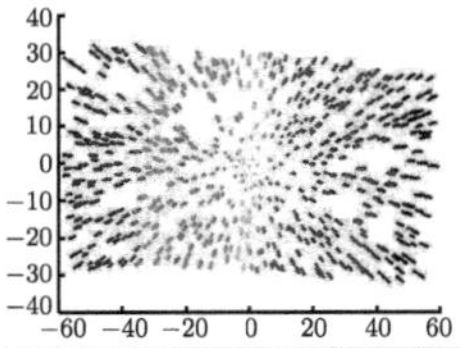	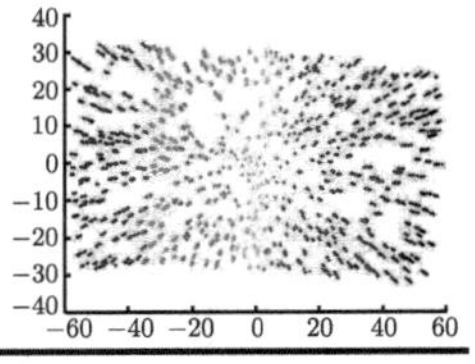

10.5.2　MNIST 数据集的分类任务

1) 实验方法

MNIST 数据集由 400 维的手写图片组成。实验中我们将数据点映射到 5 维，然后在 5 维空间再执行分类任务，计算分类错误率。同样在此数据集上进行三组实验，第一组实验数据为随机采样 5000 个数据点，第二组实验数据为随机采样 10 000 个数据点，第三组实验是在第二组实验的基础上，对新增 5000 个数据点进行降维和分类。实验中使用 1 近邻算法 (1-nearest-neighbor) 作为分类器。对于第一组和第二组实验只有训练数据，因此使用 10 折交叉验证法重复 100 次实验估算分类错误率。第三组实验中 TLOE 算法以在线方式计算新数据集的分类错误率。

2) 实验结果

从表 21 可以看出，在小数据集上 TLOE 算法的分类错误率低于 L-Isomap 算法，在大数据集上 TLOE 仍然取得不错的分类错误率，而其他算法运行内存不足。当新来数据点时，TLOE 算法能够进行在线降维映射，并且仍然可以进行较满意的分类任务。

表 21　在 MNIST 数据集上的分类错误率

算法	训练集 (5000)	训练集 (10 000)	测试集 (5000)
Random L-Isomap	0.1676	内存溢出	—
Maxmin L-Isomap	0.1650	内存溢出	—
K-means L-Isomap	0.1633	内存溢出	—
TLOE	0.1596	0.1419	0.1924

有个值得关注的现象是，在大数据集上 TLOE 算法的分类错误率低于小数据集。经过分析，原因在于数据点在流形 $\mathcal{M}$ 上的分布越多越密集，越能够体现出流形本身的拓扑结构，TLOE 算法构造的近邻接图 G(包括基准点及其相互连接) 也就越精确。另一个发现是新来数据点的分类错误率要明显偏高，一个合理的解释是，TLOE 算法在选取基准点以及建立连接时，没有使用新数据点的任何信息。因此，当新来数据点稍微偏离学习到的流形 $\mathcal{M}$ 时，基准点就很难进行准确处理。随着新数据点的到来，以在线方式不断学习流形拓扑结构是我们将来的一项工作。

10.6　误差分析

从 10.5 节的 TLOE 算法的降维可视化图发现，降维后的数据点在低维空间呈向外放射的团簇现象。

团簇现象与基准点的设置有关。如图 43 所示，如果数据点 x_{ri} 和 x_{rj} 在高维

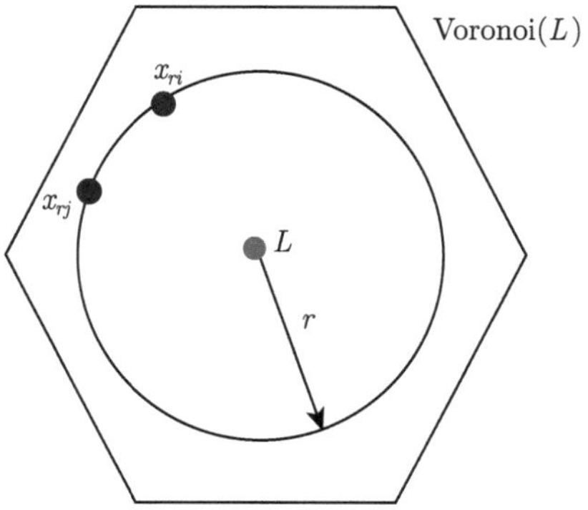

图 43　团簇现象分析

空间中落在同一个基准点 L 的 Voronoi 区域，那么在降维结果中，两点之间原始距离将会丢失，仅保留与 L 的距离之差。在极端情况下，x_{ri} 和 x_{rj} 距离基准点 L 均为 r，那么在降维时将会映射到同一点。

放射现象与测地线距离的计算公式有关。如图 44 所示，如果数据点 x 在高维空间中落在基准点 L_2 的 Voronoi 区域，也就是距离 L_2 最近。当根据式 (240) 计算 x 与其他基准点的测地线距离时，由于路径经由 L_2 点，会比原始空间中的距离长。所以在降维结果中就会呈现出相互远离、向外放射的现象。

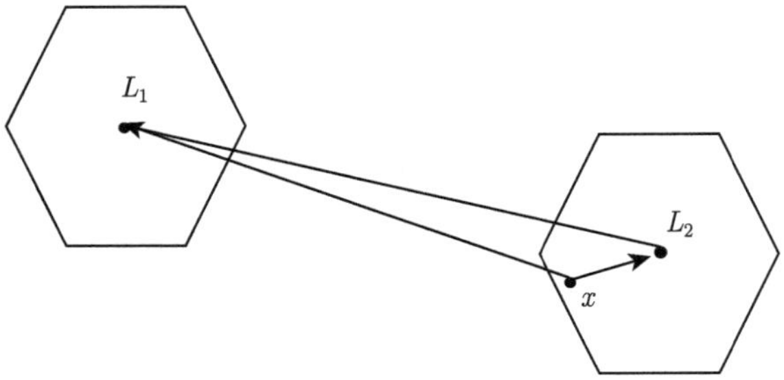

图 44　放射现象分析

10.7　本章小结

经典 Isomap 算法主要存在三大问题：计算效率低、邻域难以确定以及新数据点无法映射。本章提出了一种基于自组织神经网络的拓扑学习与在线映射算法 TLOE，可以同时解决以上三个问题。TLOE 算法使用竞争 Hebbian 规则构造拓扑保持神经网络，解决了基准点选取和邻域确定问题。相比 Isomap 和 L-Isomap 算法，TLOE 大大减少了计算复杂度和空间复杂度。此外，TLOE 算法能够通过估计新来数据点与基准点的相似度，对新数据点进行在线降维映射，而不需要重新训练整个数据集。实验证明，TLOE 算法不仅在拓扑保持上胜过现有的 L-Isomap 算法，还具有很好的抗噪声效果。在线处理新数据点的优势使得 TLOE 能够划分训练与测试集，从而应用于分类任务。

第11章

基于拓扑学习的流形学习算法

本章在前文所基于 SOINN 技术的算法基础上提出了拓扑学习嵌入(TLE) 算法以实现快速和增量式的非线性降维。TLE 通过在线输入数据流生成少量代表节点，构造了拓扑保持网络以实现对数据内在结构的近似，简化了所提取的结构，显著减少了非线性降维的计算量与存储消耗，实现了增量式的流形结构学习与外样本数据嵌入。

本章结构如下：首先对流行学习中的相关问题进行介绍，引出本研究的目的与基本思想；随后对相关工作进行了介绍；接着对 TLE 算法过程进行具体描述；然后通过实验证实 TLE 的有效性；最后给出本章小结。

11.1 引言

比起基于线性子空间的方法，基于流形的方法更加强调数据所处空间结构细节方面的刻画，不可否认，在没有噪声且参数设置合理的情况下，通过对所有已知数据彼此间的关系一一学习而获得的关于数据分布的信息很可能是比较精确的。这些算法为了对数据所分布的空间结构进行近似，使用了所有的 N 个已知数据。但是 N 很大时，这样做的计算代价往往难以承受。

在实现对数据的增量式降维方面，研究者们也进行了大量的工作。目前非线性流形学习算法实现增量学习的方式大致分为两类：第一类算法被称为经典流形学习算法的外样本扩展(out-of-sample extension)，这类算法假设当获取新的数据时，原先进行流形学习获得的结果不需要改变，只需要将新的数据根据已有的计算结果映射到低维空间[109]；另一类算法更像真正的增量式算法，当它们获取新的数据时，会对原先计算得到的结果进行相应的调整，这一类方法有许多[110-114]。但遗憾的是，这些工作也都是建立在流形结构必须通过数据集中所有数据进行反映的假设基础上。在这些工作中，虽然后续的增量学习中计算可以大为简化，但是在初次对流形结构的学习中，一一比对所有已知数据对之间的关系仍是必需的。

既然非线性流形学习算法计算代价巨大的主要原因是利用了所有已知数据进行流形的结构表示，并在此基础上进行一系列复杂的计算。于是很自然地产生了一个想法：能否从在线输入的大量数据中增量式地选取或生成少量的 n 个样本，不进行任何 $O(N^2)$ 规模的数据间关系计算，只利用这 n 个样本间彼此的关系对数据所处流形的结构进行近似表示，进而以较小的计算代价实现对在线输入数据集的分布的学习。这样做的话，通过流形结构进行的降维运算只需在 $O(n^2)$ 规模的样本间关系基础上执行，因此降维运算的空间和计算复杂度能够大为减少。

从另一个角度进行考虑，流形学习的一个基本假设是对于流形上任意一个数据都能找到它的一个足够小的邻域，其近似于欧氏空间。但在流形学习算法的实际执行中，处理的对象往往是高维数据，由于维数灾难，能够获取的高维数据几乎不可能是稠密的，因此对于每个数据找到足够小的且存在足够多数据的邻域，进而对流形的局部进行完美的表示也是几乎不可能的。经典的非线性流形学习算法能够做的也只是将所有已知数据作为代表点，对生成它们的未知分布进行近似表示，而这样的表示其实也几乎不可避免地存在误差，且很可能会因为代表点过多导致计算代价过于高昂以至无法执行。既然流形学习方法都是通过代表点对流形结构进行近似，那么设法合理地对代表点进行精简以减轻非线性降维中的运算消耗看起来是一个值得尝试的选择。虽然以对数据分布的表示精度下降为代价，但在面对大规模问题且可用计算资源有限时，这能令算法从原先的根本无法执行变成能够执行。

要实现上述目的，关键是要生成合适的样本，并以此为基础对数据分布进行较好的表示。通过对文献 [115] 中工作的继承和发展，本章提出了一种新的降维方法，名为拓扑学习嵌入 (topology learning embedding，TLE)。

给定任意一个大规模的数据集，假设它分布在一个隐藏的流形 $\mathcal{M}$ 上，TLE 以自组织增量学习神经网络技术 (self-organizing incremental neural network，SOINN)[91, 93] 为基础，通过对在线输入数据局部统计信息的学习，构建拓扑保持网络 $\mathfrak{G}$ 用于对 $\mathcal{M}$ 的结构进行近似。网络 $\mathfrak{G}$ 包含少量自动提取的节点 (假设它们的数目为 n，$n \ll N$)，以及它们之间自适应产生的连接。一旦 $\mathfrak{G}$ 构建完成，通过基于 Isomap 的数据嵌入策略，TLE 能够高效地将数据映射到它们的低维表示。作为一个流形学习算法，TLE 同时具备快速与增量式两大特点。TLE 的快速性体现在：①以较少计算代价完成对拓扑保持网络 $\mathfrak{G}$ 的构建；②由于 $\mathfrak{G}$ 中包含的节点数目 n 远小于原始数据数目 N，根据 $\mathfrak{G}$ 而进行的降维运算享受到了较低的计算和存储复杂度。而 TLE 的增量性则体现在：①通过对在线输入数据流的学习，实现对网络 $\mathfrak{G}$ 增量式学习和更新；②能够根据待降维数据与 $\mathfrak{G}$ 中节点的关系，随时确定其低维表示，解决了外样本数据的降维问题。

11.2 拓扑学习嵌入

前文已经介绍过，作为一种基于竞争 Hebbian 规则的自组织神经网络，SOINN 能够对在线数据进行增量式的无监督学习。对于以在线方式输入的数据，不需要先验知识就能够自动生成一组神经元节点以及相互连接关系，在原始输入空间上形成一个或多个聚类，用来表示输入数据的拓扑结构。局部分布 SOINN (LD-SOINN)[116] 是对 SOINN 的一种改进，在 LD-SOINN 中，每个节点的权值即为所有用于更新该节点的数据的均值，同时这些数据的局部协方差矩阵也被该节点所保留。由此，每个节点实际上维护了一个局部的高斯分布，以对数据的局部分布信息进行表示。在 LD-SOINN 中，节点的更新是通过更新其保存的数据局部统计信息而实现的。特别地，每个节点的邻接阈值也根据这些局部统计信息进行计算和更新。此外，为了控制网络的复杂性，每训练一定时间，LD-SOINN 会对已有的距离相近而且分布相似的节点进行合并操作。总的来说，LD-SOINN 可以被看作是一种增量式的高斯混合模型，将整个数据集的分布描述为以各节点为代表的一组相互间可能存在联系的局部高斯分布，而这些局部高斯分布在学习过程中可以被动态生成、更新和删除，因此该模型具有相当高的灵活性。LD-SOINN 通过对 SOINN 的改进，使得每个节点对数据局部分布信息的表达能力更为丰富，但是，由于在增量学习过程中需要对每个节点对应局部协方差矩阵进行维护和更新，LD-SOINN 在对高维数据的处理中存在计算量较大的问题。

在 SOINN 和 LD-SOINN 的基础上，本章设计了一个改进型的网络构建算法用于拓扑学习，该算法通过学习数据局部统计信息实现了节点的自动生成与更新，以及节点间连接的自适应调整。通过假设各节点代表的数据局部分布为各向同性的高斯分布，该算法在拓扑学习过程中避免了复杂运算，而通过与随后进行的数据嵌入工作相结合，实现了对输入数据的快速增量式的非线性降维。

图 45 描绘了 TLE 方法的基本框架。$\mathcal{X}$ 是已获得的可用于训练的数据集，而算法想要获得的是数据集 $\mathcal{X}'$ 的低维表示。需要强调的是，虽然此时假设数据集 $\mathcal{X}$ 和 $\mathcal{X}'$ 中的数据分布于同一流形 $\mathcal{M}$ 上，$\mathcal{X}'$ 并不一定是 $\mathcal{X}$ 的子集，其可能是外样本数据。

TLE 包含两个主要步骤：

(1) 拓扑学习：通过对 $\mathcal{X}$ 的学习构建网络 $\mathfrak{G}$。这一步实现了对于数据结构的提取，也是本项工作的主要贡献。

(2) 数据嵌入：基于数据集 $\mathcal{X}'$ 与网络 $\mathfrak{G}$ 的关系，运用基于 Isomap 的策略获取 $\mathcal{Y}'$。

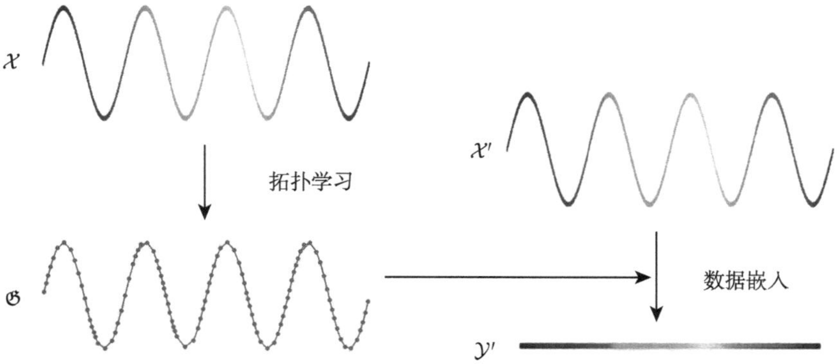

图 45　TLE 算法的基本框架

11.2.1　拓扑学习

对于 TLE，所提取的网络 $\mathfrak{G}$ 存储时分为两部分：节点集 $\mathcal{S}$ 与连接矩阵 $\boldsymbol{C}$。

节点集 $\mathcal{S}=\{s_1,\cdots,s_n\}$ 包含了 n 个被提取的节点。每一个节点 s_i 都通过一个三元组 $\langle N_i,\ \boldsymbol{\mu}_i,\ D_i\rangle$ 进行表示。N_i 是节点 s_i 已经进行更新的次数，$\boldsymbol{\mu}_i \in \mathbb{R}^d$ 为 s_i 的坐标，D_i 储存了 s_i 的局部信息并被用于节点 s_i 的激活判定和邻域确定。

$n \times n$ 大小的连接矩阵 $\boldsymbol{C}$ 存储了上述 n 个被提取的节点之间的相邻关系。如果节点 s_i 和 s_j 相连接 (它们是邻居)，则有 $[\boldsymbol{C}]_{i,j}=[\boldsymbol{C}]_{j,i}=1$；否则，$[\boldsymbol{C}]_{i,j}=[\boldsymbol{C}]_{j,i}=0$。

流形拓扑学习的基本流程展示在图 45 中。当数据 $\boldsymbol{x}_t \in \mathbb{R}^d$ 输入时，首先进行节点激活判定。算法尝试着找出距离 $\boldsymbol{x}_t$ 最近的两个节点：获胜节点 $s_{i_t^*}$ 和第二获胜节点 $s_{j_t^*}$：

$$i_t^* = \underset{i}{\arg\min}\, \mathrm{dist}(\boldsymbol{x}_t, s_i) \quad s_i \in \mathcal{S} \tag{244}$$

$$j_t^* = \underset{j}{\arg\min}\, \mathrm{dist}(\boldsymbol{x}_t, s_j) \quad s_j \in \mathcal{S}/\{s_{i_t^*}\} \tag{245}$$

此处，$\mathrm{dist}(\boldsymbol{x}_t, s_i)=\|\boldsymbol{x}_t-\boldsymbol{\mu}_i\|_2$。接着，根据节点激活的结果，$\mathfrak{G}$ 以如下方式进行更新：

(1) 如果现存节点的数目 n 小于 2 或者 $\boldsymbol{x}_t$ 远离获胜节点 $s_{i_t^*}$，则没有节点会被激活。通过 $\boldsymbol{x}_t$ 生成一个新的节点 s_{n+1}。

(2) 如果 $\boldsymbol{x}_t$ 仅靠近获胜节点 $s_{i_t^*}$，而远离第二名节点 $s_{j_t^*}$，则激活 $s_{i_t^*}$。随后，利用 $\boldsymbol{x}_t$ 对 $s_{i_t^*}$ 进行更新。

(3) 如果 $\boldsymbol{x}_t$ 距离 $s_{i_t^*}$ 与 $s_{j_t^*}$ 都足够近，则 $s_{i_t^*}$ 与 $s_{j_t^*}$ 同时被激活。如果 $s_{i_t^*}$ 与 $s_{j_t^*}$ 间没有连接，则在它们之间添加一条新的连接 (竞争 Hebbian 规则)。随后，$\boldsymbol{x}_t$ 被用于 $s_{i_t^*}$ 的更新。

另外，每当学习了 t_0 个数据或所有 N 个数据都被学习完成，算法将执行去噪操作。(在图 46 中，为了简洁起见，省略了所有数据处理完后所进行的最后一次去噪操作)

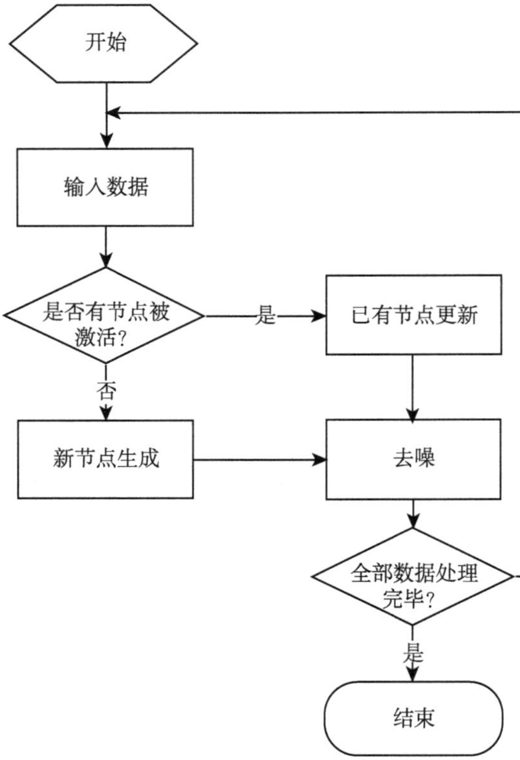

图 46 拓扑学习过程的基本流程

在之后的章节中，将对拓扑学习的过程进行详细介绍。

1) 新节点的生成

当 $\boldsymbol{x}_t$ 不能激活获胜节点 $s_{j_1^*}$ 时，将生成一个新的节点 s_{n+1}，它不与任何已有节点相连。

$s_{n+1} = \langle N_{n+1},\ \boldsymbol{\mu}_{n+1},\ D_{n+1}\rangle$ 的初始化如下所示：

$$N_{n+1} = 1,\ \boldsymbol{\mu}_{n+1} = \boldsymbol{x}_t,\ D_{n+1} = D_0 \tag{246}$$

其中，D_0 为关于 s_{n+1} 的局部信息的初始设定，它的作用是在一开始定义何为“近”。对于不同的数据集，D_0 需要分别设定。有时，可以通过对整个大规模数据集中的一个较小子集进行分析来确定 D_0 的设置。

2) 节点激活

$\boldsymbol{x}_t$ 激活 s_i 的必要条件之一是 $\boldsymbol{x}_t$ 与 s_i 足够接近，即 $\|\boldsymbol{x}_t - \boldsymbol{\mu}_i\|_2 < H_i$，$H_i$ 为根据 s_i 的局部信息确定的一个值。

为了方便起见，可以假设所有能被 s_i 表示的数据所组成的数据集 $\mathcal{X}_i$ 服从各向同性的正态分布 $\mathcal{N}(\boldsymbol{\mu}_i, \sigma_i^2\boldsymbol{I}_d)$，$\boldsymbol{I}_d$ 是 $d \times d$ 的单位矩阵。于是，对于任意 $\boldsymbol{x} \in \mathcal{X}_i$，$\dfrac{\|\boldsymbol{x} - \boldsymbol{\mu}_i\|_2^2}{\sigma_i^2}$ 服从自由度为 d 的 χ^2 分布。给定任意 $\boldsymbol{x}_t$，通过预先指定的置信度 p，可以根据下式是否满足来判断 $\boldsymbol{x}_t$ 是否属于 $\mathcal{X}_i$：

$$\frac{\|\boldsymbol{x}_t - \boldsymbol{\mu}_i\|_2^2}{\sigma_i^2} < F_d^{-1}(p) \tag{247}$$

其中，$F_d(\cdot)$ 是自由度为 d 的 χ^2 分布的累积概率函数，而 $F_d^{-1}(\cdot)$ 则是它的逆函数。

通过令 $H_i^2 = \sigma_i^2 F_d^{-1}(p)$，便可以将式 (247) 用于 s_i 的激活判定。在本章中，p 被默认设置为 0.99。

假设节点 s_i 已利用了 N_i 个数据 $\boldsymbol{x}_{i,1}, \cdots, \boldsymbol{x}_{i,N_i}$ $(N_i > 1)$ 进行了更新，可以通过下列公式对它的 $\boldsymbol{\mu}_i$ 和 σ_i^2 进行估计：

$$\boldsymbol{\mu}_i = \frac{\sum\limits_{l=1}^{N_i} \boldsymbol{x}_{i,l}}{N_i} \tag{248}$$

$$\sigma_i^2 = \varepsilon\frac{D_i}{d},\quad D_i = \frac{\sum\limits_{l=1}^{N_i} \|\boldsymbol{x}_{i,l} - \hat{\boldsymbol{\mu}}_i\|_2^2}{N_i} \tag{249}$$

在本研究中，可以根据自由度为 d 的 χ^2 分布的概率密度函数 $f_d(u) = \dfrac{u^{\frac{d-2}{2}}\mathrm{e}^{-\frac{u}{2}}}{2^{\frac{d}{2}}\Gamma\left(\dfrac{d}{2}\right)}$

($\Gamma(\cdot)$ 为伽马函数)，将修正参数 ε 定义为

$$\varepsilon = 1.01\frac{\displaystyle\int_0^{\infty} uf_d(u)\mathrm{d}u}{\displaystyle\frac{1}{p}\int_0^{F_d^{-1}(p)} uf_d(u)\mathrm{d}u} = \frac{1.01pd}{\displaystyle\int_0^{F_d^{-1}(p)} uf_d(u)\mathrm{d}u} \tag{250}$$

根据 χ^2 分布的性质，当 d 较大时，ε 可被直接设置为 1.01。

综上所述，式 (247) 可被重写为

$$\|\boldsymbol{x}_t - \boldsymbol{\mu}_i\|_2 < \sqrt{\varepsilon\frac{F_d^{-1}(p)D_i}{d}} \tag{251}$$

如果式 (251) 不能满足，则 $\boldsymbol{x}_t$ 不能激活 s_i。

3) 已有节点更新

一旦获胜节点 $s_{i_t^*}$ 被成功激活，首先判断第二名节点 $s_{i_t^*}$ 是否也被同时激活，如果确实如此，则需要确保 $s_{i_t^*}$ 与 $s_{i_t^*}$ 间存在连接。

根据式 (248) 和式 (249)，三元组 $\langle N_i, \boldsymbol{\mu}_i, D_i\rangle$ 以下列方式更新：

$$D_{i_t^*} \leftarrow \frac{N_{i_t^*}}{N_{i_t^*}+1}\left(D_{i_t^*} + \frac{\|\boldsymbol{x}_t - \boldsymbol{\mu}_{i_t^*}\|_2^2}{N_{i_t^*}+1}\right) \tag{252}$$

$$\boldsymbol{\mu}_{i_t^*} \leftarrow \frac{N_{i_t^*}}{N_{i_t^*}+1}\left(\boldsymbol{\mu}_{i_t^*} + \frac{\boldsymbol{x}_t}{N_{i_t^*}}\right) \tag{253}$$

$$N_{i_t^*} \leftarrow N_{i_t^*}+1 \tag{254}$$

接着，检查所有 $K_{i_t^*}$ 个与 $s_{i_t^*}$ 相连接的节点，如果

$$\|\boldsymbol{\mu}_{i_t^*} - \boldsymbol{\mu}_{i_t^*(q)}\|_2 \geqslant \sqrt{\varepsilon\frac{F_d^{-1}(p)D_{i_t^*}}{d}} + \sqrt{\varepsilon\frac{F_d^{-1}(p)D_{i_t^*(q)}}{d}} \tag{255}$$

则认为 $s_{i_t^*}$ 与 $s_{i_t^*(q)}$ 彼此间距离已经过远，而先前生成的它们之间的连接已不再适合，因此断开这条连接。

4) 去噪操作

显然，不恰当地生成的节点将会严重影响流形学习的表现。事实上，从不足量的数据中提取统计信息是不可靠的。而且一般来说，可以假设适当生成的节点所表示的局部区域应该较为稠密。因此每当 t_0 个输入数据被学习后，算法便计算

$$\bar{N} = \frac{1}{n}\sum_{i=1}^{n} N_i, \quad N_e = e\bar{N} \tag{256}$$

并删除那些更新次数少于 N_e 的节点以及它们对应的连接。另外，所有的孤立节点都会被删除。此处，参数 t_0 控制去噪的频率，e 控制去噪的强度。它们的默认设置为 $t_0 = 5000$，$e = 0.25$。

当所有 N 个节点都被处理后，去噪操作被再一次执行 (此时，如果 $N \geqslant t_0$，则重复利用上次计算的 N_e 而不重新计算)。

5) 算法总结

算法 8 总结了本章所提出的拓扑学习算法。该算法是一个在线算法，仅需输入数据流一次便能输出结果。它的计算复杂度为 $O(nNd)$ 而空间复杂度为 $O(dn+n^2)$。

算法 8 拓扑学习算法

for $t = 1$ to N **do**
  输入 $\boldsymbol{x}_t$
  if 至少存在 2 个节点 **then**
    通过式 (244) 和式 (245) 寻找获胜节点 $s_{i_t^*}$ 和第二名节点 $s_{j_t^*}$
    if $\|\boldsymbol{x}_t - \boldsymbol{\mu}_{i_t^*}\|_2 < \sqrt{\varepsilon \frac{F_d^{-1}(p)D_i}{d}}$ **then**
      if $\|\boldsymbol{x}_t - \boldsymbol{\mu}_{j_t^*}\|_2 < \sqrt{\varepsilon \frac{F_d^{-1}(p)D_i}{d}}$ **then**
        连接 $s_{i_t^*}$ 与 $s_{j_t^*}$
      end if
      通过式 (252)、式 (253) 和式 (254) 更新三元组 $\langle N_i, \boldsymbol{\mu}_i, D_i \rangle$
      检查 $s_{i_t^*}$ 的所有连接并断开不适合的连接
    end if
    根据 $\boldsymbol{x}_t$ 生成新的节点
  else
    根据 $\boldsymbol{x}_t$ 生成新的节点
  end if
  if $t \mod t_0 == 0$ **then**
    执行去噪操作
  end if
end for
执行去噪操作
结束

在所获取的网络 $\mathfrak{G}$ 中，节点的数目、坐标以及它们之间的连接都是自动确定的。特别地，这些节点间的连接都是根据竞争 Hebbian 规则生成的。根据文献 [101]，如果所提取的节点在给定流形 $\mathcal{M}$ 上分布密集的假设成立，便可以得到如下结论：$\mathfrak{G}$ 形成了 $\mathcal{M}$ 的一个拓扑保持映射，$\mathfrak{G}$ 中的所有连接都位于 $\mathcal{M}$ 中，且上述连接集合构成了关于 $\mathcal{M}$ 的路径保持表示。

11.2.2 数据嵌入

基于上述路径保持特性，本章中，TLE 采用了基于 Isomap 的策略进行数据嵌入。需要提及的是，一旦学得网络 $\mathfrak{G}$，数据的结构信息也就被提取，因此 TLE 也可以与其他各种不同的流形学习策略相结合。

为了得到数据 $\boldsymbol{x}'$ 的 k 维嵌入，首先寻找与它最近的节点 s_{i^*}：

$$i^* = \arg\min_i \operatorname{dist}(\boldsymbol{x}', s_i), \quad s_i \in \mathcal{S} \tag{257}$$

并且定义 $\boldsymbol{x}'$ 的邻域与节点 s_{i^*} 的邻域相同：令 s_{i^*} 的邻域包含 s_{i^*} 自身 (令 $s_{i^*(0)} = s_{i^*}$) 以及与 s_{i^*} 相连的 K_{i^*} 个邻居节点 $s_{i^*(1)}, \cdots, s_{i^*(K_{i^*})}$。

根据文献 [117] 中的工作，随后进行如下操作：给定 n 个原始坐标已知的节点和 $n \times n$ 大小的连接矩阵 $\boldsymbol{C}$，应用 Dijkstra 算法计算这些节点彼此之间的测地线距离并得到矩阵 $\boldsymbol{W}_G$，接着可以得到内积矩阵 $\boldsymbol{B}$：

$$\boldsymbol{B} = -\frac{1}{2}\boldsymbol{H}\boldsymbol{\Delta}\boldsymbol{H} \tag{258}$$

其中，$\boldsymbol{\Delta}$ 为平方后的距离矩阵，有 $[\boldsymbol{\Delta}]_{i,j} = [\boldsymbol{W}_G]_{i,j}^2$；$\boldsymbol{H}$ 为去均值矩阵，$[\boldsymbol{H}]_{i,j} = 1 - \delta_{i,j}$ (如果 $i = j$，$\delta_{i,j} = 1$；否则，$\delta_{i,j} = 0$)。假设 $\boldsymbol{\Delta} = [\boldsymbol{\delta}_1, \boldsymbol{\delta}_2, \cdots, \boldsymbol{\delta}_n]$，在上述过程中，可以得到其列均值矩阵

$$\bar{\boldsymbol{\delta}} = \frac{1}{n}\sum_{i=1}^{n}\boldsymbol{\delta}_i \tag{259}$$

令 λ_i 和 $\boldsymbol{v}_i$ 分别为矩阵 $\boldsymbol{B}$ 第 i 大的特征值及其对应的特征向量，可计算出两个 $k \times d$ 的矩阵 $\boldsymbol{L}$ 与 $\boldsymbol{L}^{\#}$：

$$\boldsymbol{L} = \begin{bmatrix} \sqrt{\lambda_1}\boldsymbol{v}_1^{\mathrm{T}} \\ \sqrt{\lambda_2}\boldsymbol{v}_2^{\mathrm{T}} \\ \vdots \\ \sqrt{\lambda_k}\boldsymbol{v}_k^{\mathrm{T}} \end{bmatrix}, \quad \boldsymbol{L}^{\#} = \begin{bmatrix} \boldsymbol{v}_1^{\mathrm{T}}/\sqrt{\lambda_1} \\ \boldsymbol{v}_2^{\mathrm{T}}/\sqrt{\lambda_2} \\ \vdots \\ \boldsymbol{v}_k^{\mathrm{T}}/\sqrt{\lambda_k} \end{bmatrix} \tag{260}$$

$\boldsymbol{L}$ 的第 i 列为第 i 个节点的低维表示，而 $\boldsymbol{L}^{\#}$ 将被用于 $\boldsymbol{x}'$ 的嵌入。

通过之前得到的 $\boldsymbol{W}_G$，可以计算从 $\boldsymbol{x}'$ 到任意节点 s_j 的测地线距离：

$$\mathrm{dist}_G(\boldsymbol{x}', s_j) = \min\{\|\boldsymbol{x}' - \boldsymbol{\mu}_{i^*(l)}\|_2 + [\boldsymbol{W}_G]_{i^*,j}\}_{l=0,1,\cdots,K_{i^*}} \tag{261}$$

其中，$[\boldsymbol{W}_G]_{i,j}$ 为节点 s_i 与 s_j 间的测地线距离。

根据 $\delta_{\boldsymbol{x}',j} = \mathrm{dist}_G^2(\boldsymbol{x}', s_j)$ 和 $\boldsymbol{\delta}_{\boldsymbol{x}'} = (\delta_{\boldsymbol{x}',1}, \cdots, \delta_{\boldsymbol{x}',n})^{\mathrm{T}}$，可以通过下式得到 $\boldsymbol{x}'$ 的低维表示：

$$\boldsymbol{y}' = -\frac{1}{2}\boldsymbol{L}^{\#}(\boldsymbol{\delta}_{\boldsymbol{x}'} - \bar{\boldsymbol{\delta}}) \tag{262}$$

需要注意的是，给定 N 个训练数据，Isomap 的外样本扩展方法[109] 与基于基准点的 Isomap 方法 (L-Isomap) 都需要计算关于这 N 个数据的 $N \times N$ 大小的欧氏距离矩阵。并且，前者仍旧需要计算每两个数据之间的测地线距离，而后者需要计算从 n 个基准点到所有 N 个数据的测地线距离。换句话说，在计算数据间的关系时，它们都需要用到所有的 N 个已获取的数据。而作为对比，在进行数据嵌入时，TLE 并非在原始的 N 个数据上进行运算，它仅需要计算 n 个基准点之间的测地线距离，并以此为基础进行随后的数据降维。

11.3　实验

为了证明 TLE 的有效性和高效性，我们在人工数据集和三个手写数字数据集上进行了实验。本章中的所有试验均在 Win7 系统下的 MATLAB R2013b 中运行，电脑内存 16G，CPU3.6GHz。

11.3.1　在人工数据集上的实验

为了评估 TLE 算法的表现，我们在四个人工数据集 Twin Peaks、Swiss Roll、Swiss Hole 和 Toroidal Helix 上进行了实验。对于这四个数据集，D_0 的设置分别为 0.025、2、2 和 0.025。

首先，我们为每个数据集生成 $N = 10^4$ 个数据，并在它们之上运行 TLE。图 47～ 图 50 显示了 TLE 算法的运行结果。上述各图的第一张子图显示了数据在原始 3 维空间中的表示；第二、三张子图则分别为从两个角度观察到的算法所习得的流形拓扑结构 $\mathcal{G}$，$\mathcal{G}$ 由 n 个所提取的节点 (空心圆) 和它们之间的连接线表示；最后一张子图为 TLE 所获得的数据 2 维表示。

为了进行对比，图 51 报告了 K-means L-Isomap (它利用 K-means 算法进行基准点选择) 在这四个数据集上的结果。对比各图，可以看出，和 K-means L-Isomap 相

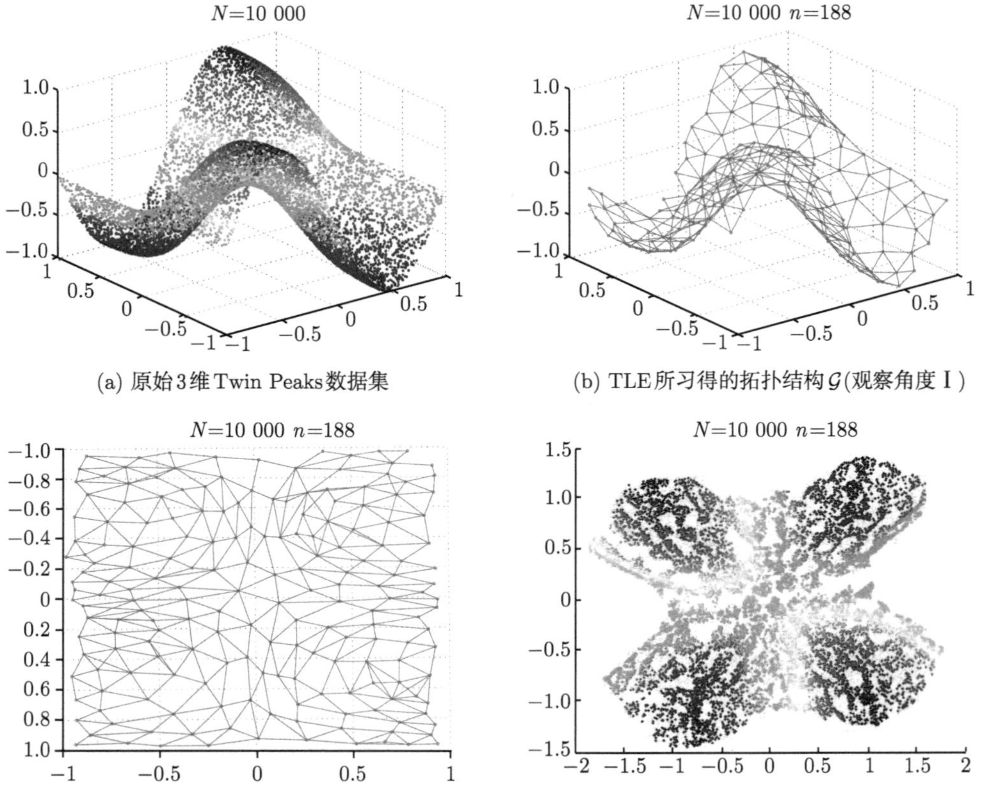

(a) 原始3维Twin Peaks数据集　(b) TLE所习得的拓扑结构$\mathcal{G}$(观察角度Ⅰ)

(c) TLE所习得的拓扑结构$\mathcal{G}$(观察角度Ⅱ)　(d) TLE所获得的数据2维表示

图 47　TLE 在人工数据集 Twin Peaks 上的运行结果

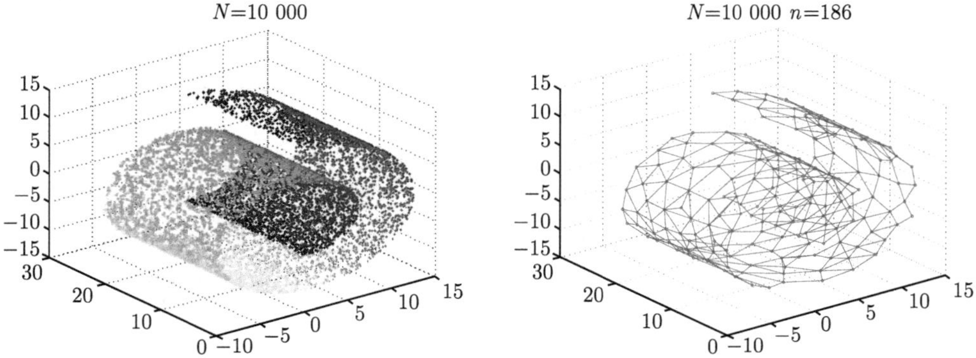

(a) 原始3维Swiss Roll数据集　(b) TLE所习得的拓扑结构$\mathcal{G}$(观察角度Ⅰ)

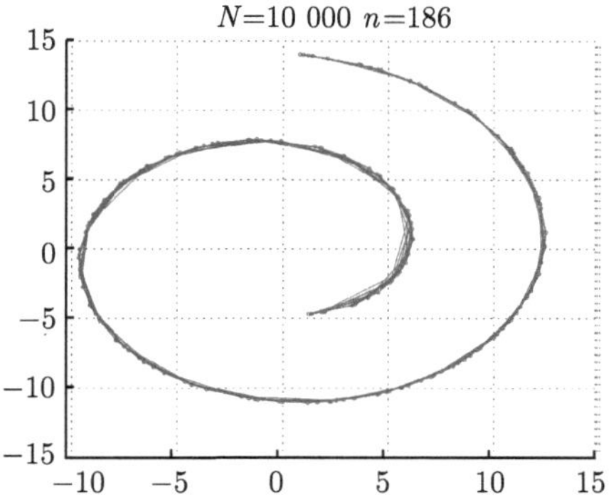

(c)TLE所习得的拓扑结构$\mathcal{G}$(观察角度Ⅱ)

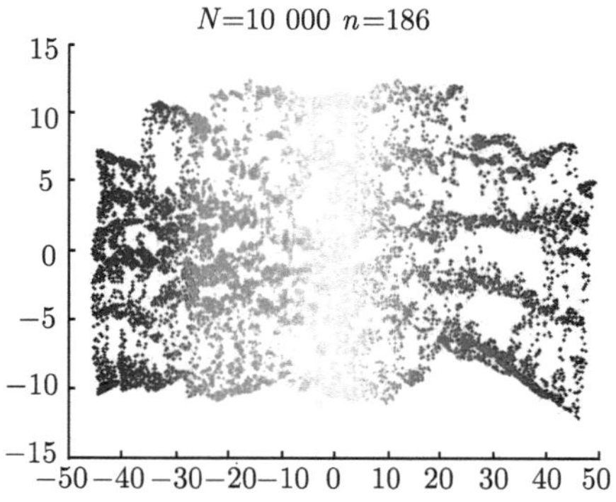

(d)TLE所获得的数据2维表示

图 48　TLE 在人工数据集 Swiss Roll 上的运行结果

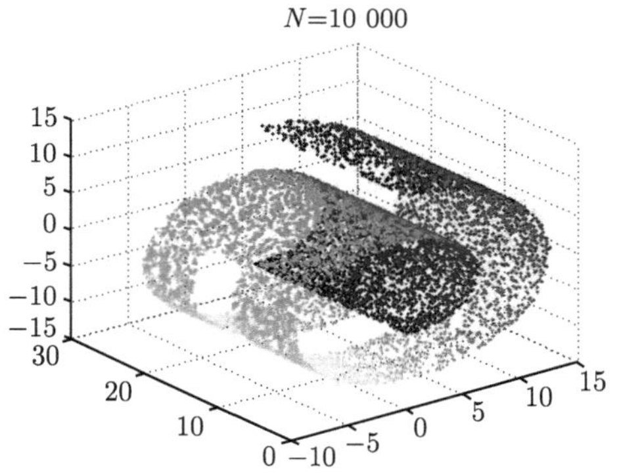

(a) 原始3维Swiss Hole数据集

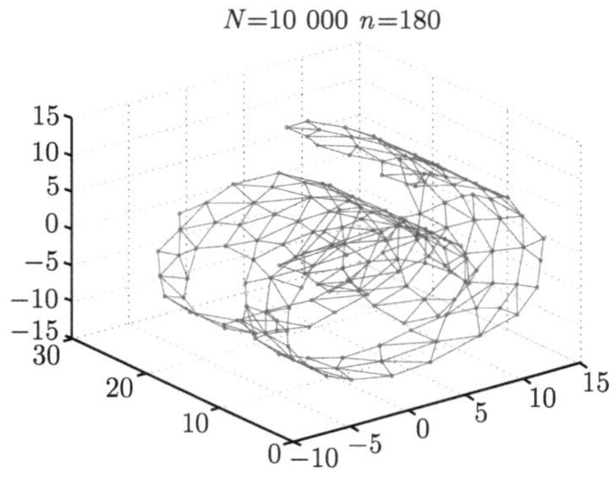

(b) TLE所习得的拓扑结构$\mathcal{G}$(观察角度Ⅰ)

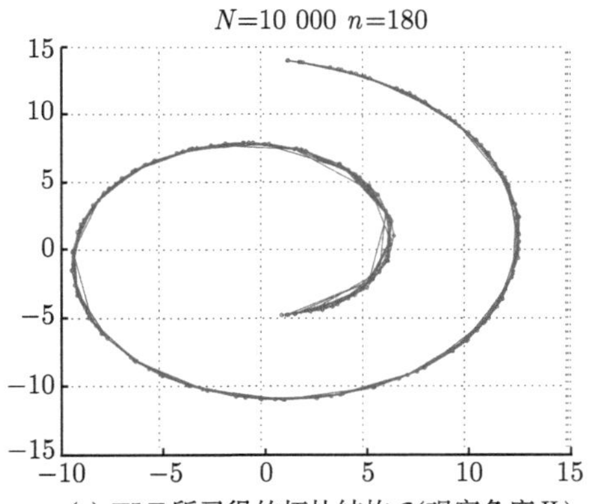

(c) TLE所习得的拓扑结构$\mathcal{G}$(观察角度Ⅱ)

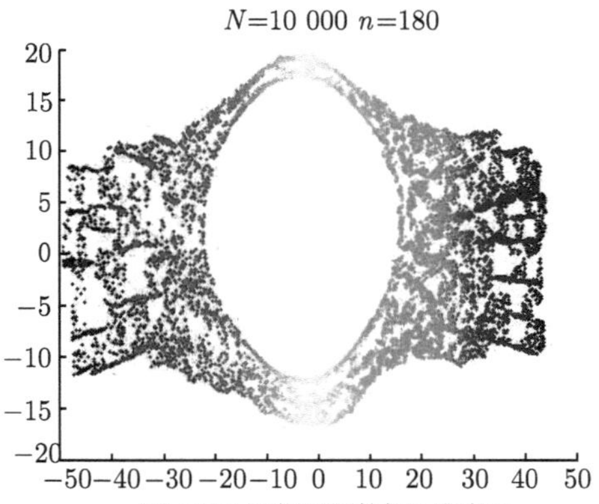

(d) TLE所获得的数据2维表示

图 49　TLE 在人工数据集 Swiss Hole 上的运行结果

比，TLE 的表现是有竞争力的。TLE 在流形拓扑结构表示中，仅使用较少数量的自适应生成节点而未使用所有已获取数据，这种行为不可避免地会导致所提取的拓扑结构丧失一些精度，但在上述实验中，TLE 表现良好，其学习的拓扑结构中没有出现灾难性的短路现象，而最终的数据嵌入结果也证明了 TLE 算法的有效性。

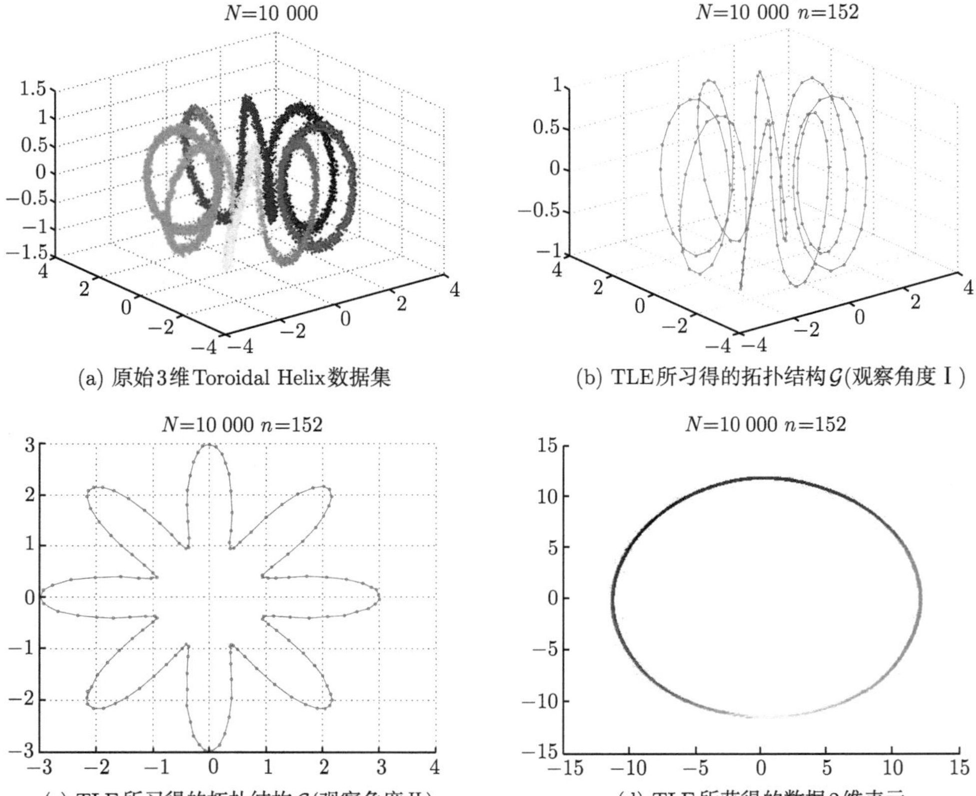

(a) 原始3维Toroidal Helix数据集　(b) TLE所习得的拓扑结构$\mathcal{G}$(观察角度Ⅰ)

(c) TLE所习得的拓扑结构$\mathcal{G}$(观察角度Ⅱ)　(d) TLE所获得的数据2维表示

图 50　TLE 在人工数据集 Toroidal Helix 上的运行结果

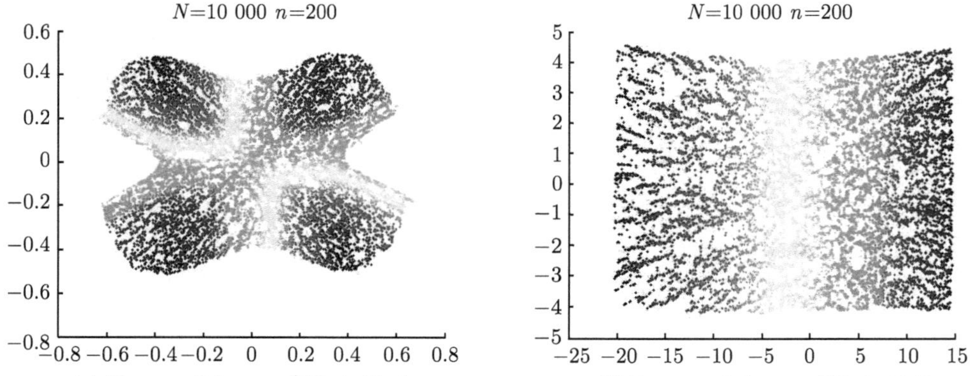

(a) K-means L-Isomap在Twin Peaks数据集上的运行结果　(b) K-means L-Isomap在Swiss Roll数据集上的运行结果

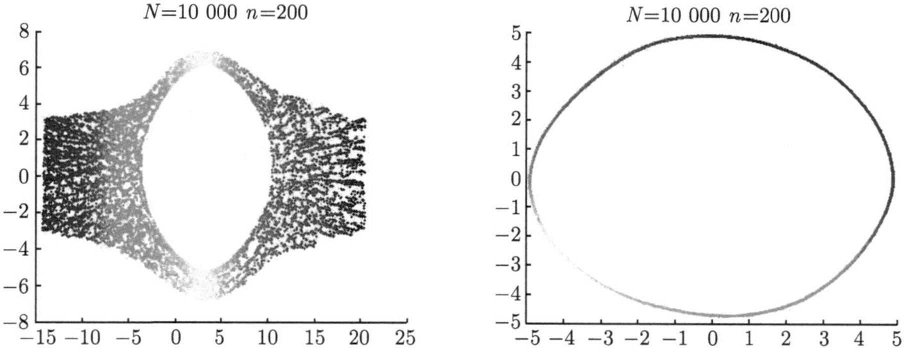

(c) K-means L-Isomap 在 Swiss Hole 数据集上的运行结果　(d) K-means L-Isomap 在 Toroidal Helix 数据集上的运行结果

图 51　K-means L-Isomap 在四个人工数据集上的运行结果

已获取数据的质量对流形学习算法的表现有着巨大的影响。特别地，基于 Isomap 的算法对于噪声十分脆弱。因此，为了验证 TLE 算法在噪声环境下的表现，我们在带有均匀噪声的 Swiss Hole 和 Toroidal Helix 数据集上进行了实验。设 N 为正常数据的数目，N_0 为噪声数据的数目。而图 52 中所报告的 K-means L-Isomap 的严重扭曲的结果表明这种均匀噪声对于基于 Isomap 的方法极为危险。

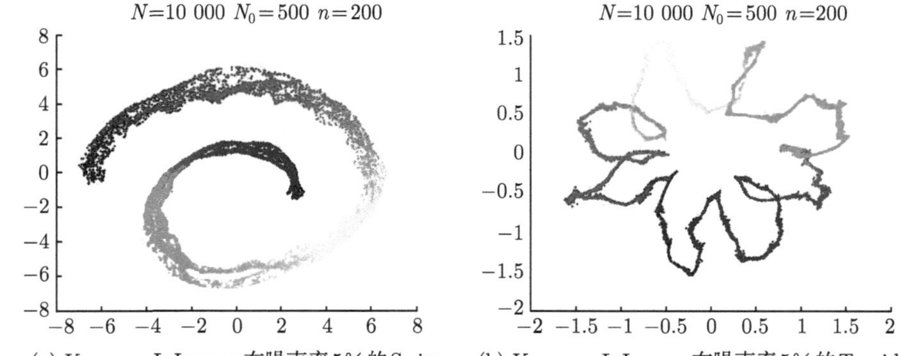

(a) K-means L-Isomap 在噪声率 5% 的 Swiss Hole 数据集上所获得的数据 2 维表示　(b) K-means L-Isomap 在噪声率 5% 的 Toroidal Helix 数据集上所获得的数据 2 维表示

图 52　K-means L-Isomap 在带有噪声的 Swiss Hole 和 Toroidal Helix 数据集上的运行结果

图 53~图 56 描述了 TLE 在带噪声数据集上的结果。对于 Swiss Hole 数据，可以发现当 $N = 10^4$ 且噪声率 $\dfrac{N_0}{N} = 5\%$ 时，TLE 能够较好地保持住流形的基本拓扑结构 (图 53)。尽管当噪声率上升到 10% 后，灾难性的短路问题出现了 (图 54)，但是当 N 增加到 10^5 时，噪声造成的问题便大为缓解，短路问题不再严重地影响

算法的表现 (图 55)。对于 Toroidal Helix 数据，可以发现当 $N=10^4$ 时，10%的噪声率对 TLE 的表现几乎没有什么影响 (图 56)。上述结果表明 TLE 所采用的基于密度的去噪策略确实有用。而在该去噪策略下，高密度的 Toroidal Helix 对噪声较为鲁棒。

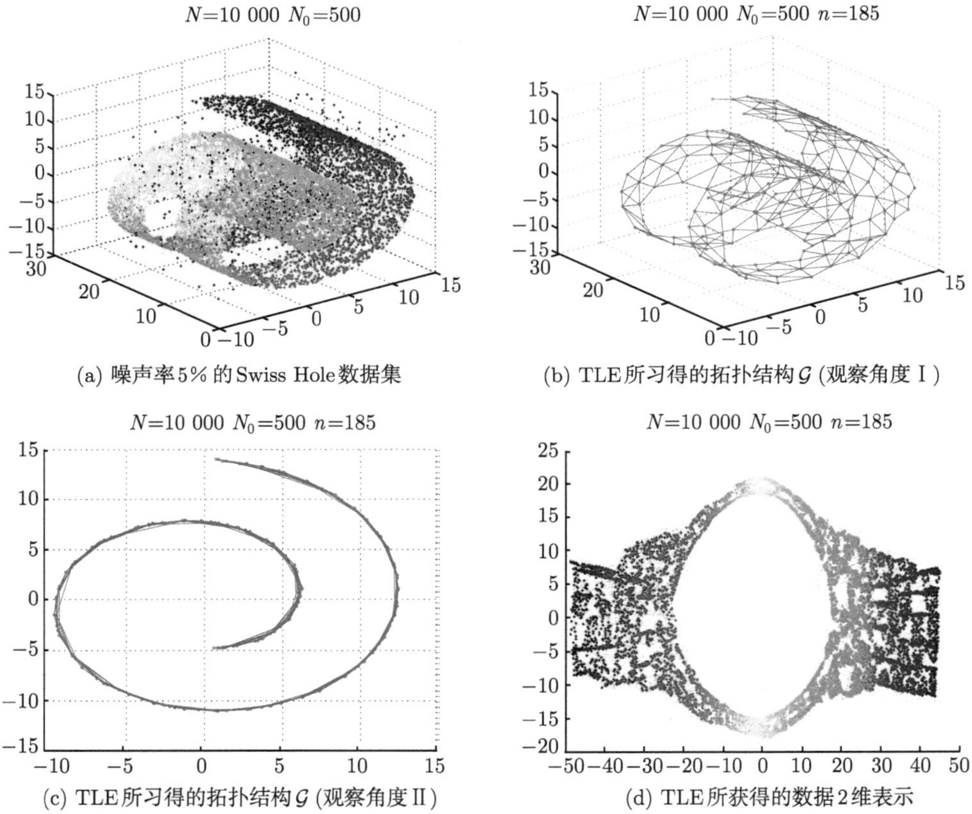

(a) 噪声率5%的Swiss Hole数据集　(b) TLE所习得的拓扑结构 $\mathcal{G}$ (观察角度Ⅰ)

(c) TLE所习得的拓扑结构 $\mathcal{G}$ (观察角度Ⅱ)　(d) TLE所获得的数据2维表示

图 53　TLE 在带有噪声的 Swiss Hole 数据集上的运行结果

另外，在图 55(d) 中，数据分布之间出现了明显的间隙。产生上述状况的原因如下：当 TLE 计算 $\boldsymbol{x}'$ 与所有已有节点之间的测地线距离时，式 (261) 令 $\boldsymbol{x}'$ 远离除了获胜节点 s_{i^*} 和它的 K_{i^*} 个邻居外其他所有节点。因此，TLE 所获取的数据的 2 维表示会集中于它们根据式 (257) 所找到的获胜节点的 2 维坐标附近，同时远离其他区域。另外可以看到，在上述例子中，当数据数目 N 上升至 10^5 后，算法自动提取的节点数基本保持稳定。

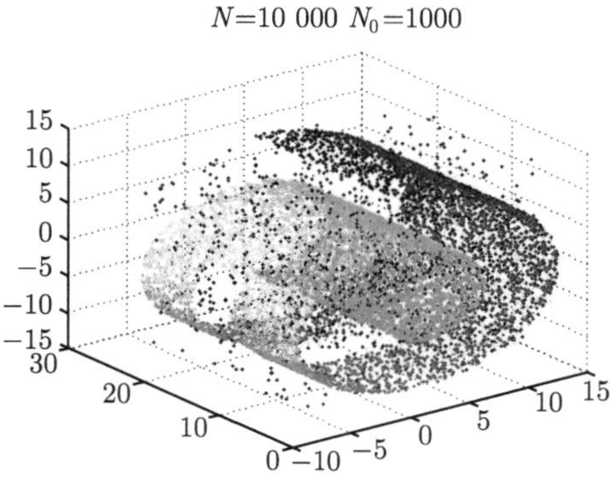

(a) 噪声率10%的Swiss Hole数据集

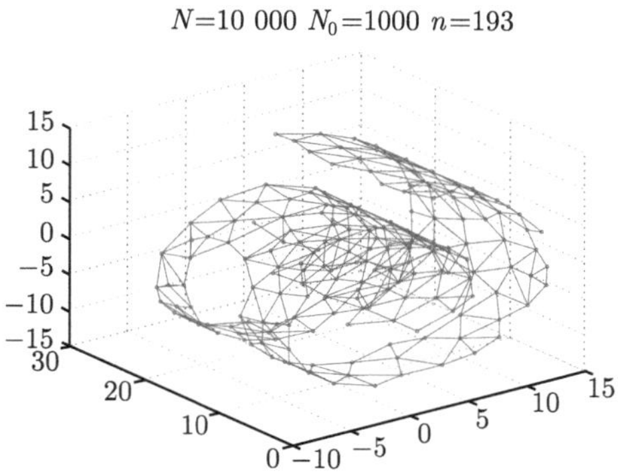

(b) TLE所习得的拓扑结构$\mathcal{G}$ (观察角度 I)

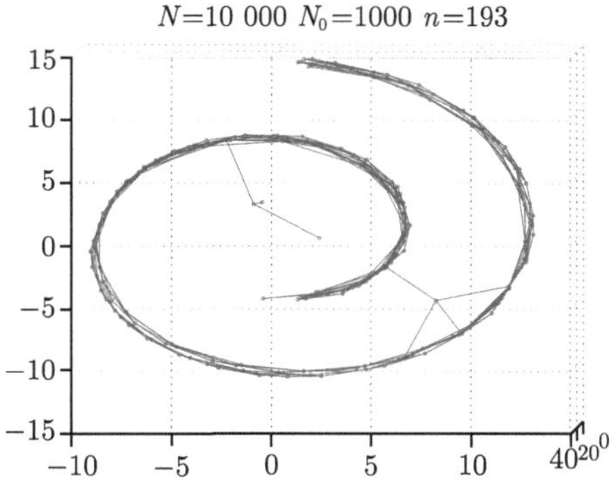

(c) TLE所习得的拓扑结构$\mathcal{G}$ (观察角度 II)

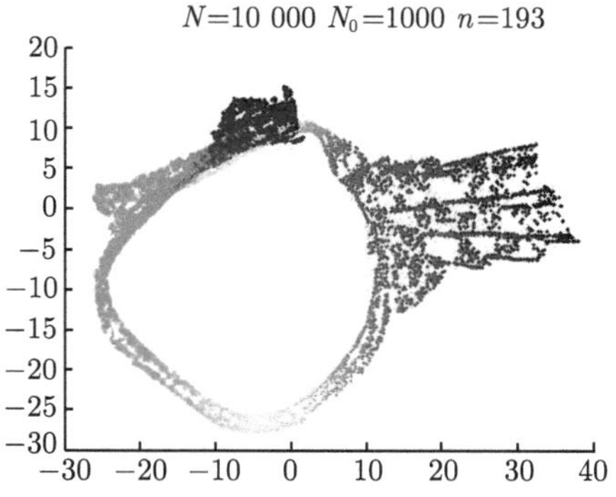

(d) TLE所获得的数据2维表示

图 54 TLE 在带有噪声的 Swiss Hole 数据集上的结果

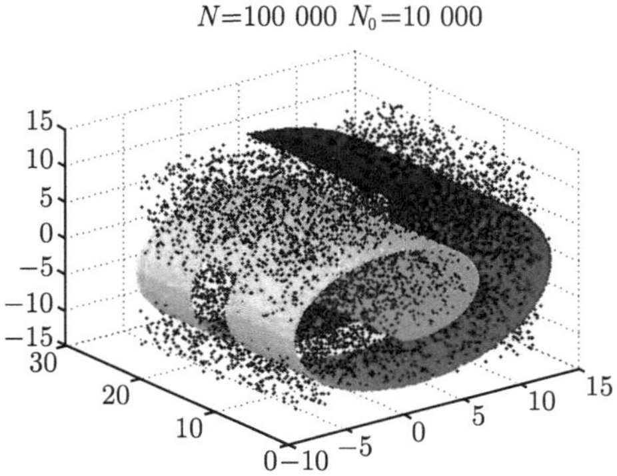

(a) 噪声率10%的Swiss Hole数据集

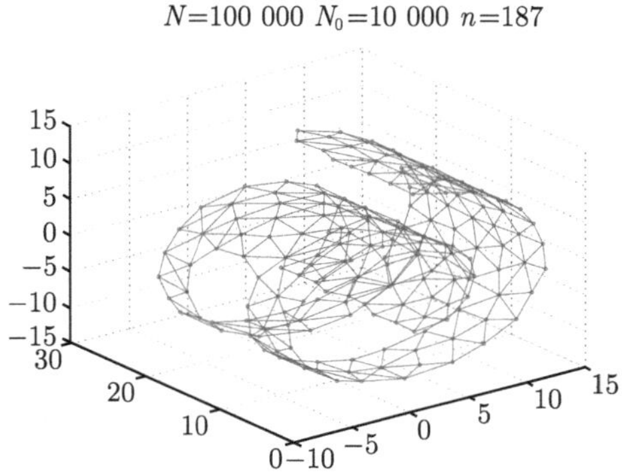

(b) TLE所习得的拓扑结构$\mathcal{G}$ (观察角度 I)

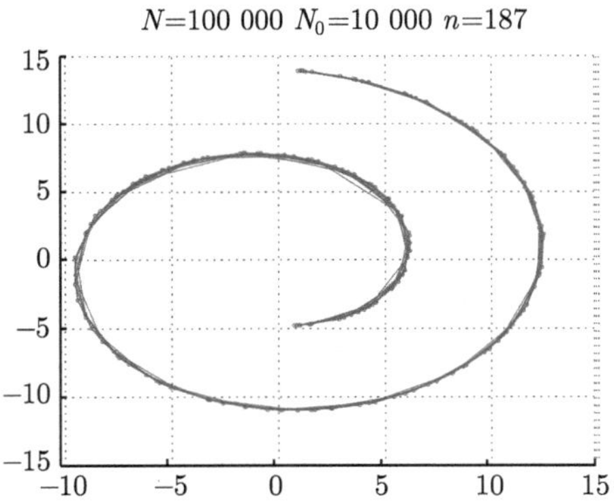

(c) TLE所习得的拓扑结构$\mathcal{G}$ (观察角度Ⅱ)

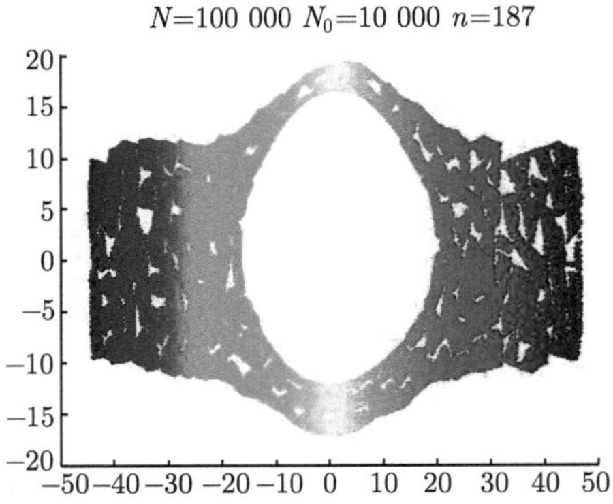

(d) TLE所获得的数据2维表示

图 55 TLE 在带有噪声的 Swiss Hole 数据集上的结果

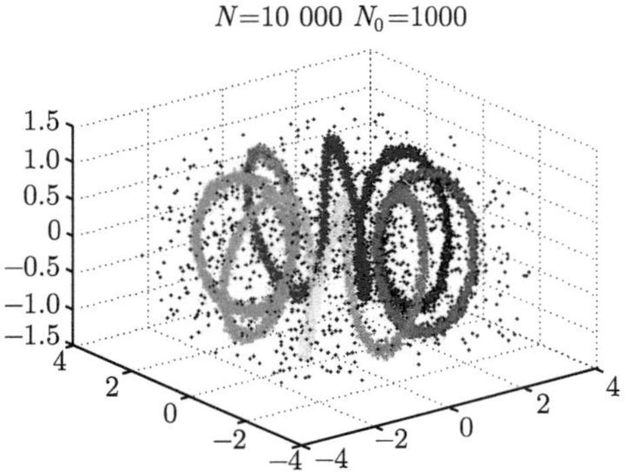

(a) 噪声率10%的Toroidal Helix数据集

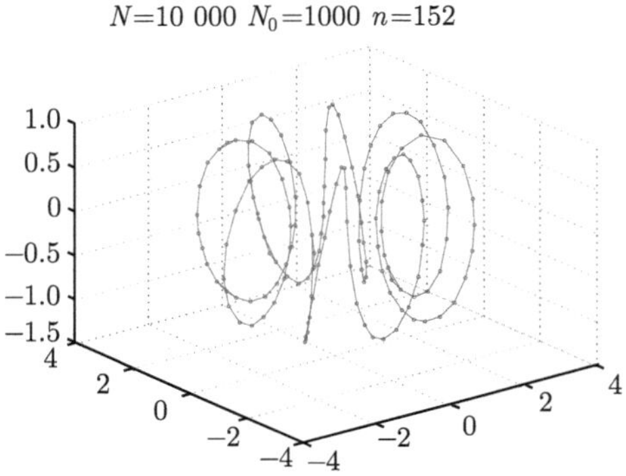

(b) TLE所习得的拓扑结构$\mathcal{G}$ (观察角度Ⅰ)

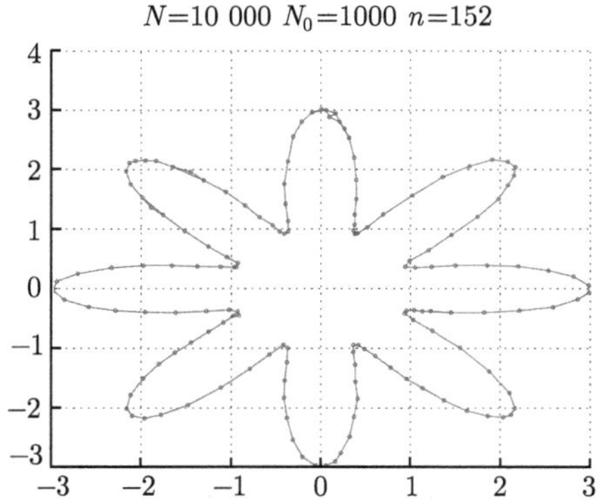

(c) TLE所习得的拓扑结构$\mathcal{G}$ (观察角度Ⅱ)

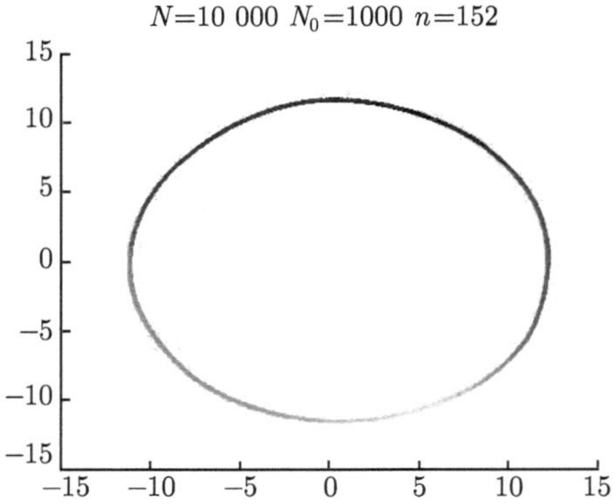

(d) TLE所获得的数据2维表示

图 56 TLE 在带有噪声的 Toroidal Helix 数据集上的结果

综上所述，上文报告的可视化结果表明，在这些人工数据集上，TLE 成功地实现了流形拓扑学习和大规模数据嵌入。

11.3.2 在手写数字数据集上的实验

在本章节中，我们在三个手写数字数据集 MNIST、OptDigits 和 USPS 上进行实验。表 22 中报告了对于这些数据集的介绍。在所有的实验中，目标维数 k 都被设置为 5。对于 MNIST、OptDigits 和 USPS，参数 D_0 分别被设置为 100、1000 和 100。所取得数据的低维表示的质量通过使用最近邻方法分类的结果进行评估。

表 22 实验中所采用的手写数字数据集

数据集	d	训练集	测试集
MNIST[118]	400	60 000	10 000
OptDigits[56]	64	3823	1797
USPS[68]	256	7291	2007

在本实验中，TLE 算法运行在训练集上，通过拓扑学习得到网络 $\mathcal{G}$，在随后的数据嵌入中，训练集和测试集均根据 $\mathcal{G}$ 被映射到 5 维空间中。完成上述步骤后，根据数据的 5 维表示执行分类。表 23 报告了 TLE 的运行结果，包括 TLE 自适应地生成的节点数目 n、在训练集上的运行时间和分类错误率。上述结果为训练数据以不同顺序输入执行 10 次后的平均结果。因为经典的 Isomap 方法无法实现外样本数据嵌入，且存储与计算消耗巨大，所以我们在此处选择以 PCA 的分类错误率作为比较基准。

表 23 TLE 在手写数据集上进行分类实验的结果

数据集	n	执行时间/s	分类错误率/%	PCA 的分类错误率/%
MNIST	498.8 ± 6.7	135.01	10.17	30.28
OptDigits	184.4 ± 8.1	1.30	4.46	12.08
USPS	304.7 ± 8.1	3.90	10.50	21.87

手写数字数据集很可能具有潜在的非线性结构。在这些数据集上，TLE 的分类错误率明显低于 PCA 的分类错误率，因此可以认为 TLE 更好地学习了这些数据的结构信息。对于非线性降维算法来说，高复杂度是它们最大的缺点之一。根据表 23 中的报告，TLE 能够在数分钟内处理 60 000 个 400 维的数据。因而，作为一种非线性降维算法，它是快速的。

在学习过程中所提取的节点是完全根据在线输入数据自适应确定的。随着输

入数据数目 N 的增加，TLE 自动提取的节点数目 n 也很可能发生增长。关于这个问题，图 57 报告了在 MNIST 数据集上 TLE 所提取节点数目的增长情况。可以看出在此样例中，虽然 n 的数目随着 N 的增长而增长，但其增长速度会明显地放缓，因此这种情况是可接受的。

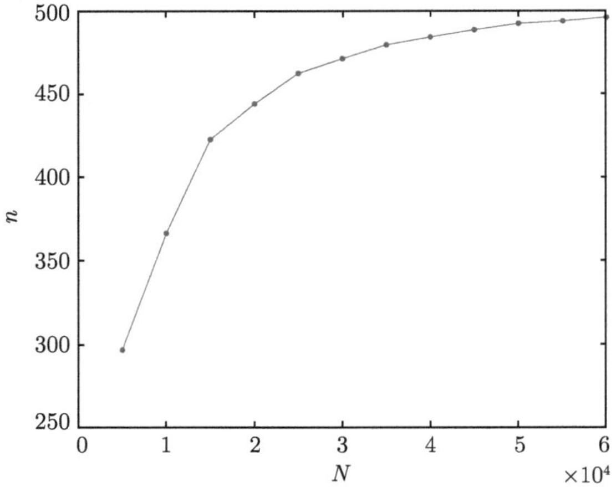

图 57 在 MNIST 数据中，TLE 所提取节点数目的增长情况

接着，我们将 TLE 与 Isomap 和 L-Isomap 方法进行对比。Random L-Isomap、Maxmin L-Isomap 和 K-means L-Isomap 是实验中采用的三种 L-Isomap 方法，它们分别以随机选取方式、Maxmin 算法和 K-means 算法进行基准点选择。考虑到计算复杂度，对于 MNIST 和 USPS 数据，实验在它们的一个大小为 5000 的子集上进行。本次实验采用通过 10 次 10 折交叉验证而获取交叉验证分类错误率 (cvMCR) 作为评价标准。在每次实验中，先利用 TLE 确定节点数目 n，然后将其用作为 L-Isomap 方法中基准点数目的设置。对于 L-Isomap 和 Isomap 方法，数据的邻域通过选择其 k 近邻来确定。我们在设置 $k=5$、10、15 和 20 的情况下用这些方法分别进行试验，且只报告最优结果。表 24 报告了 TLE、Isomap 和 L-Isomap 方法对比的结果。

根据表 24，总的来说，虽然 TLE 的 cvMCR 要略低于 Isomap 和 L-Isomap 方法，但 TLE 的执行时间要远小于这些方法。在本次实验的所有状况中，所有用于对比的基于 Isomap 的方法都在 $k=5$ 时取得最优值。这很可能是因为对于这些方法来说，较小的近邻数 k 对于每个节点意味着较小的邻域设置，也意味着计算出的测地线距离更加精确，而所获取精确的流形结构能够有助于获得良好的降维结果。

而对于 TLE，作为享受到低存储空间和低计算量优势的代价，其所学得的拓扑结构需要承受相对更多的精度损失。但是，实验所报告的 cvMCR 结果显示 TLE 所获得的拓扑结构质量仍旧具有一定竞争力。因此，再结合低复杂度、自适应的邻域确定以及具有样本外数据嵌入能力这三个优势，可以认为 TLE 算法是一种高效的流形学习方法。

表 24　TLE、Isomap 和 L-Isomap 方法对比的结果

数据集		TLE	Random L-Isomap	Maxmin L-Isomap	K-means L-Isomap	Isomap
MNIST $\bar{n}=293.7$	k	—	5	5	5	5
	执行时间/s	6.99	71.16	75.71	143.07	1175.3
	cvMCR/%	15.98	16.88	16.34	14.36	16.94
OptDigits $\bar{n}=187.6$	k	—	5	5	5	5
	执行时间/s	1.16	28.80	29.71	34.83	571.32
	cvMCR/%	3.32	2.67	2.45	2.52	2.64
USPS $\bar{n}=270.0$	k	—	5	5	5	5
	执行时间/s	3.10	65.40	69.29	107.83	1185.01
	cvMCR/%	7.70	5.36	5.07	5.45	5.36

11.4　本章小结

本章提出了一种名为拓扑学习嵌入 (TLE) 的流形学习算法，用于实现大规模数据的快速与增量式流形学习。在所提出的拓扑学习算法帮助下，TLE 能够自适应地提取局部邻域信息，进而对流形的结构进行学习，大大减少了计算与存储消耗。

TLE 并不完美，有许多地方需要进一步研究，比如，重要参数 p 和 D_0 的设置问题，算法的收敛性的理论证明问题，另外，比起 SOINN，可能有其他的方法更适合于高效地提取拓扑结构。但是，TLE 的基本思想是十分有意义的：非线性流形学习能够以较小的代价实现。

第12章

总结与展望

12.1 主要工作内容

数据降维技术在机器学习、模式识别等领域有着广泛的应用。本书主要针对快速与增量式数据降维算法进行研究。

在线性降维方面，对数据内在结构的学习可以通过习得特征子空间基底而实现。本书将问题转化为矩阵分解问题，通过对基底矩阵质量的分析，提出了关于基底线性独立性的一些结论。在此基础上提出了一种自适应阈值机制用于快速数据选择与基底获取。

针对已有的 NMF 与 semi-NMF 算法计算量大且基底维数难以确定的问题，本书提出一种允许系数出现负值的 semi-NMF 算法，利用自适应阈值机制，该算法能够根据数据间的线性独立性关系，自动地进行数据挑选与目标维数估计。进而，该算法能够便捷地确定基底矩阵以及与其对应的系数矩阵，且在一定程度上保证了它们的质量。实验表明，该基于数据选择的 semi-NMF 算法能够较为快速地实现矩阵分解。

接着，本书提出了一种快速线性降维算法 OCA。以格拉姆–施密特正交化过程为基础，在无需求解特征值问题或矩阵求逆问题的情况下，OCA 实现了正交基底的低计算复杂度提取。利用自适应阈值机制，OCA 能够实现对数据的内在维数自动估计并且保证了算法的数值稳定性。

为了解决增量学习问题，本书在 OCA 的基础上提出了 IOCA 算法。同样利用自适应阈值机制，IOCA 能够自动估计数据内在维数且保证所提取基底间的数值正交性。最为重要的是，由于其极低的计算消耗，IOCA 能够高速地实现在线学习。

为了实现在线的特征子空间基底调整，本书进一步地提出了具有子空间正交基底在线更新能力的 EOCA 算法。作为一种在线的子空间学习算法，EOCA 保持了较低的计算复杂度，且依旧具有自动确定目标维数的能力。

为了实现非线性数据降维，本书展开了关于流形学习的研究。针对现有非线性流形学习算法存储及计算消耗巨大的问题，本书提出了多个改进的流形学习算法。TLE 根据在线输入的数据流，自动生成少量样本，并以此为基础自适应地构建一个拓扑保持网络对数据的分布结构进行近似。结合外样本数据嵌入技术，TLE 以较低的存储和计算代价实现了非线性数据降维。

总的来说，本书工作的基本思想可以总结为“以处理小数据的方式处理大数据”：即使面对大规模数据或在线输入数据，通过自动选择或生成少量的样本，根据这些样本高效地学习数据的内在结构。

12.2　工作展望

本书以快速和增量式数据降维为主要研究内容，针对已有算法的不足，提出了几种新的数据降维算法。然而，数据降维领域存在着大量值得深入研究的问题，本书的工作需要在今后的研究工作中不断深入和完善，值得进一步研究的方向包括：

(1) 半监督或有监督的降维算法研究。本书所提出的算法基本上都是无监督的，然而在各种应用中，充分利用已知的数据类标信息往往能够显著改善数据分析与处理的结果。在本书已有工作的基础上，通过引入类标信息，令降维算法对数据内在结构的学习更加准确，这显然是一项值得进行的研究。

(2) 为算法寻求更为坚实的理论基础。本书虽然对降维中的部分问题进行了一定的分析，但是这还远远不够。进行更深入的理论分析，不仅有助于对算法的执行效果进行更准确的评估，而且很可能在这些分析的基础上，实现对算法的改进。

(3) 对复杂数据内在结构更为精确的学习。出于减少计算代价的考虑，本书所提出 TLE 以提取少量代表点生成拓扑网络的方式对数据的内在结构进行近似，这样做的代价是降低习得模型的精度。如果在非线性数据降维中，不考虑计算代价，而只追求对数据内在结构的高精度提取，那么可以采取一种与 TLE 截然相反方式进行流形学习，即设法生成更多的样本点，一方面，可以从局部入手，对数据的局部信息进行更精确的表示；另一方面，可以从整体入手，对整个数据的分布构造一个模型，然后用足量的样本确定上述模型中的各个参数。

参考文献

[1] Bellman R. Adaptative Control Processes: A Guided Tour. Princeton: Princeton University Press, 1961.

[2] Bishop C M. Pattern Recognition and Machine Learning. New York: Springer-Verlag, 2006.

[3] Scott D W, Thompson J R. Probability density estimation in higher dimensions//Proceedings of the Fifteenth Symposium on the Interface. Elsevier Science Publishers, 1983, 173-179.

[4] Roweis S T, Saul L K. Nonlinear dimensionality reduction by locally linear embedding. Science, 2000, 290(5500): 2323-2326.

[5] Bengio Y, Courville A, Vincent P. Representation learning: a review and new perspectives. IEEE Transactions on Pattern Analysis and Machine Intelligence, 2013, 35(8): 1798-1828.

[6] Donoho D L. High-dimensional data analysis: the curses and blessings of dimensionality//AMS Math Challenges Lecture, 2000, 1-32.

[7] Hopcroft J. Future directions in computer science//The 2nd International Frontiers of Algorithmic Workshop, Changsha, China, 2008.

[8] Lee J, Verleysen M. Nonlinear Dimensionality Reduction. New York: Springer-Verlag, 2007.

[9] Fodor I K. A survey of dimension reduction techniques. Neoplasia, 2002, 9(5): 1-24.

[10] Tenenbaum J B, de Silva V, Langford J C. A global geometric framework for nonlinear dimensionality reduction. Science, 2000, 290(5500): 2319-2323.

[11] Pearson K. On lines and planes of closest fit to systems of points in space. London, Edinburgh and Dublin Philosophical Magazine and Journal of Science, 1901, 2(2): 559-572.

[12] Hotelling H. Analysis of a complex of statistical variables into principal components. Journal of Educational Psychology, 1933, 24: 417-441.

[13] Karhunen K. Zur spektraltheorie stochastischer prozesse. Ann. Acad. Sci. Fennicae, 1946, 34.

[14] Loève M. Fonctions Aleatoire Du Second Ordre. Paris: Compte Rend Acad Sci, 1945.

[15] Common P. Independent component analysis: a new concept. Signal Processing, 1994, 36(3): 287-314.

[16] Hyvarinen A. Fast and robust fixed-point algorithms for independent component analysis. IEEE Transactions on Neural Networks, 1999, 10(3): 626-634.

[17] Hyvarinen A, Oja E. Independent component analysis: algorithms and applications. Neural Networks, 2000, 13(4): 411-430.

[18] Johnson W, Lindenstrauss J. Extensions of lipschitz mappings into a hilbert space. Contemporary Mathematics, 1984, 26: 189-206.

[19] Achlioptas D. Database-friendly random projections//Proceedings of the Twentieth ACM SIGMOD-SIGACT-SIGART Symposium on Principles of Database Systems. ACM, 2001: 274-281.

[20] Lee D D, Seung H S. Algorithms for non-negative matrix factorization//Advances in Neural Information Processing Systems 13(NIPS 2000). Massachusetts: MIT Press, 2001, 556-562.

[21] 李乐, 章毓晋. 非负矩阵分解算法综述. 电子学报, 2008, 36(4): 737-743.

[22] Wang Y X, Zhang Y J. Nonnegative matrix factorization: a comprehensive review. IEEE Transactions on Knowledge and Data Engineering, 2013, 25(6): 1336-1353.

[23] Weng J Y, ZhangY L, Hwang W S. Candid covariance-free incremental principal component analysis. IEEE Transactions on Pattern Analysis & Machine Intelligence, 2003, 25(8): 1034-1040.

[24] Choi M D. Tricks or treats with the hilbert matrix. American Mathematical Monthly, 1983, 90: 301-312.

[25] Hazewinkel M. Encyclopedia of mathematics. Kluwer Academic, 1992, 17(7): 49-50.

[26] Camastra F. Data dimensionality estimation methods: a survey. Pattern Recognition, 2003, 36(12): 2945-2954.

[27] Fukunaga K. 15 Intrinsic dimensionality extraction. Handbook of Statistics, 1982, 2: 347-360.

[28] Businger P A, Golub G H. Linear least squares solutions by Householder transformations. Numerische Mathematik, 1965, 7(3): 269-276.

[29] Hua J, Tembe W, Dougherty E R. Feature selection in the classification of high-dimension data//IEEE International Workshop on Genomic Signal Processing and Statistics, 2008, 1-2.

[30] Jin X, Xu A, Bie R, et al. Machine learning techniques and chi-square feature selection for cancer classification using sage gene expression profiles. Lecture Notes in Computer Science, 2006, 3916: 106-115.

[31] Peng H, Long F, Ding C. Feature selection based on mutual information: criteria of max-dependency, max-relevance, and min-redundancy. IEEE Trans Pattern Anal Mach Intell, 2005, 27(8): 1226-1238.

[32] Gheyas I A, Smith L S. Feature subset selection in large dimensionality domains. Pattern Recognition, 2010, 43(1): 5-13.

[33] Araújo M C U, Saldanha T C B, Galvão R K H, et al. The successive projections algorithm for variable selection in spectroscopic multicomponent analysis. Chemometrics and Intelligent Laboratory Systems, 2001, 57(2): 65-73.

[34] Ren H, Chang C I. Automatic spectral target recognition in hyperspectral imagery. IEEE Transactions on Aerospace and Electronic Systems, 2006, 39(4): 1232-1249.

[35] Gillis N A, Vavasis S A. Fast and robust recursive algorithms for separable nonnegative matrix factorization. IEEE Transactions on Pattern Analysis and Machine Intelligence, 2014, 36(4): 698-714.

[36] Fan M Y, Qiao H, Zhang B. Intrinsic dimension estimation of manifolds by incising balls. Pattern Recognition, 2009, 42(5): 780-787.

[37] Fan M Y, Zhang X Q, Chen S, et al. Dimension estimation of image manifolds by minimal cover approximation. Neurocomputing, 2013, 105(1): 19-29.

[38] Hall P, Marshall D, Martin R. Merging and splitting eigenspace models. Transactions on Pattern Analysis and Machine Intelligence, 2000, 22(9): 1042-1049.

[39] Bishop C M. Bayesian PCA. Advances in Neural Information Processing Systems, 1999, 11: 382-388.

[40] 林成森. 数值计算方法（上册）. 2 版. 北京: 科学出版社, 2005.

[41] Golub G H, Loan C F V. Matrix Computations. 3rd ed. Baltimore: Johns Hopkins University Press, 1996.

[42] Gillis N. The why and how of nonnegative matrix factorization. Mathematics, 2014, 12(257).

[43] Guillamet D, Vitria J, Schiele B. Introducing a weighted non-negative matrix factorization for image classification. Pattern Recognition Letters, 2003, 24(14): 2447-2454.

[44] Kotsia I, Zafeiriou S, Pitas I. A novel discriminant non-negative matrix factorization algorithm with applications to facial image characterization problems. IEEE Transactions on Information Forensics and Security, 2007, 2(3): 588-595.

[45] Xu W, Liu X, Gong Y. Document clustering based on non-negative matrix factorization//Proceedings of the 26th International ACM SIGIR Conference on Research and

Development in Information Retrieval, 2003, 267-273.

[46] Lee J H, Park S, Ahn C M, et al. Automatic generic document summarization based on non-negative matrix factorization. Information Processing & Management, 2009, 45(1): 20-34.

[47] Fevotte C, Bertin N, Durrieu J L. Nonnegative matrix factorization with the itakura-saito divergence: with application to music analysis. Neural Computation, 2009, 21(3): 793-830.

[48] Smaragdis P, Brown J C. Non-negative matrix factorization for polyphonic music transcription. IEEE Workshop on Applications of Signal Processing to Audio and Acoustics, 2003, 177-180.

[49] Bertin N, Badeau R, Richard G. Blind signal decompositions for automatic transcription of polyphonic music. Speech and Signal Processing, 2007, 1: 65-68.

[50] Melville P, Sindhwani V, Recommender systems. Encyclopedia of Machine Learning, 2010, 1: 829-838.

[51] Hoyer P O, Non-negative matrix factorization with sparseness constraints. Journal of Machine Learning Research, 2004, 5(1): 1457-1469.

[52] Ding C, Li T, Jordan M I. Convex and semi-nonnegative matrix factorizations. IEEE Transactions on Pattern Analysis and Machine Intelligence, 2010, 32(1): 45-55.

[53] Vavasis S. On the complexity of nonnegative matrix factorization. SIAM Journal on Optimization, 2009, 20(3): 1364-1377.

[54] Gillis N, Sparse and unique nonnegative matrix factorization through data preprocessing. Journal of Machine Learning Research, 2012, 13(6): 3349-3386.

[55] Gillis H, Kumar A. Exact and heuristic algorithms for semi-nonnegative matrix factorization. Siam Journal on Matrix Analysis and Applications, 2015, 36(4): 1404-1424.

[56] Lichman M. UCI machine learning repository. [2007-12-10] http: //archive. ics. uci. edu/ml. [2017-12-10]

[57] Yann L, CBottou L, et al. Gradient-based learning applied to document recognition//Proceedings of the IEEE, 1998, 86(11): 2278-2324.

[58] Cai D, He X. Orthogonal locality preserving indexing// Proc. ACM SIGIR Conf. Research and Development in Information Retrieval, 2005, 3-10.

[59] Liu H, Yu L. Toward integrating feature selection algorithms for classification and clustering. IEEE Transactions on Knowledge and Data Engineering, 2005, 17(4): 491-502.

[60] Leon S J, Åke Björck, Gander W. Gram-schmidt orthogonalization: 100 years and more. Numerical Linear Algebra with Applications, 2013, 20(3): 492-532.

[61] Åke Björck. Gram-schmidt orthogonalization: 100 years and more. IWMS, 2010.

[62] Åke Björck. Solving linear least squares problems by gram-schmidt orthogonalization. Bit Numerical Mathematics, 1967, 7(1): 1-21.

[63] Wang L W, Wang X, Feng J F. Subspace distance analysis with application to adaptive bayesian algorithm for face recognition. Pattern Recognition, 2006, 39: 456-464.

[64] Hotelling H. Relations between two sets of variates. Biometrika, 1936, 28(3/4): 321-377.

[65] Prokhorov D. IJCNN 2001 neural network competition. Slide presentation in IJCNN, 2001, 1: 97.

[66] Wang J Y. Application of support vector machines in bioinformatics. Taibei: Department of Computer Science and Information Engineering, 2002.

[67] Duarte M, Hu Y H. Vehicle classification in distributed sensor networks. Journal of Parallel and Distributed Computing, 2004, 64(7): 826-838.

[68] Hull J J. A database for handwritten text recognition research. IEEE Transactions on Pattern Analysis and Machine Intelligence, 2002, 16(5): 550-554.

[69] Jolliffe I. Principal Component Analysis. New York: Springer-Verlag, 1986.

[70] He X F, Niyogi P. Locality preserving projections. Advances in Neural Information Processing Systems, 2005, 45(1): 186-197.

[71] Hall P, Marshall D, Manin R. Incremental eigenalysis for classification. British Machine Vision Conference, 1998, 286-295.

[72] Artač M, Jogan M, Leonardis A. Incremental PCA for on-line visual learning and recognition//16th International Conference on Pattern Recognition, 2002, 781-784.

[73] Ren C X, Dai D Q. Incremental learning of bidirectional principal components for face recognition. Pattern Recognition, 2010, 43(1): 318-330.

[74] Pang S, Ozawa S, Kasabov N. Incremental linear discriminant analysis for classification of data streams. IEEE Transactions on Systems Man and Cybernetics Parts B Cybernetics, 2005, 35(5): 905-14.

[75] Zhao H, Yuen P. Incremental linear discriminant analysis for face recognition. IEEE Trans Syst Man Cybern B Cybern, 2008, 38(1): 210-221.

[76] Ye J, Li Q, Xiong H, et al. IDR/QR: an incremental dimension reduction algorithm via QR decomposition. IEEE Transactions on Knowledge and Data Engineering, 2005,

17(9): 1208-1222.

[77] Kim T K, Stenger B, et al. Incremental linear discriminant analysis using sufficient span ning sets and its applications. International Journal of Computer Vision, 2011, 91(7): 216-232.

[78] Guan N Y, Tao D C, et al. Online nonnegative matrix factorization with robust stochastic approximation. IEEE Transactions on Neural Networks and Learning Systems, 2012, 23(7): 1087-1099.

[79] Wang D, Lu H C. On-line learning parts-based representation via incremental orthogonal projective nonnegative matrix factorization. Signal Processing, 2013, 93(6): 1608-1623.

[80] Mairal J, Bach F, Ponce J, et al. Online learning for matrix factorization and sparse coding. Journal of Machine Learning Research, 2010, 11(1): 19-60.

[81] Bingham E, Mannila H. Random projection in dimensionality reduction: applications to image and text data// KDD-2001: Proceedings of the Seventh ACM SIGKDD International Conference on Knowledge Discovery and Data Mining, 2001, 245-250.

[82] Zhang L, Mahdav M, Jin R, et al. Recovering optimal solution by dual random projection. Journal of Machine Learning Research, 2014, 30: 135-157.

[83] Zhang Y, Weng J. Convergence analysis of complementary candid incremental principal component analysis// Technical Report MSU-CSE-01-23, Dept. of Computer Science and Eng., Michigan State Univ, 2011.

[84] Hinton G, Roweis S. Stochastic neighbor embedding. Advances in Neural Information Processing Systems, 2002, 15(4): 833-840.

[85] Maaten L, Hinton G. Visualizing data using t-sne. Journal of Machine Learning Research, 2008, 9(2605): 2579-2605.

[86] Torgerson W S. Multidimensional scaling: I. Theory and method. Psychometrika, 1952, 17(4): 401-419.

[87] De Silva V, Tenenbaum J B. Sparse multidimensional scaling using landmark points. Technical Report, Stanford University, 2004.

[88] Silva V D, Tenenbaum J B. Global versus local methods in nonlinear dimensionality reduction// Advances in Neural Information Processing Systems, 2003, 721-728.

[89] Shi L, He P, Liu E. An incremental nonlinear dimensionality reduction algorithm based on isomap// Advances in Artificial Intelligence, 2005, 892-895.

[90] Chi J, Crawford M M. Selection of landmark points on nonlinear manifolds for spectral

unmixing using local homogeneity. Geoscience and Remote Sensing Letters, 2013, 10: 711-715.

[91] Shen F, Hasegawa O. An incremental network for on-line unsupervised classification and topology learning. Neural Networks, 2006, 19(1): 90-106.

[92] Shen F, Ogura T, Hasegawa O. An enhanced self-organizing incremental neural network for online unsupervised learning. Neural Networks, 2007, 20(8): 893-903.

[93] Shen F R, Ogura T, Hasegawa O. An enhanced self-organizing incremental neural network for online unsupervised learning. Neural Networks, 2007, 20(8): 893-903.

[94] 邱天宇, 申富饶, 赵金熙. 自组织增量学习神经网络综述. 软件学报, 2016, 27(9): 2230-2247.

[95] Corchado J M, de Paz J F, Rodríguez S, et al. Model of experts for decision support in the diagnosis of leukemia patients. Artificial Intelligence in Medicine, 2009, 46(3): 179-200.

[96] de Paz J F, Rodríguez S, Bajo J, et al. Case-based reasoning as a decision support system for cancer diagnosis: a case study. International Journal of Hybrid Intelligent Systems, 2009, 6(2): 97-110.

[97] Kawewong A, Honda Y, Tsuboyama M, et al. Reasoning on the self-organizing incremental associative memory for online robot path planning. IEICE Transactions on Information and Systems, 2010, 93(3): 569-582.

[98] Tangruamsub S, Kawewong A, Tsuboyama M, et al. Self-organizing incremental associative memory-based robot navigation. IEICE Transactions on Information and Systems, 2012, 95(10): 2415-2425.

[99] Furao S, Sudo A, Hasegawa O. An online incremental learning pattern-based reasoning system. Neural Networks, 2010, 23(1): 135-143.

[100] Toyoda T, Tagami K, Hasegawa O. Integration of top-down and bottom-up information for image labeling. Computer Vision and Pattern Recognition, 2006, 1: 1106-1113.

[101] Martinetz T, Schulten K. Topology representing networks. Neural Networks, 2015, 7(3): 507-522.

[102] Balasubramanian M, Schwartz E L. The isomap algorithm and topological stability. Science, 2002, 295(5552): 7.

[103] Kim K, Lee D. Inductive manifold learning using structured support vector machine. Pattern Recognition, 2014, 47(1): 470-479.

[104] Kohonen T. Self-organized formation of topologically correct feature maps. Biological

Cybernetics, 1982, 43(1): 59-69.

[105] Gan Q, Shen F, Zhao J. An extended isomap for manifold topology learning with soinn landmarks// Pattern Recognition(ICPR), 2014, 1579-1584.

[106] Zhang Z, Wang J, Zha H. Adaptive manifold learning, pattern analysis and machine intelligence. IEEE Transactions, 2012, 34(2): 253-265.

[107] Mekuz N, Tsotsos J K. Parameterless isomap with adaptive neighborhood selection// Pattern Recognition, 2006, 364-373.

[108] Raducanu B, Dornaika F. Embedding new observations via sparse-coding for non-linear manifold learning. Pattern Recognition, 2014, 47(1): 480-492.

[109] Bengio Y, Paiement J F, Vincent P, et al. Out-of-sample extensions for lle, isomap, mds, eigenmaps, and spectral clustering. Advances in Neural Information Processing Systems, 2004, 16: 177-184.

[110] Law M H C, Jain A K. Incremental nonlinear dimensionality reduction by manifold learning. IEEE Computer Society, 2006, 28(3): 377-391.

[111] Jia P, Yin J S, Huang X S, et al. Incremental laplacian eigenmaps by preserving adjacent information between data points. Pattern Recognition Letters, 2009, 30(16): 1457-1463.

[112] Liu X M, Yin J W, Feng Z L, et al. Incremental manifold learning via tangent space alignment// Proceedings of the Second International Conference on Artificial Neural Networks in Pattern Recognition, 2006, 107-121.

[113] Kouropteva O, Okun O, Pietikainen M. Incremental locally linear embedding. Pattern Recognition, 2005, 38: 1764-1767.

[114] Li H, Jiang H, Barrio K, et al. Incremental manifold learning by spectral embedding methods. Pattern Recognition Letters, 2011, 32(10): 1447-1455.

[115] Gan Q, Shen F R, Zhao J X. Improved manifold learning with competitive Hebbian rule// International Joint Conference on Neural Networks, 2015, 1-6.

[116] Xing Y L, Shi X F, Shen F R, et al. A self-organizing incremental neural network based on local distribution learning. Neural Networks, 2016, 84: 143-160.

[117] de Silva V, Tenenbaum J B. Sparse multidimensional scaling using landmark points. Technical Report, Stanford University, 2004.

[118] Le Cun Y, Bottou L, Bengio Y, et al. Gradient-based learning applied to document recognition. Proceedings of the IEEE, 1998, 86(11): 2278-2324.

索　引